# El pozo más profundo

# El pozo más profundo

Sanar los efectos a largo plazo
de las experiencias infantiles adversas

## Nadine Burke Harris, M.D.

Traducción del inglés de
Marta Milian Ariño

**LIBRERÍAS:**
THEMA: JMC: Psicología infantil y del desarrollo
IBIC: JMC: Psicología infantil y evolutiva/del desarrollo
BISAC: PSY004000    PSYCHOLOGY / Developmental / Child

**Título original:** The Deepest Well. Healing the Long-Term Effects of Childhood Adversity
**Copyright** © 2018 Nadine Burke Harris, M.D.
**Imagen de cubierta:** inspirado en Transmigration, 2021 de V. Shepley: virginiashepley.com

EDITORIAL ELEFTHERIA, S.L.
Sitges, Barcelona, España
www.editorialeleftheria.com
Primera edición: Noviembre de 2021
Diseño de cubierta: Mauricio Restrepo
Maquetación: M.I. Maquetación, S.L.
ISBN: 978-84-122674-9-5
DL: B 15943-2021

*A mis pacientes y a la gente de Bayview Hunters Point.
Gracias por enseñarme más de lo que ninguna
universidad jamás podría enseñarme.*

# Índice

# Nota de la autora

Todas las historias de este libro son reales. Se han cambiado los hombres y datos correspondientes a algunas personas en aras de la confidencialidad. Algunos de los casos expuestos proceden de obras ya publicadas.

# Introducción

A las cinco de la mañana de un sábado cualquiera, un hombre de 43 años —al que llamaremos Evan— se despierta. Su mujer, Sarah, respira sosegada junto a él, acurrucada en su postura habitual, con el brazo apoyado en la frente. Casi sin pensarlo, Evan intenta darse la vuelta y salir de la cama para ir al baño, pero algo falla.

No puede darse la vuelta y no se siente el brazo derecho.

«Uf, habré dormido demasiado rato apoyado en el brazo», piensa, esperando ese cosquilleo odioso y cálido que se nota cuando la sangre vuelve a circular.

Trata de agitar los dedos para que la sangre fluya, pero no hay manera. Sin embargo, la dolorosa presión de la vejiga no va a darle tregua, así que vuelve a intentar levantarse. Nada de nada.

«¿Pero qué...?».

Sigue teniendo la pierna derecha exactamente en el mismo sitio, aunque haya querido moverla igual que lo ha hecho toda su vida... sin planteárselo.

Vuelve a intentarlo. No.

Parece que esta mañana a la pierna no le da la gana de colaborar. Es raro, eso de que el cuerpo no haga lo que quieres, pero ahora mismo el deseo de orinar se le antoja un problema mucho mayor.

—Oye, cariño, ¿me echas una mano? Tengo que mear. Tú sólo empújame para que salga de la cama y no me lo haga aquí —le pide a Sarah, diciendo lo segundo medio en broma.

—¿Qué pasa, Evan? —responde Sarah, levantando la cabeza y mirándole con los ojos medio cerrados—. ¿Evan?

Al pronunciar su nombre por segunda vez, sube el tono de voz.

Él se da cuenta de que le mira con los ojos muy preocupados. Tiene la misma cara que cuando los chicos tienen fiebre o se despiertan con vómitos en plena noche. Y es absurdo, porque sólo necesita que le empuje un poco. Al fin y al cabo, son las cinco de la mañana. Tampoco es cuestión de liarse a hablar.

—Amor, sólo tengo que mear —dice.

—¿Qué pasa, Evan? ¿Qué pasa?

Sarah se incorpora en un segundo. Enciende la luz y escruta el rostro de Evan como si estuviera leyendo un titular impactante en el periódico del domingo.

—No pasa nada, cariño. Sólo tengo que mear. ¿Me ayudas ya, por favor? —dice.

Cree que, si presiona algo el lado izquierdo, podrá cambiar de postura y activar la circulación. Lo único que necesita es levantarse de la cama.

Es en ese momento cuando se da cuenta de que no sólo tiene el brazo y la pierna entumecidos, sino también la cara.

Todo el lado derecho, en realidad.

«¿Qué me está pasando?».

Entonces Evan nota algo caliente y húmedo en la pierna izquierda.

Baja la mirada y descubre que tiene los calzoncillos empapados. Las sábanas se están inundando de orina.

—¡Oh, Dios mío! —exclama Sarah.

En ese instante, al ver a su marido mojar la cama, Sarah se da cuenta de la gravedad de la situación y se pone en marcha de inmediato. Sale de la cama de un salto y Evan la oye correr al cuarto de su hijo adolescente. Al otro lado de la pared, oye unas palabras apagadas que no acierta a distinguir, y su mujer ya está de vuelta. Se sienta en la cama junto a él, lo abraza y le acaricia el rostro.

—Tranquilo —dice—. Se arreglará —Habla con voz suave y reconfortante.

—Mi vida, ¿qué pasa? —inquiere Evan, observándola.

Al levantar la vista hacia Sarah, se da cuenta de que no entiende nada de lo que le dice. Él mueve los labios y pronuncia palabras, pero ella no parece captar nada de nada.

En ese preciso instante, se empieza a proyectar en la mente de Evan un anuncio tonto donde un corazón de dibujos animados baila dando saltitos al ritmo de una cancioncilla boba.

*F* de *face dropping* (parálisis facial). *Salta. Salta.*

*A* de *arm weakness* (debilidad en el brazo). *Salta. Salta.*

*S* de *speech difficulty* (dificultad para hablar).

*T* de *time* (hora) de llamar al 911. Aprenda a detectar las señales de un ictus. ¡Actúe rápido (FAST)!

«¡Joder!».

\* \* \*

Aunque es muy temprano, Marcus, el hijo de Evan, acude a toda prisa a la puerta del dormitorio y le da el teléfono a su madre. Cuando los ojos de padre e hijo se encuentran, Evan ve una mirada asustada y preocupada que le encoge el corazón. Trata de decirle a su hijo que no se preocupe, pero el semblante del chico le dice claramente que su intento de tranquilizarle no hace sino empeorar las cosas. El rostro de Marcus se contrae en una mueca de miedo y las lágrimas empiezan a resbalarle por las mejillas.

Una vez al teléfono con el operador del 911, Sarah se muestra clara y contundente.

—¡Necesito una ambulancia pero ya! ¡Ya! Mi marido está teniendo un ictus. ¡Sí, estoy segura! Tiene todo el lado derecho paralizado. La mitad de la cara no se le mueve. No, no puede hablar. Es del todo incoherente. No se le entiende lo que dice. Dense prisa. ¡Por favor, manden *ahora mismo* una ambulancia!

\* \* \*

El personal de primera intervención, un equipo de paramédicos, está ahí al cabo de cinco minutos. Aporrean la puerta y llaman al timbre. Sarah baja corriendo las escaleras y les abre. El hijo pequeño sigue dormido en su cuarto, y Sarah teme que el ruido lo despierte; por suerte, ni se inmuta.

Evan, con la mirada fija en la moldura del techo, trata de serenarse. Nota que empieza a perder la consciencia, que se aleja más y más del momento presente. *Mala señal.*

En un abrir y cerrar de ojos ya le están bajando en camilla por las escaleras. Tras recorrer el descansillo, se detienen para intercambiar posiciones. En esa décima de segundo, Evan levanta la vista y pilla a uno de los sanitarios contemplándole con una expresión que le hiela la sangre. Es una mirada de aceptación y lástima. Una mirada que dice *Pobre hombre. Esto ya lo he visto antes y no pinta bien.*

Mientras salen por la puerta, Evan se pregunta si volverá algún día a esa casa. Si volverá con Sarah y los chicos. Por el modo en que ese paramédico le ha mirado, Evan cree que la respuesta puede no ser sí.

Al llegar a urgencias, bombardean a Sarah a preguntas sobre los antecedentes médicos de Evan. Ella les cuenta hasta el menor detalle de la vida de su marido que cree que pueda ser relevante. Es programador informático. Todos los fines de semana sale con su bicicleta de montaña. Le encanta jugar al baloncesto con sus hijos. Es un padre sensacional. Es feliz. La última vez que se hizo una revisión, el médico le dijo que estaba estupendo de todo. En un momento dado, oye a uno de los médicos contarle a un colega por teléfono el caso de Evan: «Varón de cuarenta y tres años, no fumador, sin factores de riesgo».

No obstante, sin que Sarah, Evan ni tan siquiera los médicos de Evan lo supieran, sí había un factor de riesgo. Y uno de grandes proporciones. De hecho, Evan tenía el doble de probabilidades de sufrir un ictus que alguien carente de ese factor de riesgo. Lo que ninguno de los presentes en urgencias sabía ese día es que un proceso biológico invisible llevaba años gestándose, un proceso que implicaba los sistemas cardiovascular, inmunitario y endocrino de Evan. Un proceso que bien podía haber conducido a los hechos actuales. Ni el factor de riesgo ni sus posibles repercusiones emergieron en ninguna de las revisiones periódicas que Evan se había hecho en todos esos años.

Lo que exponía a Evan a un mayor riesgo de despertarse con la mitad del cuerpo paralizada (y de sufrir muchas otras enfermedades) no es poco común. Es algo a lo que están expuestos dos tercios de la población del país, algo tan común que permanece oculto a simple vista.

¿Y de qué se trata? ¿Del plomo? ¿Del amianto? ¿De algún tipo de envoltorio tóxico?

Es la adversidad en la niñez.

Casi nadie se imaginará que lo que les sucede en la niñez pueda tener algo que ver con un ictus, una cardiopatía o un cáncer. Sin embargo, somos muchos los que consideramos que, cuando alguien sufre un trauma infantil, éste puede tener repercusiones emocionales y psicológicas. Sabemos cuáles son los peores efectos colaterales para los desafortunados (o «débiles», como algunos los llaman): toxicomanía, violencia cíclica, encarcelamiento y problemas de salud mental. Para el resto, no obstante, el trauma infantil es el mal recuerdo del que nadie habla hasta por lo menos la quinta o la sexta cita. No son más que dramas, mochilas.

La adversidad en la niñez es una historia que creemos conocer.

Los niños llevan enfrentándose al trauma y al estrés en forma de maltrato, desatención, violencia y miedo desde tiempos inmemoriales. Los padres llevan casi el mismo tiempo siendo asaltados, detenidos y divorciándose. Quienes son lo bastante listos y fuertes logran dejar atrás el pasado y salir adelante a base de fuerza de voluntad y resiliencia.

¿O no?

Todos hemos oído historias del estilo de las de Horatio Alger, sobre personas que han pasado por calamidades a una edad temprana y las han superado o, mejor aún, han salido de ellas reforzadas.

Estos relatos forman parte del ADN cultural de los estadounidenses. En el mejor de los casos, dibujan un retrato incompleto de lo que la adversidad en la niñez significa para los cientos de millones de personas de los Estados Unidos (y los miles de millones de todo el planeta) que padecieron estrés en los primeros años de vida. Es más frecuente que tengan un trasfondo moralizante, lo que lleva a la vergüenza y a la desesperación a quienes lidian con los efectos de por vida de la adversidad en la niñez. Sin embargo, se está obviando una gran parte de la historia.

Veinte años de investigación médica han demostrado que la adversidad en la niñez nos penetra literalmente la piel, y cambia a las personas en aspectos que pueden permanecer durante años en el organismo. Es capaz de desviar la trayectoria del desarrollo e influir en la fisiología. Puede provocar inflamación crónica y cambios hormonales de por vida. Es capaz de alterar la lectura del ADN y el modo en que se reproducen las células, y de aumentar enormemente el riesgo de cardiopatía, ictus, cáncer, diabetes... e incluso alzhéimer.

Estos nuevos conocimientos dan un giro asombroso a la historia de Horatio Alger que tan bien creemos conocer; como muestran los estudios, años después de haber «trascendido» increíblemente la adversidad, hasta los héroes más aguerridos se dan de bruces con su propia biología. Son legión quienes, a pesar de haber tenido una infancia dura, sacaron buenas notas, fueron a la universidad y formaron una familia. Hicieron lo que en principio debían hacer. Superaron la adversidad, siguieron adelante, se forjaron una vida colmada de éxitos... y entonces cayeron enfermos. Sufrieron un ictus, un cáncer de pulmón, una cardiopatía o una depresión. Al no haber incurrido en conductas de alto riesgo, como beber, comer en exceso o fumar, no tenían la menor idea de cuál era el origen de sus problemas de salud. No los relacionaban para nada con el pasado, porque habían dejado atrás el pasado, ¿verdad?

Lo cierto es que, pese a haberse esforzado tanto, quienes han tenido experiencias adversas en la infancia, como Evan, siguen corriendo un mayor riesgo de desarrollar dolencias crónicas, como las enfermedades cardiovasculares, y cáncer.

Pero ¿por qué? ¿Cómo es que el estrés en la niñez se presenta como un problema de salud en la madurez o incluso en la jubilación? ¿Hay tratamientos eficaces? ¿Qué podemos hacer para proteger nuestra salud y la de nuestros hijos?

En 2005, cuando acabé mis últimos años de especialización en pediatría en Stanford, no sabía ni hacer esas preguntas. Como todo el mundo, sólo contaba con parte de la historia. Pero entonces, por azar o por destino, entreví una historia aún por contar. Empezó exactamente en el lugar donde una esperaría encontrar grandes dosis de adversidad: un núcleo urbano habitado por vecinos de color con pocos ingresos y recursos, ubicado en una ciudad próspera que contaba con todos los recursos del mundo. En el barrio Bayview Hunters Point de San Francisco, fundé un consultorio pediátrico. Cada día contemplaba cómo mis pequeños pacientes lidiaban con unos traumas y un estrés arrolladores. Como ser humano, aquello me derrumbó. Como científica y médica, me levanté y empecé a preguntar.

Mi viaje me aportó —y espero que a ti te la aporte este libro— una perspectiva del todo distinta del relato de la adversidad en la niñez: todo el relato, no sólo el que creemos conocer. Al leer estas páginas, comprenderás mejor en qué medida la adversidad en la niñez puede manifestarse en tu vida o en la de alguien a quien quieres. Y, lo que es más importante, sabrás cuáles son las herramientas de una sanación que empieza con una persona o una población, pero que tiene el poder de transformar la salud de naciones enteras.

# PRIMERA PARTE

# DESCUBRIMIENTO

# CAPÍTULO 1

## Algo falla

Al entrar en una de las salas de reconocimiento del Bayview Child Health Center para visitar a mi siguiente paciente, no pude reprimir una sonrisa. Mi equipo y yo nos habíamos esforzado por hacer el consultorio lo más acogedor y agradable posible para las familias. La estancia estaba pintada de colores pastel, a juego con el suelo a cuadros. Dibujos de animalitos desfilaban por la pared, por encima del lavamanos, en dirección a la puerta. Si no lo sabías, podías llegar a creer que te encontrabas en un consultorio del acaudalado barrio de Pacific Heights de San Francisco, en vez de en el modesto Bayview, que era exactamente donde nos hallábamos. Queríamos que nuestro consultorio fuera un lugar donde la gente se sintiera valorada.

Cuando crucé la puerta, Diego tenía los ojos clavados en las jirafitas. «Qué monada», pensé cuando se volvió hacia mí, me dedicó una sonrisa y me escudriñó a través de una mata de pelo negro desgreñado. Estaba encaramado en la silla que había junto a la de su madre, que tenía en el regazo a su hermana de tres años. Cuando le dije que se subiera a la camilla de reconocimiento, se aupó obedientemente y empezó a balancear las piernas adelante y atrás. Al abrir su historia clínica, vi su fecha de nacimiento y volví a mirarle: Diego, *además* de una monada, era muy bajito.

Hojeé rápidamente la historia, en busca de datos objetivos que respaldaran mi primera impresión. Señalé la altura de Diego en la curva de crecimiento y volví a comprobarlo para asegurarme de no haberme equivocado. Mi nuevo paciente estaba en el percentil 50 de altura de un niño de cuatro años.

Nada que objetar, salvo que Diego tenía siete años.

«Qué raro», pensé, porque, por lo demás, Diego parecía un niño completamente normal. Acerqué mi silla a la camilla y saqué el estetoscopio. Al aproximarme, vi que tenía gruesas manchas secas de eczema en los pliegues de los codos y, al escucharle los pulmones, percibí claramente una respiración sibilante. La enfermera de la escuela de Diego nos lo había derivado para que valoráramos un posible trastorno por déficit de atención con hiperactividad (TDAH), una dolencia crónica que se caracteriza por la hiperactividad, la falta de atención y la impulsividad. Quedaba por ver si Diego era o no uno de los millones de niños aquejados de TDAH, pero yo ya tenía claro que sus diagnósticos principales estarían más en la línea del asma crónica, el eczema y el retraso del crecimiento.

La madre de Diego, Rosa, nos observaba nerviosa mientras yo examinaba a su hijo. Sus ojos, clavados en Diego, estaban llenos de inquietud; la mirada de la pequeña Selena no dejaba de recorrer la estancia, pasando revista a todos los artilugios brillantes.

—¿Prefiere inglés o español? —pregunté a Rosa. El alivio se dibujó en su rostro y se inclinó hacia adelante.

Tras comentar —en español— la historia clínica que Rosa había cumplimentado en la sala de espera, le hice la misma pregunta que siempre hago antes de abordar los resultados de la exploración física: ¿está ocurriendo algo que deba saber?

Las preocupaciones se agolparon en su frente formando un profundo surco.

—No le va bien en la escuela, y la enfermera dijo que la medicina podría ayudarle. ¿Es verdad? ¿Qué medicina necesita?

—¿Cuándo empezó a notar que tenía dificultades en la escuela? —pregunté.

Hubo una breve pausa en la que su semblante pasó de la tensión a la tristeza. «¡Ay, doctora!», exclamó, y empezó a narrar la historia en un torrente de palabras en español. Le puse la mano en el brazo y, antes de que avanzara mucho más, me asomé por la puerta y le pedí a mi auxiliar que acompañara a Selena y Diego a la sala de espera.

Lo que Rosa me contó no era una historia feliz. Estuvo los siguientes diez minutos hablándome de un incidente de abuso sexual que Diego había vivido a los cuatro años. Rosa y su marido habían realquilado una habitación, para que les fuera más llevadero el alquiler desorbitado de su vivienda en San Francisco. Era un amigo de la familia, alguien a quien su marido conocía de su trabajo en la construcción. Tras la llegada de aquel hombre, Rosa había notado que Diego se volvía más dependiente y reservado, pero no supo por qué hasta que un día, al volver a casa, se encontró al inquilino en la ducha con el niño. Lo echaron inmediatamente y lo denunciaron a la policía, pero el daño ya estaba hecho. Diego empezó a tener problemas en prescolar, y en los cursos siguientes se iba quedando más y más rezagado académicamente. Por si eso fuera poco, el marido de Rosa se culpaba y parecía continuamente enfadado. Siempre había bebido demasiado para el gusto de su mujer, pero después del incidente empeoró muchísimo. Rosa era consciente de que ni la tensión ni el alcohol eran buenos para la familia, pero no sabía qué hacer al respecto. Por lo que me dijo sobre su estado anímico, tenía motivos fundados para sospechar que la mujer sufría una depresión.

Le aseguré que podíamos ayudar a Diego con el asma y el eczema, y que me ocuparía del TDAH y del retraso del crecimiento. Ella suspiró y pareció al menos algo reconfortada.

Nos quedamos unos instantes en silencio, mientras yo le daba vueltas al tema. Desde el momento en el que inauguramos la clínica en 2007, estaba convencida de que a mis pacientes les pasaba algo físico que no acababa de entender. Había empezado con el alud de casos de TDAH que me derivaban. Como en el de Diego, la mayoría de síntomas de TDAH de los pacientes no surgían de la nada. El mayor número parecía darse en pacientes que lidiaban con alguna clase de alteración en su vida o trauma. Como los gemelos que hacían novillos y se peleaban en la escuela tras haber presenciado en casa un intento de asesinato; o los tres hermanos cuyas notas bajaron en picado cuando el divorcio de sus padres se llenó de agresividad y resentimiento, hasta el punto de que el juzgado dispuso que los niños se recogieran en la comisaría de Bayview para cada turno de custodia. Muchos pacientes ya se medicaban por TDAH; algunos hasta tomaban antipsicóticos. En algunos de ellos, la medicación parecía funcionar, pero en muchos otros no era así. Yo casi nunca podía diagnosticar TDAH. Según los criterios diagnósticos[1] de ese trastorno, debía descartar otras explicaciones de los síntomas de TDAH (como trastornos generalizados del desarrollo, esquizofrenia u otros trastornos psicóticos) antes de poder diagnosticar TDAH. Ahora bien, ¿y si había una respuesta más matizada? ¿Y si la causa de esos síntomas —el escaso control de los impulsos, la incapacidad de concentrarse, la dificultad para no moverse de la silla— no era exactamente un trastorno mental, sino un proceso biológico que operaba en el cerebro y alteraba el funcionamiento normal? ¿Acaso los trastornos mentales no eran en definitiva trastornos biológicos? Intentar tratar a esos niños era como unir piezas de un puzle que no encajaban; los síntomas, las causas y los tratamientos se parecían, pero no lo bastante como para hacer clic del todo.

Retrocedí mentalmente en el tiempo, catalogando a todos los pacientes como Diego y los gemelos que había visto ese año. Me vino inmediatamente a la cabeza Kayla, una niña de diez años con un asma especialmente difícil de estabilizar. Después del último ataque, me había sentado con madre y paciente para examinar meticulosamente la pauta de medicación de Kayla. Al preguntar a la madre si se le ocurría algún factor desencadenante del asma que aún no hubiéramos identificado (lo habíamos repasado todo, desde pelaje de animal hasta cucarachas y productos de limpieza), respondió «Bueno, pa-

---

1. «Attention-Deficit/Hyperactivity Disorder (ADHD)», Centers for Disease Control and Prevention, 5 de octubre de 2016. Extraído de https://www.cdc.gov/ ncbddd/adhd/diagnosis.html.

rece empeorar siempre que su padre agujerea la pared de un puñetazo. ¿Usted cree que tendrá algo que ver?».

Kayla y Diego no eran más que dos pacientes, pero en absoluto los únicos. Día tras día, veía a lactantes apáticos que presentaban extraños sarpullidos. Chiquillos de preescolar a quienes se les caía el cabello. Niveles epidémicos de dificultades de aprendizaje y conducta. Chicos que ya empezaban la secundaria con depresión. Y en casos singulares, como el de Diego, *niños que ni siquiera crecían*. Mientras recordaba sus caras, recorrí una lista de comprobación mental de trastornos, enfermedades, síndromes y dolencias, el tipo de complicaciones tempranas que pueden tener un efecto dominó devastador en su vida futura.

Al mirar un cierto porcentaje de mis historias clínicas, una no sólo se encuentra con un sinfín de problemas físicos, sino también con innumerables historias de traumas dolorosos. Además de los datos sobre presión arterial e índice de masa corporal, al pasar directamente al apartado de antecedentes sociales, nos encontramos con padres y madres encarcelados, ingresos en programas de acogida, presunto maltrato físico, maltrato documentado y herencias familiares de enfermedades mentales y toxicomanías. Una semana antes que a Diego, había atendido a una niña de seis años con diabetes de tipo 1 cuyo padre acudió drogado por tercera vez a la visita. Al preguntarle por ello, me dijo que no tenía por qué preocuparme, que la hierba le ayudaba a acallar las voces de su cabeza. Durante mi primer año de ejercicio de la profesión, en el que vi a unos mil pacientes, les diagnostiqué hepatitis autoinmune no a uno, sino a dos críos. Se trata de una enfermedad de escasa incidencia[2] que normalmente afecta a menos de tres de cada cien mil niños. En ambos casos se daban historias significativas de adversidad.

«¿Qué tienen en común?», me preguntaba una y otra vez.

---

2. Mark Deneau *et al.* (2013), «Primary Sclerosing Cholangitis, Autoimmune Hepatitis, and Overlap in Utah Children: Epidemiology and Natural History», *Hepatology* 58, n.º 4: 1392-1400.

Si se hubiese tratado de sólo un puñado de pequeños con dificultades abrumadoras y estados de salud deficientes, tal vez lo hubiera considerado una coincidencia. Sin embargo, la situación de Diego era representativa de cientos de niños a los que había atendido durante el último año. El término *significación estadística* no dejaba de resonarme en la cabeza. Cada día volvía a casa con una sensación de vacío. Hacía cuanto podía por cuidar de esos chavales, pero no bastaba ni de lejos. En Bayview había una enfermedad subyacente que yo no lograba identificar, y con cada Diego que veía, más me reconcomía yo.

* * *

Durante mucho tiempo, la posibilidad de que hubiera un verdadero vínculo biológico entre la adversidad en la niñez y la salud deteriorada se me planteaba por un momento y se desvanecía. *Me pregunto... ¿Y si...? Se diría que...* Estas dudas surgían una y otra vez, pero parte del problema a la hora de juntar las piezas es que brotaban de situaciones que habían ocurrido hacía meses o a veces años. Al no encajar lógicamente o sin fisuras en mi visión del mundo de esa época concreta, me costaba ver lo que había detrás. Más adelante me parecería obvio que todas esas preguntas no eran sino pistas que apuntaban a una verdad más profunda. Sin embargo, como la esposa de un culebrón cuyo marido se va con la niñera, sólo acabaría comprendiéndolo en retrospectiva. Lo que me puso al tanto no fueron facturas de hoteles ni efluvios de perfume, sino muchos pequeños indicios que finalmente me condujeron a la misma idea: *¿Cómo he podido no verlo? Lo he tenido siempre delante de las narices.*

Me pasé años sin acabar de entenderlo porque hacía mi trabajo tal como me habían enseñado a hacerlo. Sabía que mi intuición sobre esa relación biológica entre la adversidad y la salud no era más que una corazonada. Como científica, no podía aceptar esa clase de asociaciones sin pruebas fehacientes. Sí, mis pacientes tenían muy mala salud, pero ¿acaso no era algo endémico en el barrio donde vivían?

Tanto mi formación médica como mi formación sanitaria me decían que así era.

La relación entre salud deficiente y sociedades pobres está bien documentada. Se sabe que no sólo el modo en que vivimos afecta la salud, sino también el lugar *donde* vivimos. Los expertos e investigadores en salud pública denominan «puntos calientes» a las poblaciones cuya salud es en conjunto extremadamente deficiente en comparación con la norma estadística. La opinión más extendida es que las disparidades en cuestiones de salud que hallamos en vecindarios como Bayview responden al escaso acceso de sus habitantes a la atención sanitaria, a la escasa calidad de esa atención médica y a las escasas posibilidades de acceder a una alimentación sana y asequible, así como a viviendas seguras. Cuando estudiaba el máster de Salud Pública, aprendí que, para mejorar la salud de la gente, lo mejor que podía hacer era encontrar el modo de proporcionar atención sanitaria accesible y mejor a esas poblaciones.

Nada más completar mi formación especializada, me contrató el California Pacific Medical Center (CPMC) de la zona Laurel Heights de San Francisco para desempeñar el trabajo de mis sueños: diseñar programas especialmente dirigidos a abordar las desigualdades en el terreno de la salud que se daban en la ciudad. El propio director del hospital, el doctor Martin Brotman, me designó para reafirmar su compromiso con el tema. Cuando aún no llevaba dos semanas en el puesto, mi jefe vino a mi despacho y me dio un documento de 147 páginas, el *Community Health Assessment*[3] de San Francisco (Evaluación de la salud de los vecindarios de San Francisco) de 2004. Luego se fue enseguida de vacaciones, habiéndome dado muy pocas instrucciones, con lo que debía arreglármelas yo sola con mis ambiciosos objetivos (visto en retrospectiva, aquello fue una genialidad o una locura por su parte). Hice lo que todo buen friki de la salud pública haría: miré las cifras y traté de valorar la situación. Ya había

---

3. *Community Health Assessment de 2004: 2004 Community Health Assessment: Building a Healthier San Francisco* (diciembre de 2004).

oído que el núcleo de Bayview Hunters Point, donde residía gran parte de la población afroamericana de San Francisco, era una población vulnerable, pero, al ver la evaluación de 2004, se me cayó el alma a los pies. Uno de los modos de clasificación de las personas en el informe era el código postal. La principal causa de muerte prematura[4] en diecisiete de los veintiún códigos postales de San Francisco era la cardiopatía isquémica, que es la enfermedad mortal número uno del país. En tres códigos postales, era el VIH/sida. El de Bayview Hunters Point era el único código postal donde la primera causa de muerte prematura era la violencia. Justo al lado de Bayview[5] (94124), en la tabla figuraba el código postal del distrito de Marina (94123), una de las zonas más prósperas de la ciudad. Al recorrer con el dedo las filas de números, me quedé boquiabierta. Lo que me estaban diciendo era que si criabas a tu hijo en el código postal de Bayview, las probabilidades de que el niño sufriera neumonía eran dos veces y media superiores a las de un niño del distrito de Marina. Asimismo, tenía seis veces más probabilidades de padecer asma. Y, cuando dejara de ser un bebé, tendría doce veces más probabilidades de contraer diabetes no controlada.

El CPMC me había contratado para que me ocupara de las desigualdades. Y entonces ya sabía por qué, vaya si lo sabía.

\* \* \*

Al mirar atrás, creo que fue probablemente una mezcla de ingenuidad y entusiasmo propio de la juventud lo que me incitó a dedicar las dos semanas de ausencia de mi jefe a trazar un plan de empresa para montar un consultorio en el corazón del barrio más necesitado. Quería aportar servicios a la gente de Bayview, en vez de pedirles que vinieran a nosotros. Por suerte, cuando mi jefe y yo presentamos el plan al doctor Brotman, no me despidió por exceso de idealismo. Es

---

4. *Ibid.*, 117.
5. *Ibid.*, 42.

más, me ayudó a hacer realidad el consultorio, lo que sigue pareciéndome extraordinario.

Con las cifras de aquel informe me había hecho una buena idea de a qué se enfrentaban los vecinos de Bayview, pero hasta 2007, cuando abrimos las puertas del Bayview Child Health Center del CPMC, no lo vi en toda su dimensión. Decir que la vida en Bayview no era fácil sería quedarse corto. Es uno de los pocos lugares de San Francisco donde se venden drogas delante de niños de preescolar que van camino del cole, y donde a veces las abuelas duermen en bañeras por miedo a que alguna bala perdida atraviese la pared. Siempre ha sido un lugar inhóspito, y no sólo por la violencia. En los años sesenta, la marina estadounidense descontaminó unas embarcaciones radiactivas en el astillero, y hasta principios de los 2000 los residuos tóxicos de una central eléctrica cercana se vertían en la zona. En un documental[6] sobre el conflicto racial y la marginación que había en el barrio, el escritor y crítico social James Baldwin declaró: «Éste es el San Francisco que EE. UU. finge que no existe».

Mi experiencia laboral del día a día en Bayview me dice que las dificultades son reales y constantes, pero también me dice que hay algo más. Bayview es el cemento grasiento donde te dejas la rodilla, pero también es la flor que crece entre las grietas del asfalto. Cada día veo familias y colectividades que se apoyan mutuamente con cariño en algunas de las vivencias más duras imaginables. Veo a niños preciosos y a padres complacientes. Luchan, se ríen y luego vuelven a luchar. Ahora bien, por mucho que los padres se esfuercen por sus hijos, la falta de recursos de esa población es aplastante. Antes de inaugurar el Bayview Child Health Center, sólo había un pediatra en ejercicio para más de diez mil niños. Esos pequeños lidian con graves problemas físicos y emocionales. También sus padres. Y sus abuelos. En muchos casos, a los niños les va algo mejor, porque pueden optar a seguros subvencionados por el Gobierno. La pobreza, la violencia,

---

6. *Take This Hammer*, dirigido por Richard O. Moore, National Education Television, 1963. Extraído de https://diva.sfsu.edu/bundles/187041.

la toxicomanía y el delito han creado un legado multigeneracional de salud deficiente y frustración. Aun así, yo estaba convencida de que podíamos cambiar las cosas. Abrí ahí mi consultorio porque no estaba dispuesta a fingir que la gente de Bayview no existía.

*  *  *

Pacientes como Diego y Kayla eran exactamente la razón que me llevó a Bayview. Hasta donde me alcanza la memoria, sabía que aquél era el problema que quería abordar, el tipo de población a la que quería atender. Había tenido la mejor formación médica posible, me había sacado un máster en Salud Pública y estaba bien capacitada para trabajar con poblaciones vulnerables en pro de mejorar su acceso a la atención sanitaria. Al cabo de años de estudios, tenía fe en la opinión académica dominante: al mejorar el acceso de la gente a una atención sanitaria de calidad, transformarás la salud a mejor. Sabía qué pasos dar y estaba lista para empezar. Cuando llegué a Bayview, creía que bastaría con ponerlo en marcha: empezar a dar a la gente una magnífica asistencia sanitaria, hacérsela asequible y ver cómo mejoraba la salud de esos niños. Parecía bastante sencillo.

No tardamos en poder implantar una atención sanitaria bastante básica. Mediante el uso de protocolos asistenciales estandarizados, nuestro consultorio mejoró enormemente los resultados en varios frentes, como el aumento de las tasas de inmunización y el descenso de los ingresos por asma. Así que por un tiempo me sentí bastante bien. Sin embargo, más adelante, mientras suministraba vacunas e inhaladores, empecé a hacerme una pregunta: si lo estábamos haciendo todo bien, ¿por qué no había ningún indicio de que pudiésemos hacer mella en la esperanza de vida brutalmente reducida de esa población? Los pacientes volvían una y otra vez con tasas elevadas de enfermedades, y yo tenía la nefasta sensación de que, cuando se hicieran mayores, sus hijos también acudirían repetidamente. Pese a haber dado todos los pasos, pese a la magnífica asistencia sanitaria y pese a un aumento del acceso a atención sanitaria que el vecindario no había visto en toda una generación, la transformación no acababa de materializarse.

\* \* \*

Cuando mi auxiliar se hubo llevado a Diego y a su hermana a la sala de espera y Rosa me hubo contado parte de la historia de su hijo, ambas nos quedamos por unos instantes sumidas en nuestros pensamientos. Apenas podía imaginar la culpa, la inquietud y la esperanza que rondaban por la cabeza de aquella madre. Más allá de nuestras marañas individuales de pensamientos, no pudimos sino sonreír cuando Diego se asomó por la puerta, con sus ojos bizcos y sus dientes salidos. Rosa se levantó y me fijé en su estatura. Era una mujer rechoncha, pero su altura no estaba por debajo de los valores normales. Diego, en cambio, era tan bajo que ni siquiera se acercaba a la curva de crecimiento propia de un niño de siete años. Recuerdo que recorrí mentalmente el protocolo de evaluación y tratamiento del retraso del crecimiento. Y tiene su lógica; es lo que hacen los médicos. Al ver un problema —desarrollo anormal o enfermedad—, intentamos enderezar el barco. No obstante, esta vez me sobrevino una simple pregunta: *¿Qué es lo que se me escapa?*

\* \* \*

Hay una parábola muy conocida que todo el alumnado aprende el primer día de clase sobre salud pública, y que resulta estar basada en una historia real. A finales de agosto de 1854, hubo un grave brote de cólera en Londres. La zona de Broad Street[7] del Soho era el epicentro, con ciento veintisiete muertos en los primeros tres días y más de quinientos en la segunda semana de septiembre. En aquel entonces, la teoría dominante era que enfermedades como el cóle-

---

7. Judith Summers (1989), *Soho: A History of London's Most Colourful Neighborhood* (pp. 113-17). Londres: Bloomsbury.

ra y la peste bubónica se transmitían a través del aire insalubre. John Snow, un médico londinense, dudaba de esa «teoría del miasma». Hizo un sondeo entre los residentes del barrio de Broad Street,[8] lo que le permitió deducir las características epidemiológicas. Todos los casos se concentraban en torno a una fuente de abastecimiento de agua: un pozo público dotado de una bomba manual. Cuando Snow convenció a las autoridades de la zona de deshabilitar el pozo retirando el mango de la bomba, el brote remitió. En ese momento, nadie quiso aceptar la hipótesis de Snow, según la cual la enfermedad no se transmitía por el aire, sino por una vía más desagradable, la fecal-oral. Sin embargo, al cabo de décadas la ciencia le haría justicia, y la teoría del miasma se vería reemplazada por la teoría microbiana.

Como incipientes cruzados de la salud pública, mis compañeros de clase y yo nos centramos en la parte atractiva de la parábola del pozo, la parte en la que Snow echa por tierra la teoría del miasma. No obstante, yo me llevé también una lección mayor: si cien personas beben del mismo pozo y noventa y ocho de ellas tienen diarrea, puedo hacer receta tras receta de antibióticos, o puedo pararme a pensar «¿Qué diantres hay en ese pozo?».

Había estado a punto de pasar de largo el pozo en la evaluación estándar del retraso del crecimiento de Diego, pero esta vez algo me hizo pensar de otro modo en el caso que tenía ante mí. Tal vez fuera por tratarse de un cuadro clínico inicial tal extremo. Quizá es que por fin había visto suficientes casos para empezar a encajar las piezas. Fuera cual fuera el motivo, no me libraba de la molesta sensación de que el terrible trauma de Diego y sus problemas de salud no eran una mera coincidencia.

Sin embargo, antes de bajar al pozo en busca de la respuesta a los problemas de Diego o de cualquiera de mis pacientes, necesitaba

---

8. Steven Johnson (2006), *The Ghost Map: The Story of London's Most Terrifying Epidemic— and How It Changed Science, Cities, and the Modern World* (pp. 195-96). Nueva York: Riverhead Books.

algunos datos más. En el caso de Diego, había que empezar por encargar un estudio de la edad ósea, una radiografía que pudiera determinar la madurez esquelética del niño, según el tamaño y la forma de los huesos. Tras hacerle varias analíticas y pedir las curvas de crecimiento del centro donde le habían atendido antes, le di a Rosa la solicitud de la radiografía y mandé a casa a mi nuevo paciente.

Al cabo de unos días, recibí el informe del radiólogo. Confirmaba que la madurez esquelética de Diego era la propia de una persona de cuatro años. Sin embargo, los análisis de Diego no mostraban niveles bajos de la hormona del crecimiento ni de ninguna otra hormona que pudiese explicar por qué no crecía. Tenía ante mí varios datos muy importantes: el trauma había ocurrido a la edad de cuatro años y desde entonces el pequeño había ganado muy poca altura. Además, tenía la edad ósea de alguien de cuatro años. Sin embargo, nada indicaba que Diego estuviera desnutrido, ni presentaba ningún indicio de trastorno hormonal. No parecía haber ninguna explicación médica sencilla de la estatura de Diego.

Mi siguiente llamada fue a la doctora Suruchi Bhatia, endocrinóloga pediátrica del California Pacific Medical Center. Le envié el informe de la radiografía y los análisis de Diego y le pregunté si creía que la agresión sexual a un niño de cuatro años podía provocar esa interrupción del crecimiento.

—¿Has visto antes algo así? —pregunté, verbalizando por fin lo que llevaba toda la semana trayéndome de cabeza.

—¿Te doy la respuesta más complicada? Sí.

«Madre mía —pensé—. Ahora sí que tengo que averiguar qué diantres pasa».

* * *

No dejaba de pensar en lo extremo de aquel cuadro físico. Si lo que había en el «pozo» de Bayview era adversidad, Diego la había recibido en grandes dosis, el equivalente a beberse una jarra de agua infectada. Si averiguaba lo que le pasaba a Diego desde el punto de vista bioquímico, a lo mejor sabría qué estaba ocurriendo con todos los pacientes. Puede que incluso fuese la clave de lo que sucedía en el conjunto del barrio. Tenía cuatro grandes preguntas por responder: ¿aquella exposición (el trauma/la adversidad) del fondo del pozo estaba haciendo enfermar a la población? ¿Cómo? ¿Podía demostrarlo? Y lo más importante, ¿qué solución médica podía darle?

Un problema importante a la hora de ir al fondo de esa conexión mayor entre la adversidad y la mala salud era que, a veces, había una cantidad abrumadora de datos que tener en cuenta: cómo se había criado cada paciente, su historia genética, su exposición ambiental, sus traumas individuales. Ya sabía que no sería tan sencillo como identificar una fuente común de agua y un sólo tipo de bacteria. En el caso de Diego, un incidente de abusos había sido el catalizador que (presuntamente) había provocado una reacción en cadena bioquímica que había interrumpido el crecimiento. Ahora bien, para que el cuerpo reaccionara de un modo tan radical, tenían que darse y seguir dándose toda clase de desmanes, hormonales y celulares. Desentrañarlo no iba a ser coser y cantar. Vi en un instante en qué iban a consistir los siguientes meses de mi vida; no habría más que Pub-Med, barritas de granola y fatiga ocular.

Aquel día me quedé en el consultorio hasta bien entrada la noche, rebuscando entre las historias clínicas de los pacientes, en busca de patrones que hubieran podido pasárseme. Al final me levanté y me puse a caminar arriba y abajo. Todos los pacientes y trabajadores ya se habían ido a casa, así que podía deambular a mi antojo sin que me distrajeran. Los pies me llevaron a la sala de espera, donde me detuve sonriente al ver los minimuebles y las pisadas, en colores primarios, estampadas en la alfombra. Todo aquello me recordaba una vez más que mis pacientes eran chiquillos normales, independientemente de lo que hubiesen vivido o fuesen a vivir.

Cuando me incorporé al CPMC, en Laurel Heights, lo que más me gustaba de mi trabajo era explorar a neonatos. Años más tarde, exploraba exactamente igual a los recién nacidos de Bayview, y me encontré con que sus corazoncitos sonaban idénticos en el estetoscopio. Al meterles en la boca el dedo enguantado, me devolvían el mismo adorable reflejo de succión. Todos tenían los mismos puntos tiernos en la coronilla, donde los huesos del cráneo aún no se habían cerrado. En su llegada al mundo, esos bebés no se diferenciaban en nada de los nacidos en Laurel Heights; sin embargo, al explorar a neonatos en Bayview, yo sabía que las vidas de esos seres humanos serían, según las estadísticas, doce años más cortas que las de los niños de Laurel Heights. No porque tuvieran el corazón distinto ni porque los riñones no les funcionaran igual, sino porque, en algún momento del futuro, algo cambiaría en su organismo, algo que alteraría la trayectoria de su salud para el resto de la existencia. De entrada, esos hermosos cúmulos de posibilidades son iguales, y saber que no siempre lo serán es algo que te rompe el corazón.

* * *

Antes de irme a casa, entré en la sala de reconocimiento, encendí la luz y observé los animales grabados en la pared: leones, jirafas, caballos y, curiosamente, una única rana solitaria. Mi mirada se detuvo ahí. Tal vez fuera por lo extraño de la soledad de la rana, o a lo mejor no fue más que el misterioso modo que tiene el cerebro de atar cabos. El caso es que de pronto recordé el laboratorio Hayes de la Universidad de California, Berkeley. A los veinte años me pasaba allí horas de intenso trabajo, del que las ranas eran una parte importante. El laboratorio Hayes era un laboratorio de investigación sobre anfibios donde el inimitable doctor Tyrone Hayes estudiaba los efectos de los corticosteroides (hormonas del estrés) en renacuajos, en diferentes momentos del desarrollo. Los fantasmas de investigaciones del pasado me inundaron la mente, cruzándose con el problema al que llevaba todo el día enfrentándome: todo cuanto había estudiado me decía que la adversidad era un factor social determinante en la mala salud, pero nunca se había estudiado *cómo* podía afectar la fisiología o los mecanismos biológicos. No había ningún estudio al que pudiese recurrir para saber hasta qué punto las experiencias traumáticas de mis pacientes podían repercutir en su biología y en su salud.

O tal vez sí lo hubiera.

Puede que para descifrar lo que ocurría con Diego y las ranitas de Bayview tuviera que buscar pistas en individuos de sangre más fría.

# CAPÍTULO 2

## Para avanzar, hay que retroceder

Si es verdad que los padres son los primeros maestros de un niño, el que mi padre fuera un profesor de bioquímica con tendencia al caos instructivo seguramente dice mucho de mí. En los años ochenta, mis padres se encontraron criando a cinco hijos menores de diez años, así que probablemente no les dejamos más alternativa que ejercer una educación creativa. Mi padre, el doctor Basil Burke, es un inmigrante jamaicano y, si se me permite presumir de padre por un momento, cuando el Instituto de Jamaica concedió la Medalla del Centenario en conmemoración de sus cien años de historia, Bob Marley se llevó una en el apartado musical y mi padre otra en el de química. Hoy día, cuando se queda de canguro con mis hijos, nunca sé lo que me voy a encontrar al volver a casa. ¿Una misteriosa sustancia caliza de color blanco cubriendo hasta el último centímetro de la estufa? ¿Un filtro de agua minuciosamente deconstruido? ¿Tres gambas crudas en la encimera, junto a tres gambas cocidas? Con papi nunca se sabe.

Ya desde pequeña tuve claro que no era como otros padres. Al ser bioquímico, convertía cada uno de nuestros «experimentos» infantiles en una oportunidad (ejem, exigencia) de descubrimiento. Cuando volvía del trabajo y nos encontraba tirándonos puntiagudos aviones de papel, locos de contentos, no nos gritaba que parásemos, a menos que nos sacáramos un ojo. Él entraba en acción, ordenándonos que hiciésemos mediciones en el suelo y calibráramos los lanzamientos. Si calculabas cuánto tardaba un avión en ir del punto A al B, podías calcular su velocidad. Y a partir de ahí, sabiendo que la gravedad aceleraba un objeto 9,8 metros por segundo cuadrado, podías determinar el despegue debajo de las alas y extrapolar el mejor ángulo para soltar el avión y darle a alguien. En retrospectiva, la verdad es que esa clase de intervención me parece propia de una crianza fenomenal, puesto que, inevitablemente, mis hermanos protestaban, deponían las armas y se largaban. Yo, en cambio, nunca me cansaba. Mi padre aplicaba la física, la química y la biología en todas las cosas habidas y por haber, desde la leche cuajada del frigorífico hasta la mancha de curry de mi blusa, que misteriosamente pasaba de amarilla a morada en cuanto la tocaba con una pastilla de jabón. Aunque a mi madre no le hicieran ninguna gracia el hedor de leche agria ni las blusas echadas a perder, aprendí algo que sería decisivo en mi visión del mundo al hacerme mayor: detrás de cada fenómeno natural hay un mecanismo molecular: sólo hay que buscarlo.

Una década más tarde, durante mis primeros años de formación especializada en el laboratorio Hayes, descubrí que si mi padre era un estupendo científico era en gran parte por lo mucho que disfrutaba con ello. Yo había entendido que dedicarse a la ciencia profesionalmente no era lo mismo que hacer estallar cosas de pequeña. Conllevaba muchísimas horas de aburrido pipeteo y registro de datos, así que era fácil que los árboles te impidieran ver el bosque. Pero a los mejores científicos no les pasaba. Utilizaban su emoción y entusiasmo de puente entre lo mundano y lo revelador. Si sólo nos planteamos los experimentos como algo fácil e inmediato —o funcionan o no—, nos perdemos la posibilidad de que se produzca un afortunado accidente. Día tras día, los buenos científicos diseñan las coincidencias propicias al descubrimiento, sacando el máximo partido a los accidentes. Como mi blusa manchada de curry, un experimento fallido puede abrir una puerta a una verdad inesperada. De niña, vi cómo funcionaba contemplando a mi padre. De universitaria, lo aprendí de la mano del doctor Tyrone B. Hayes.

El doctor Hayes era la antítesis del típico profesor de ciencias de Berkeley. Con sólo veintisiete años en la época en que trabajé bajo sus órdenes, era uno de los docentes más jóvenes de la facultad de ciencias. No sólo era brillante; también fue mi único profesor de ciencias afroamericano en California, y contaba con un peculiar sentido del humor, además de emplear frecuentes y elocuentes tacos. Nadie le llamaba nunca doctor Hayes; era directamente Tyrone. Gracias a él, nuestro laboratorio era, con mucho, el más guay del edificio.

* * *

La especialidad del laboratorio Hayes era la investigación pionera endocrina en anfibios, así que, naturalmente, renacuajos y sapos ocuparon todas y cada una de las horas sueltas mi último curso en Berkeley. El estudio en el que estuve trabajando acabaría siendo uno de los accidentes más importantes de Hayes. El experimento de Hayes partía de una hipótesis sobre el desarrollo sexual de los sapos, y su propósito era descubrir los efectos de distintos tipos de hormonas esteroides (testosterona, estrógeno, corticosterona) en la diferenciación de las gónadas; básicamente, si los renacuajos acabarían siendo adultos machos o hembras. Las hormonas son los mensajeros químicos del organismo; la información que transportan por la corriente sanguínea estimula gran variedad de procesos biológicos. El doctor expuso a los renacuajos a distintos esteroides durante diferentes momentos del desarrollo y, para su sorpresa, aquello no repercutió para nada en las gónadas. Aquellos experimentos requirieron mucho tiempo y reflexión, pero al final no se observó ninguna diferencia cuantificable. Fue una decepción, por decirlo suavemente. Sin embargo, mientras yo estudiaba una y otra vez muestras de tejido con el microscopio, Hayes se forjaba una visión creativa de los descorazonadores resultados. Lo que descubrió fue[9] que, aunque ninguno

---

9.  Hayes, T. B. y Wu, T. H. (1995), «The Role of Corticosterone in Anuran

de los esteroides repercutiera en el desarrollo sexual de los renacuajos, algunos de los esteroides influían en su crecimiento y metamorfosis posterior. Los efectos más extraordinarios se observaban cuando Hayes administraba corticosterona a los pequeños anfibios.

Las repercusiones de esta hormona en el crecimiento de los renacuajos se le antojó a Hayes lo bastante interesante como para plantearse orientar sus experimentos en una dirección del todo distinta. La corticosterona es una hormona del estrés —cuyo equivalente en los humanos es el cortisol—, así que Hayes se vistió de rana y trató de concebir una situación estresante para un renacuajo. Lo que halló fue bastante simple: un estanque empieza a secarse y, de pronto, hay demasiados renacuajos para tan poca agua. Se planteó la hipótesis de que una respuesta al estrés en ese contexto pudiese ser adaptativa; es decir, que cuando el renacuajo se estresara ante el avasallamiento del resto de los renacuajos y el agua menguante, sus glándulas secretarían corticosterona, que impulsaría el proceso de metamorfosis y convertiría en patas la cola del renacuajo. Entonces el nuevo sapo podría saltar del estanque y dejar atrás al resto de renacuajos pringados. ¡Zas! Adaptación.

Ésa era al menos la idea. Al final, Hayes estaba mayormente en lo cierto, pero, como siempre, lo interesante eran *sus errores*. Si los futuros sapos recibían corticosterona en un momento posterior de su desarrollo, la hormona sí aceleraba esa metamorfosis que permitía el oportuno salto adaptativo fuera del estanque. En cambio, si se exponía a los sapos al esteroide en una etapa temprana del desarrollo, se inhibía su crecimiento. Y la corticosterona tenía más efectos negativos inesperados,[10] como disminuir la función del sistema inmunitario y la pulmonar, provocar problemas de osmorregulación (presión arterial elevada) y perjudicar el desarrollo neurológico. Si se exponía a los renacuajos a corticosterona por un tiempo prolon-

Metamorphosis and Its Potential Role in Stress-Induced Metamorphosis». *Netherlands Journal of Zoology*, 45: 107-9.
10. *Ibid.*

gado, aparecían los mismos problemas. La respuesta al estrés de los renacuajos frente al hacinamiento era adaptativa, pero *sólo* si se producía en el momento adecuado del desarrollo.

¿Por qué era tan dañino para los renacuajos más jóvenes exponerlos a la hormona del estrés? Eso era lo peliagudo. Los niveles elevados de corticosterona alteran el funcionamiento de otras hormonas y sistemas del organismo. En los renacuajos, la exposición temprana y prolongada a la corticosterona desequilibraba todos esos niveles hormonales y procesos biológicos. Los efectos eran *inadaptativos*, es decir, en vez de ayudar al renacuajo a desarrollarse y sobrevivir, la respuesta empeoraba muchísimo más las cosas. De hecho, la exposición temprana no sólo acarreaba cambios irreversibles en el desarrollo, sino que también acababa desencadenando la muerte. Por ejemplo, los niveles de corticosterona pueden influir en los niveles de las hormonas de la glándula tiroidea, que regulan el metabolismo. En el caso de los renacuajos, la corticosterona eliminaba por completo las hormonas tiroideas; de ahí que esos renacuajos no crecieran ni llegaran a la etapa de la metamorfosis. La corticosterona también incide en la producción de agente tensioactivo, que desempeña un papel decisivo en el desarrollo pulmonar, lo que permite a los renacuajos absorber oxígeno del aire.

Al asistir al curso preparatorio para ingresar en la facultad de medicina, en clase de anatomía y fisiología había aprendido como las hormonas colaboran en una especie de sinfonía de la homeostasis (el equilibrio biológico del organismo). Ahora bien, no lo acabé de *comprender* hasta trabajar en el laboratorio Hayes. Las pobres ranas sirvieron de lección objetiva trascendental. Si contamos con la cantidad debida de cada hormona, todas colaboran para que el organismo siga funcionando con normalidad; sin embargo, al cambiar uno de esos niveles, esa delicada interacción se va a pique. Esa clase de desequilibrio hormonal puede tener repercusiones directas e indirectas. Por ejemplo, el aumento de los corticosteroides puede perturbar directamente la tensión arterial, pero también perturbar indirectamente el crecimiento y el desarrollo, al alterar el desempeño de *otras* hormonas. El grado de afectación mutua de las hormonas y, en consecuencia, su afectación en el cuerpo humano pueden ser complicados, pero son de suma importancia.

Otra de las revelaciones que tuve en el laboratorio Hayes fue el manual básico obligatorio de la respuesta evolutiva al estrés que todo el mundo recibía el primer día de trabajo. Es fácil (más o menos) memorizar las repercusiones de distintas interacciones hormonales en el organismo: si A y B, entonces C. Cuando estudias, la ciencia es un desfile continuo de diagramas, infografías, fórmulas y cálculos; el *qué* del cuerpo humano, por así decirlo. Al examinar la biología desde la perspectiva evolutiva, como nos enseñaron a hacer los renacuajos de Hayes, obteníamos algo de igual importancia: el *porqué*. La mayoría llegábamos entendiendo la causa y el efecto biológicos de los procesos fisiológicos en el estado ideal adaptativo; y nos íbamos fascinados con la descodificación de la causa y el efecto en un estado inadaptativo que distaba mucho de ser ideal.

Durante gran parte de los albores de la humanidad, los mayores estresantes (situaciones causantes de estrés) eran los depredadores (estresantes de corta duración) y la carestía de alimentos (estresantes de larga duración). Cuando vivíamos en la sabana, una de las principales funciones del cortisol era ayudar al organismo a manejar ese estrés prolongado. Mantener la homeostasis es la clave de la supervivencia, así que el cortisol entra en escena cuando el cuerpo detecta un cambio en el entorno que amenaza con desequilibrarlo. En el África prehistórica, ante la escasez de supermercados (y apps para iPhone), los primeros humanos se pasaban casi todo el día buscando alimento, matando alimento y preparando alimento para comerlo. En épocas aciagas, el organismo detectaba la falta de nutrientes y arrancaba la reacción en cadena que es la respuesta al estrés.

Una de las partes principales de este proceso es el aumento de la producción de cortisol, y un efecto importante del cortisol es el incremento de la glucemia. El cerebro necesita que haya suficiente azúcar en la corriente sanguínea para poder pensar y planificar. Esta aportación extra de cortisol contribuye a mantener la glucemia estable, aunque escaseen las barbacoas de gacela. El flujo constante de glucosa que nos recorre las venas también ayuda a alimentar los músculos, para que, cuando *sí* haya una gacela, tengamos la energía para perseguirla. El cortisol también ayuda a mantener una presión arterial normal, al regular los niveles de sodio y sal del organismo. Asimismo, inhibe el crecimiento y la reproducción, puesto que una crisis alimentaria no es buen momento para planes optimistas de ampliar la familia a largo plazo; es más lógico dedicar toda la energía disponible al problema inmediato. El cortisol tiene estos y otros efectos, y no sólo cuando hay falta de comida, sino también cuando hay una amenaza física (leones, por ejemplo), una lesión o un estresante ambiental (¡terremoto!). Siempre que se activa la respuesta al estrés, entran en juego los mismos procesos biológicos básicos. La diferencia entre el humano adulto prehistórico que sobrevive a una mala temporada de caza y el renacuajo que recibe una dosis letal de estrés es *el momento y la duración* de la exposición a la hormona del estrés. En el caso del cazador, el proceso era adaptativo (bueno para la supervivencia), porque se daba en la edad adulta; en el del renacuajo, el proceso era inadaptativo (malo para la supervivencia), porque se daba en la infancia (o cuando el anfibio era un renacuajo), en una etapa del desarrollo demasiado temprana.

* * *

En los días posteriores a mi primera visita con Diego, estuve pensando mucho en el laboratorio Hayes: lo que había aprendido de la respuesta al estrés, lo que había aprendido del desarrollo y lo que había aprendido de cómo abordar un problema desde la creatividad. Lo último fue lo que se me quedó al repasar un viejo artículo de investigación de Hayes sobre la corticosterona y su función en la metamorfosis. Renacuajos y sapos me aportaban una idea clara de hasta qué punto las hormonas del estrés pueden repercutir en el desarrollo; también era consciente, sin embargo, que se trataba de investigación con animales. Se administraba a los renacuajos dosis considerables de corticosterona, cuyos efectos eran espectaculares. Tenía su lógica, pero, como sucede con muchos estudios con animales, no había ninguna certeza de que fuera directamente extrapolable a los humanos. Y nadie probaba el experimento en humanos, debido al ligero problema ético que plantea administrar a las personas enormes dosis de hormonas del estrés. No había, por lo tanto, ningún estudio que evaluara los efectos de dosis masivas de hormonas del estrés en humanos, no digamos ya en niños. ¿O sí?

\* \* \*

En mi tercer año de residencia, trabajaba en la unidad de cuidados intensivos (UCI) pediátrica del Lucile Packard Children's Hospital de Stanford. Sarah P. era una preciosa niña de seis años que una mañana se había despertado paralizada de cintura para abajo. Tras una exhaustiva evaluación diagnóstica, finalmente encontramos la causa: EMAD, encefalomielitis aguda diseminada.

La EMAD es una enfermedad rara autoinmune en la que el sistema inmunitario ataca la mielina, la capa aislante que envuelve las fibras nerviosas y permite que los impulsos nerviosos recorran rápidamente el cuerpo. Como es comprensible, los padres de Sarah estaban aterrados. El tratamiento de la EMAD consiste en dosis elevadas del esteroide prednisona, que es básicamente una versión sintética del cortisol. Con ello se espera que la «dosis de estrés» de los esteroides inhiba el sistema inmunitario desorientado, con la consiguiente recuperación de la función nerviosa. Mientras redactaba la prescripción de la prednisona, mi médico supervisor me recordó que incluyera también lo que los médicos denominan *standing orders* (recetas médicas permanentes). Se trata de un protocolo automático que se pone en marcha siempre que se da una medicación concreta. En caso de dosis de estrés de esteroides, las *standing orders* determinaban qué hacer si Sarah P. tenía alguno de los efectos adversos previsibles. En la UCI pediátrica, décadas de experiencia han mostrado a los médicos que casi todos los pacientes que reciben dosis elevadas de prednisona tienen los mismos tipos de problemas. Así que la *standing order* es más o menos así: (1) si la tensión arterial alcanza [X], administrar [Y] de medicación para la tensión arterial; (2) si la glucemia supera [X], empezar a administrar gotero de insulina a una frecuencia [Y]; (3) si el paciente tiene un episodio psicótico y trata de arrancarse la vía, administrar el antipsicótico [X] en la dosis [Y].

Al llegar a este punto concreto de la memoria, no pude sino exclamar «Rhaatid!» («¡Oh, Dios mío!» en dialecto jamaicano). Caí en la cuenta de que los efectos de una dosis de estrés de esteroides en un niño no sólo eran conocidos, sino que también estaban codificados en los protocolos de atención del hospital. Los protocolos médicos se aplican cuando los efectos adversos de una determinada medicación son tan predecibles que vale la pena disponer un sistema para hacerles frente. Ésta es una de esas situaciones singulares en las que la experiencia clínica pasa a ser investigación viviente. Los médicos de Stanford observaban los efectos adversos que mostraban los pacientes receptores de dosis de estrés de esteroides; luego investigaban lo que creían que estaba sucediendo y adaptaban el tratamiento hasta dar con el mejor modo de abordar esos efectos adversos. Tal vez no sea ético hacer un experimento independiente premeditado para comprobar la reacción de los niños ante las hormonas del estrés, pero observar sus reacciones en el curso de un tratamiento para salvar la vida sí lo es, sin duda. Con los años, las eficaces intervenciones llevadas a cabo por los médicos se convirtieron en planes asistenciales para manejar los w prednisona. Sarah P. fue la afortunada beneficiaria de ellos: recibió suficiente medicina para mejorar (y, por suerte, recuperarse), pero no tanta como para generarle problemas mayores.

De pronto, las reacciones físicas de mis pacientes ya no parecían tan estrambóticas. Si tenían el organismo tan inundado de hormonas del estrés como el de Sarah o el de los renacuajos, era razonable que sus organismos, incluyendo la tensión arterial, la glucemia y las funciones neurológicas, reaccionaran de un modo parecido; todo podía considerarse un efecto adverso de las hormonas del estrés. Desde el punto de vista biológico, tenía sentido que una dosis ingente de hormonas del estrés en una etapa inadecuada del desarrollo pudiera repercutir ampliamente en la salud resultante de mis pacientes. Se trataba exactamente de lo que les pasaba a los renacuajos más jóvenes frente a las ranitas más próximas a la metamorfosis: la diferencia entre reacciones adaptativas e inadaptativas depende totalmente del *cuándo*.

Un ejemplo extremo del peso de la cronología, en lo que a hormonas se refiere, es una dolencia denominada hipotiroidismo. Muchos conocemos o hemos oído hablar de alguien aquejado de esta afección. Básicamente significa que la glándula tiroides no produce suficientes hormonas, por lo que se ralentiza el metabolismo de la persona, y a ésta se le reseca la piel, se le vuelve el pelo quebradizo y aumenta de peso, siendo este último el síntoma más conocido. Aproximadamente, diez millones de adultos padecen esta enfermedad,[11] pero a menudo lleva mucho tiempo diagnosticarla. Lo bueno es que, en los adultos, los síntomas suelen ser relativamente menores, y el tratamiento se consigue con facilidad.

Ahora bien, cuando el hipotiroidismo se da en la infancia temprana, la cosa cambia por completo. La dolencia, que en el pasado se bautizó con el cruel nombre de cretinismo, puede perjudicar notablemente el crecimiento físico y mental. Generaciones enteras de niños han sufrido graves síntomas al detectárseles el trastorno demasiado tarde, pero en la actualidad los neonatos se someten a pruebas de hipotiroidismo. Si se identifica a tiempo, es fácil de tratar con hormona tiroidea, por lo que el cretinismo es hoy muy poco común en el mundo desarrollado. En cualquier caso, es un magnífico ejemplo de cuán determinante es la cronología: la falta de hormona tiroidea en el organismo tiene efectos muy diferentes según cuándo acon-

---

11. Norman, James, «Hypothyroidism (Underactive Thyroid Part 1: Too Little Thyroid Hormone)», *Vertical Health LLC*. Extraído de http://www.endocrineweb.com/conditions/thyroid/hypothyroidism-too-little-thyroid-hormone.

tece. En la edad adulta, es un trastorno menor y tratable. En la infancia, es grave.

*  *  *

En cuanto a Diego, me preocupaba la cronología de sus síntomas. Temía que la dosis de estrés que había vivido hubiese sido lo bastante elevada como para sobrecargarle el organismo, y que fuera la causa subyacente de sus síntomas. Y lo mismo con los demás pacientes.

Ahora bien, ¿y el resto del vecindario? Gran parte de la población adulta había sufrido en la niñez adversidades y traumas a la altura de los de Diego. Como mis pacientes eran niños, sabía por boca de sus progenitores o cuidadores los traumas por los que habían pasado. Muchas veces los progenitores habían padecido muchas más dificultades que los pequeños que llevaban al consultorio; las madres, padres, tías y tíos que llegué a conocer a lo largo de los años me contaban de vez en cuando sus propias vivencias de maltrato físico o verbal, abuso sexual, infancia con violencia doméstica e incluso presenciación de apuñalamientos o disparos. Ahora tenían artritis, insuficiencia renal, cardiopatías, enfermedad pulmonar crónica y cáncer. La mayoría habían pasado la infancia en Bayview o en barrios parecidos, y yo no podía evitar plantearme los efectos a largo plazo que esas exposiciones tempranas habían tenido en la salud de generaciones enteras. Estaba claro que la gente de Bayview, incluidos mis pacientes, padecían mayores dosis de estrés que el estadounidense medio. Reflexioné sobre la pequeña Sarah P. y las recetas médicas permanentes para contrarrestar los efectos adversos de los esteroides. Si los adultos de Bayview habían sido una vez niños que experimentaron dosis de estrés de hormonas durante etapas fundamentales del desarrollo, ¿qué efectos adversos resultantes podían observarse?

La respuesta estaba justo en el *Community Health Assessment* de 2004 que había leído aquel primer día de trabajo.

Hay miles de Bayviews a lo largo y ancho de los Estados Unidos, por no hablar del mundo entero. En la escuela de salud pública, asistí a conferencias sobre la magnitud de las disparidades en cuestiones de salud existentes entre poblaciones vulnerables (como las que incluyen porcentajes elevados de inmigrantes recientes de bajos ingresos o los vecindarios de color) y los barrios más pudientes. Para mí, una mujer negra de familia inmigrante en los Estados Unidos, era como si me dijeran que el agua moja. Lo que yo buscaba era el *porqué*. Me recordaba con claridad sentada en el aula del profesor Ichiro Kawachi en Boston, en su presentación de datos impactantes sobre tasas de obesidad en poblaciones de alto riesgo, preguntándome «¿Podría haber una relación con el cortisol? ¿Sería posible que vivir a diario bajo la espada de Damocles de la violencia y la indigencia no sólo estuviera relacionado con una salud deficiente, sino que pudiera ser la causa?». Se me ocurrió la idea atroz de que quienes se amontonaban en viviendas sociales de Chicago tal vez no fueran tan distintos de los renacuajos que vivían en un estanque menguante.

Sin embargo, entonces, estando en Bayview, me daba cuenta de que lo que la gente vivía en la niñez podía bastar para embarcarlos en una trayectoria médica devastadora. La mera idea de que lo que sucedía en la infancia pudiese afectar a la salud durante el resto de la vida daba miedo. No obstante, si el mecanismo implicado era el de respuesta al estrés, había mucho margen para el cambio. Significaba que, detectando el problema lo suficientemente pronto en el desarrollo de un niño, podíamos influir notablemente en su futura vida. Tanto el grado de exposición como el momento eran determinantes en los efectos de la corticosterona en los renacuajos. Con los niños de la UCI pediátrica de Stanford, sabíamos que podíamos tomar medidas para abordar los efectos adversos de las hormonas del estrés antes de que causaran un problema. ¿Podríamos mis colegas y yo generar una receta médica permanente para pacientes como Diego? ¿Cómo sería? No lo sabía, pero la idea bastaba para que me recorriera por dentro el mismo hormigueo que sentía de pequeña cuando abordaba un problema con mi padre y sentía que iba por buen camino.

# CAPÍTULO 3

## Dieciocho kilos

Lo bueno y lo complicado de trabajar en una clínica como la mía era que, a pesar de tus propias necesidades (¡dormir!) o deseos (¡comer!), había una corriente de urgencia que siempre te llevaba de vuelta a los pacientes. Al acabar la jornada, a veces me sobraba tiempo para investigar la relación entre adversidad y salud, pero, cuando estaba en el consultorio, tenía una pila de historias clínicas y una sala de espera repleta de chiquillos enfermos. Con Diego en particular, sentía aquel tirón que tan bien conocía. Ya le había recetado un inhalador y medicación para el eczema, pero aún me quedaba atajar la interrupción del crecimiento. Volví a recurrir a la ayuda de la doctora Bhatia. Me planteaba si podría requerir terapia hormonal, pero ella me recordó que en los análisis de Diego no había desequilibrios hormonales, o al menos ninguno que fuera mesurable. Según la experiencia de la doctora, en casos como ése lo más probable era que la medicación no sirviera. Para mi sorpresa, dijo que el tipo de tratamiento más eficaz para Diego era la psicoterapia.

Por suerte, ya tenía a quién acudir. El Bayview Child Health Center había recibido una pequeña subvención para servicios de apoyo al paciente y, a la hora de decidir cómo emplearla, supe exactamente a quién preguntar: a los propios vecinos. Mientras estudiaba había aprendido que forjar relaciones en poblaciones de pocos recursos es importante para mejorar la salud de sus habitantes. Por eso sumé a mi labor la ayuda a escuelas e iglesias en la preparación de ferias sanitarias, programas alimentarios y clases de prevención del asma. La gente se acostumbró a ver mi cara por las calles. Muchas personas bienintencionadas habían ido y venido de Bayview, donde habían dejado un rastro de muchas promesas incumplidas, pero el vecindario empezaba a creerme cuando decía que estaba decidida a mejorar la salud de sus hijos.

Cuando llegó el dinero de la subvención para apoyar al paciente, la respuesta a cómo gastarlo estaba clara: servicios de salud mental. Si bien en aquella época era bastante poco habitual que un consultorio pediátrico tuviera en nómina a un psicoterapeuta, mis colegas y yo sabíamos lo suficiente como para dar a los vecinos lo que decían necesitar, no lo que creíamos que necesitaban.

No obstante, la búsqueda de la persona adecuada para ocupar el puesto de psicoterapeuta me tenía intranquila. Éramos un centro de salud sin ánimo de lucro, en medio de Bayview Hunters Point, con una plantilla y un presupuesto mínimos, y con abundantes e intensas horas extras para todos. Esa clase de trabajo tal vez fuera el empleo de mis sueños, pero no estaba tan loca como para creer que fuera el de todo el mundo. Cuando el doctor Whitney Clarke entró en mi despacho para una entrevista, me desanimé. Pese a ser lo bastante lista como para no juzgar a alguien por su aspecto externo, pensé «Éste ni por asomo».

Me quedaría corta si dijera que alguien con la pinta del doctor Clarke no es lo primero que se te ocurre al pensar en un psicoterapeuta que trabaja en una población como Bayview. Hombre, blanco y el doble de Chris Pine (el actor que hace el papel del joven capitán Kirk en las nuevas películas de Star Trek). Básicamente, es un anuncio con patas del estilo informal y a la vez sofisticado de Abercrombie and Fitch. Y eso para mí significaba que a los pacientes les constaría confiar en aquel hombre y conectar con él, un pequeño problema para un psicoterapeuta que trabaja en una zona marginada y muy necesitada. Sin embargo, tras hablar largo rato, mi escepticismo inicial empezó a esfumarse y tuve la corazonada de que había algo en ese hombre a lo que los pacientes responderían.

Como era de esperar, la mayoría de mis pacientes se echaban atrás cuando los derivaba al doctor Clarke. «No pienso llevar a mi hijo a un psiquiatra blanco» era una letanía habitual y comprensible. Esas familias se hallaban en una situación vulnerable, y muchas habían sido objeto de ese racismo institucionalizado que genera una profunda desconfianza en los extraños y una actitud defensiva automática. Por suerte, para entonces yo ya había fraguado una relación lo bastante estrecha con los vecinos como para que confiaran en mí al recomendarles al doctor Clarke y decirles que creía en su capacidad de transformar drásticamente la vida de sus hijos. No tardarían mucho en ver quién era realmente el doctor Clarke: un profesional de la salud mental extraordinariamente empático y accesible que pronto se convirtió en una especie de refugio. Meses después, me encantaba encontrarme a las familias de esos pacientes rezumando un cierto orgullo por el doctor. Al cabo de poco tiempo, ellos también empezaron a recomendarle.

\* \* \*

Tras hablar de Diego con la doctora Bhatia, puse al corriente de la situación al doctor Clarke y le pregunté qué tipo de plan terapéutico deberíamos recomendar. No tardamos en poner a Rosa en contacto con un psicoterapeuta de habla hispana con experiencia en terapia cognitivo-conductual centrada en el trauma (abreviado TCC-CT), un plan asistencial destinado[12] a abordar las repercusiones del trauma en el desarrollo de un niño, trabajando con el progenitor y el hijo.

Una vez tachado ese punto de mi lista interminable de tareas pendientes, me sentí mejor. No obstante, aunque Diego estaba en-

---

12. Child Sexual Abuse Task Force and Research and Practice Core, National Child Traumatic Stress Network (2004), *How to Implement Trauma-Focused Cognitive Behavioral Therapy* (Durham, N.C.: National Center for Child Traumatic Stress).

tonces en el mejor plan de tratamiento que podíamos concebir, la frustración seguía acompañándome. Cada vez con mayor claridad, veía en los pacientes una relación entre la adversidad y la salud deficiente, pero no me sentía en absoluto preparada para lidiar con ello. Agradecía la orientación de la doctora Bhatia sobre el crecimiento de Diego, pero en otras muchas ocasiones no tenía a quién llamar. Mi experiencia de los últimos diez años me había llevado a creer en lo que veía, pero, si era así, ¿cómo es que no había aprendido a tratarlo en la facultad de medicina ni durante la especialización? ¿Dónde estaban los protocolos asistenciales? ¿Dónde estaban las recomendaciones de los comités para la actuación de los facultativos ante esas situaciones?

En Whitney Clarke encontraba a menudo una caja de resonancia de mi frustración. Hablábamos una y otra vez de mi hipótesis de que la adversidad era el origen tanto de los síntomas de salud mental con los que él trabajaba como de mis casos clínicos más exasperantes. Aun sin tener experiencia en endocrinología, lo que le decía le parecía del todo lógico. Incluso me recordó algunos otros casos contundentes a los que nos habíamos enfrentado que encajaban con el patrón de los síntomas de estrés de Diego.

* * *

Al cabo de un par de meses, el doctor Clarke vino a mi despacho, con una gran sonrisa en el semblante, y me dio un artículo de investigación.

—¿Has visto esto? —preguntó.

Era un artículo de 1998[13] publicado en el *American Journal of Preventative Medicine*: «Relationship of Childhood Abuse and Household Dysfunction to Many of the Leading Causes of Death in

---

13. Felitti, Vincent J. *et al.* (1998), «Relationship of Childhood Abuse and Household Dysfunction to Many of the Leading Causes of Death in Adults: The Adverse Childhood Experiences (ACE) Study», *American Journal of Preventive Medicine* 14, n.º 4: 245-58.

Adults: the Adverse Childhood Experiences (ACE) Study» («Relación del maltrato infantil y la disfuncionalidad en el hogar con muchas de las causas de muerte en adultos: las experiencias adversas en la niñez [EAN]») de Vincent Felitti, Robert Anda y colegas.

—No —respondí, notando en su tono de voz que aquello era algo importante.

—Igual vale la pena que dejes por un rato las historias clínicas —dijo.

—¿Es lo que creo que es?

—Tú échale un vistazo y luego me cuentas —repuso.

Aún no había ni cerrado la puerta y yo ya iba por la mitad del resumen. Con sólo leer parte de la primera página, me sentí legitimada.

Ahí estaba.

La última pieza del puzle que hacía encajar el resto. Todo lo que había vivido los últimos diez años, todos esos interrogantes y observaciones que no acababa de ensamblar, tenían de pronto un aglutinante. Con el corazón acelerado, empecé a leer en voz alta las partes del estudio especialmente asombrosas, parando de vez en cuando para susurrar exclamaciones en dialecto jamaicano. Lo primero que me llamó la atención de la investigación de Felitti y Anda[14] fue su increíble consistencia: aportaban datos de 17 421 personas, un número suficiente para aportarme la validación que nunca pensé que encontraría.

Al acabar de leer el estudio, mi entusiasmo no había mermado. Me sentía como Neo al final de la película *Matrix* cuando de pronto el mundo derrocha cifras de color verde. No sólo estaba contemplando la realidad completa de cuanto me rodeaba, sino que la *comprendía*. Según el Estudio ACE, no era la única que relacionaba el estrés de la adversidad en la niñez con estados de salud deficientes.

---

14. Felitti, Vincent J. (2002) «Belastungen in der Kindheit und Gesundheit im Erwachsenenalter: die Verwandlung von Gold in Blei», *Zeitschrift für psychosomatische Medizin und Psychotherapie*, 48: 359-69.

Esa pieza del puzle, el último fragmento de código de Matrix, era justo lo que necesitaba para dar sentido a lo que ocurría con mis pacientes y, lo más importante, para tratarlos. Entonces supe que ese momento, ese conocimiento, cambiaría completamente mi labor, pero no tenía ni idea de cuánto me cambiaría la vida.

*   *   *

En el año 1985, en el centro de tratamiento de la obesidad Kaiser, en San Diego, el doctor Vincent Felitti estaba hablando con la primera paciente de la jornada. Si uno hacía cola detrás del doctor Felitti para comer en la cafetería del hospital, o se lo cruzaba en el pasillo, su porte seguramente no le pasaría desapercibido. *Majestuoso. Sereno*. Podría describirse con esas palabras. Todo cuanto había en aquel intelectual sosegado, con la cabeza cubierta de espeso cabello cano, le hacía parecer el presentador de las noticias en la televisión pública o el calmado moderador de un debate entre políticos mordaces. Hablaba con seguridad, autoridad y extrema claridad. Por eso cuando me contó esta historia me quedé de piedra al saber que su mayor descubrimiento médico había sido producto de un lapsus del lenguaje.

Donna era una mujer de cincuenta y tres años con diabetes debilitante y un problema de peso considerable. Dos años antes, en un nuevo programa de pérdida de peso, había logrado perder más de 45 kilos, pero en los últimos seis meses los había recuperado todos. Felitti se sentía a la vez frustrado y responsable. Lo cierto es que no acababa de saber por qué Donna había descarrilado. Con lo bien que lo había estado haciendo y entonces, después de esforzarse tanto y lograrlo, volvía a estar en el punto de partida.

Felitti estaba decidido a llegar al fondo del asunto.

Recitó a toda prisa una lista de sus preguntas preliminares habituales: ¿cuánto pesaba al nacer? ¿Cuánto pesaba en primero de primaria? ¿Cuánto pesaba cuando empezó la secundaria? ¿Qué edad tenía cuando empezó a tener relaciones sexuales?

Pero aquella vez se equivocó de palabras.

En vez de preguntar «¿Qué edad tenías cuando empezaste a tener relaciones sexuales?», preguntó:

—¿Cuánto pesabas cuando empezaste a tener relaciones sexuales?

—Dieciocho kilos —contestó Donna.

La respuesta le hizo parar en seco. «Un momento, ¿dieciocho kilos?».

Estaba convencido de haberlo entendido mal, y por un instante se quedó callado, pero por alguna razón volvió a formular la pregunta del mismo modo. A lo mejor ella había querido decir cincuenta y ocho kilos.

—Perdón, Donna, ¿cuánto pesabas cuando empezaste a tener relaciones sexuales?

La paciente se sumió en el silencio.

Notando que ahí había algo, aguardó a que ella hablara. Tras más de dos décadas trabajando con pacientes, había aprendido que detrás de una pausa significativa solía encontrarse la perla del diagnóstico.

—Pesaba dieciocho kilos —repitió Donna, bajando la mirada. Felitti esperó, asombrado—. Fue a los cuatro años, con mi padre.

Felitti me dijo que, en aquel instante, se escandalizó, pero se esforzó por no mostrar sus emociones (sé muy bien lo que se siente). En los veintitrés años que llevaba tratando con pacientes, nunca nadie le había contado un episodio de abuso sexual durante un reconocimiento médico. Es algo que costaría creer en la actualidad. Me planteé si sería porque el doctor nunca lo había preguntado o porque eran los años ochenta, cuando las historias de abusos se quedaban aún más enterradas que hoy en día. Al preguntárselo, Felitti dijo que seguramente nunca lo había preguntado; al fin y al cabo, él era médico, no psicólogo.

* * *

Al cabo de semanas de hablar con Donna, Felitti visitó a otra paciente incumplidora del tratamiento que estaba en el mismo programa de pérdida de peso. La verdad es que Patty había empezado siendo una paciente modelo; en cincuenta y una increíbles semanas, había pasado de 185 a 60 kilos. Patty y Donna no eran las únicas. Muchos otros pacientes estaban teniendo grandes resultados; en algunos casos llegaban a perder hasta más de 130 kilos con un año de régimen. Felitti estaba entusiasmado con los resultados, pero la elevada tasa de abandono era desconcertante. Si se hubiese tratado de pacientes que llevaran poco tiempo en el programa, hubiese sido comprensible. A fin de cuentas, el régimen de ayuno al que se comprometían era todo un reto. Sin embargo, lo raro era que quienes presentaban la mayor tasa de abandono eran los pacientes *con mejores desenlaces*: ni más ni menos que quienes habían mantenido más tiempo el régimen y habían cosechado los mejores resultados. Justo cuando llegaban al peso ideal, cuando deberían estar celebrando el logro de los objetivos que tanto les había costado alcanzar, esos pacientes victoriosos de pronto desaparecían. O bien dejaban el programa para siempre o bien se iban y volvían al cabo de meses, habiendo recuperado casi todo el peso que habían perdido. Felitti y sus colegas se quedaban dándole vueltas. Habían dado con lo que parecía ser una solución para un problema que se creía irresoluble, pero, por alguna razón que no lograban discernir, esa solución no perduraba.

Felitti se había reunido con Patty para tratar de entender qué sucedía. Veía que la mujer estaba a punto de abandonar el programa, porque en las últimas tres semanas había recuperado 16 kilos. Iba por mal camino, y deprisa. Confiaba en poder reencauzarla antes de que fuera demasiado tarde.

Le hizo un reconocimiento físico, para tratar de determinar qué había detrás de ese repentino aumento de peso. ¿Tenía algún problema cardíaco que le hiciera retener grandes cantidades de líquido? En su exploración, el doctor Felitti no detectó meteorismo ni hinchazón que indicaran la presencia de retención de fluidos asociada a la insuficiencia cardíaca. ¿Tenía la tiroides descontrolada? Le observó más de cerca el cabello, la piel y las uñas, pero no observó sequedad ni debilitamiento, y la tiroides era del tamaño normal. No parecían apreciarse signos físicos de un problema metabólico.

Tras descartar cuanto tenía en la lista, Felitti se sentó con ella a hablar.

—Patty, ¿qué crees que está pasando?

—¿Te refieres al peso?

—Sí.

La sonrisa de Patty se desdibujó y la paciente bajó la mirada hacia sus manos.

—Creo que como dormida —dijo con timidez.

—¿Qué quieres decir? —inquirió Felitti.

—De niña era sonámbula. No lo había hecho durante años, pero vivo sola y, al irme a dormir por la noche, dejo la cocina limpia y recogida. Y cuando me despierto por la mañana me encuentro con las ollas y los platos sucios, con los paquetes y latas abiertos. Está claro que alguien ha estado cocinando y comiendo, pero yo no lo recuerdo. Como soy la única que vive ahí y estoy engordando, supongo que es la única explicación.

Felitti asintió. Aquello parecía un poco absurdo, quizás incluso un signo de algún tipo de psicopatología. En otras circunstancias, la hubiese derivado a salud mental y se hubiera enfocado en abordar su salud física, pero algo se lo impidió. Su reciente conversación con Donna le había revelado que había cosas que tal vez estuvieran afectando los resultados de sus pacientes y que él no alcanzaba a ver con sus preguntas habituales. Decidió tirar de ese hilo, aunque pareciera ajeno a su especialidad.

—Patty, el que comas dormida explica el aumento de peso, pero ¿por qué lo estás haciendo ahora?

—No lo sé.

—Pero ¿por qué esto no pasaba hace tres años, o hace tres meses?

—No lo sé.

Felitti volvió a intentarlo. Su labor con enfermedades infecciosas y epidemiología no le permitían quedarse con la explicación superficial. Solía haber un detonante. No fue por mala suerte que el cólera afectara a tanta población del barrio londinense del Soho; todos quienes enfermaban tenían algo en común, y ese algo era un pozo contaminado.

Felitti no creía que Patty hubiese empezado a comer porque sí.

—Piénsalo bien, Patty. ¿Qué ha estado pasando en tu vida? ¿Por qué ibas a empezar ahora a comer dormida?

Se quedó callada un momento.

—Bueno, no sé si tendrá algo que ver, pero en el trabajo hay un hombre... —dijo, volviendo a bajar la mirada.

Felitti aguardó, y Patty acabó explicando que, en su empleo de enfermera en una clínica de reposo, había estado a cargo de un nuevo paciente que trataba continuamente de ligar con ella. Era mucho mayor y casado, y le había comentado lo guapa que estaba entonces que había perdido todo aquel peso. Llevaba desde entonces insinuándosele. De entrada, aquello dejó perplejo a Felitti. No le acababa de cuadrar que ese acoso bastante leve (al fin y al cabo, eran los ochenta) bastara para que Patty se descontrolara de aquel modo. Sin embargo, al seguir indagando, todo se volvió mucho más claro. Patty tenía a sus espaldas una larga historia de incesto a manos de su abuelo, que había empezado cuando tenía diez años. También era entonces cuando había empezado a tener problemas de peso.

Cuando Patty se hubo ido, el doctor Felitti se dio cuenta de que no podía pasar por alto las similitudes entre ella y Donna. Tal vez sólo fuera coincidencia, pero lo que le quedó grabado fue la cronología. Ambas pacientes habían empezado a aumentar de peso de niñas, inmediatamente después de episodios de abuso. Al cabo de un salto de décadas, el repentino aumento de peso de Patty coincidía con las insinuaciones de su paciente. Felitti se planteaba si la mujer, al engordar, no estaría tratando inconscientemente de protegerse de lo que sin duda era para ella un trauma recurrente. El doctor se preguntaba si no habría enfocado mal el asunto. Como médico, había considerado que el problema era el peso de los pacientes. ¿Y si resultaba ser una *solución*? ¿Y si el peso de sus pacientes era una barrera psicológica y emocional, algo que los preservara del daño? Eso explicaría en gran medida por qué sus pacientes con mejores resultados, los que se habían desprendido de esa capa protectora, ansiaban tanto recuperarla.

Felitti sospechaba que podía haber entrevisto una relación oculta entre antecedentes de abuso y obesidad. Para hacerse una idea más clara de esa posible relación, en los reconocimientos y entrevistas habituales del programa de tratamiento de la obesidad, empezó a preguntar a los pacientes si en la niñez habían sufrido abusos sexuales. Asombrosamente, todos los demás pacientes confirmaban esos antecedentes. Al principio creyó que no podía ser verdad de ninguna manera. ¿No deberían haberle enseñado esta correlación en la facultad de medicina? Sin embargo, tras hablar con 186 pacientes, empezaba a convencerse. No obstante, para asegurarse de que no hubiera algún rasgo idiosincrático en su grupo de pacientes o en su modo de formular las preguntas, encargó a cinco colegas que comprobaran si sus siguientes cien pacientes con problemas de peso tenían antecedentes de abusos. Cuando revelaron los mismos resultados, Felitti supo que habían descubierto algo importante.

*  *  *

La idea inicial del doctor Felitti sobre el vínculo existente entre la adversidad en la niñez y el estado de salud desembocó en el histórico Estudio ACE. Fue un ejemplo excelente de actuación detectivesca de unos médicos que siguieron una corazonada y la sometieron a las etapas científicas. Partiendo sólo de dos pacientes, su investigación acabaría convirtiéndose en la base y el estímulo de una tarea constante que brindaría a los profesionales de la medicina un análisis crítico de las vidas de muchos otros pacientes.

Tras aquel primer trabajo detectivesco en su propio departamento, Felitti quiso difundir el mensaje. En 1990 presentó sus conclusiones en un encuentro nacional en torno a la obesidad, en Atlanta, y sus compañeros de profesión le criticaron con dureza. Un médico del público insistió en que los pacientes se inventaban los antecedentes de abusos como coartada para justificar sus vidas fracasadas. En palabras de Felitti, ese comentario cosechó una ronda de aplausos.

En la reunión había al menos una persona que no creía que los pacientes hubiesen engañado al doctor Felitti. Aquella noche, en una cena para los ponentes, había junto a Felitti un epidemiólogo de los Centers for Disease Control and Prevention (CDC, Centros de control y prevención de enfermedades), David Williamson. El experimentado científico le dijo a Felitti que si lo que defendía —la existencia de una relación entre la niñez y la obesidad— era cierto, podía tener una importancia mayúscula. No obstante, señaló que nadie se creería un hallazgo basado en sólo 286 casos. Lo que Felitti necesitaba era un estudio a gran escala epidemiológicamente sólido, con miles de personas procedentes de una amplia muestra aleatoria de la población, no sólo un subgrupo de un programa de tratamiento de la obesidad.

Al cabo de unas semanas de conocerse, Williamson le presentó a un médico epidemiólogo de los CDC, Robert Anda. Anda había dedicado años de trabajo en la institución a estudiar el vínculo existente entre la salud psíquica y la enfermedad cardiovascular. Anda y Felitti se pasaron los dos años siguientes revisando la literatura existente sobre la relación entre maltrato y obesidad, para dar con el mejor modo de generar un estudio de calado. Su objetivo era determinar dos cosas: (1) la relación entre la exposición al maltrato o la disfuncionalidad en el hogar durante la niñez y los comportamientos de riesgo para la salud en la edad adulta (alcoholismo, tabaquismo, obesidad importante) y (2) la relación entre la exposición al maltrato o la disfuncionalidad en el hogar durante la niñez y la *enfermedad*. Para ello precisaban de evaluaciones médicas exhaustivas y datos sobre la salud de un gran número de adultos.

Afortunadamente, parte de los datos que les hacían falta ya se estaban recogiendo a diario en el centro de evaluación de Kaiser Permanente, en San Diego. Allí cada año se hacían 45 000 evaluaciones médicas completas de adultos. Las evaluaciones médicas reunidas por Kaiser se convertirían en un tesoro oculto de datos importantes para Felitti y Anda, no en vano contenían la información demográfica, los diagnósticos previos, los antecedentes familiares y las dolencias o enfermedades que aquejaban a los pacientes en la actualidad. Al cabo de nueve meses de batallar y habiendo por fin conseguido que los comités supervisores autorizaran su protocolo del Estudio ACE, Felitti y Anda estaban listos para arrancar. Entre 1995 y 1997, pidieron a 26 000 miembros de Kaiser que contribuyeran a ampliar lo que se sabía sobre la influencia de las experiencias de la niñez en la salud, y 17 421 de ellos accedieron a participar. Una semana después de las dos primeras visitas destinadas a este fin, Felitti y Anda remitieron a cada paciente un cuestionario con preguntas sobre maltrato en la niñez y exposición a disfuncionalidad en el hogar, así como sobre factores de riesgo sobre la salud, como tabaquismo, toxicomanía y exposición a enfermedades de transmisión sexual.

El cuestionario recogía información decisiva sobre lo que Felitti y Anda dieron en llamar «experiencias adversas en la niñez» o ACE (por sus siglas en inglés, *adverse childhood experiences*). A partir de la prevalencia de enfermedades que habían observado en el programa de tratamiento de la obesidad, Felitti y Anda clasificaron sus definiciones de maltrato, desatención y disfuncionalidad en el hogar en diez categorías específicas de ACE. Su objetivo era determinar el nivel de exposición de cada paciente preguntándole si había pasado por alguna de las diez categorías antes de los dieciocho años.

1. Maltrato emocional (recurrente)
2. Maltrato físico (recurrente)
3. Abuso sexual (contacto)
4. Desatención física
5. Desatención emocional
6. Toxicomanía en el hogar (p. ej., convivir con un alcohólico o con alguien con un problema de drogadicción)
7. Enfermedad mental en el hogar (p. ej., convivir con alguien que ha sufrido depresión, una enfermedad mental o ha intentado suicidarse)

8. Madre víctima de trato violento
9. Divorcio o separación de los padres
10. Conducta delictiva en el hogar (p. ej., un miembro de la familia encarcelado)

Cada categoría de maltrato, desatención o disfunción que hubieran padecido sumaba un punto. Al haber diez categorías, la puntuación ACE máxima posible era diez.

Partiendo de la información de las evaluaciones médicas y los cuestionarios, Felitti y Anda correlacionaron las puntuaciones ACE con los comportamientos peligrosos para la salud y los estados de salud.

En primer lugar, descubrieron que los ACE eran sorprendentemente habituales:[15] el 67 % de la población contaba al menos con una categoría de ACE, y el 12,6 % con *cuatro o más* categorías de ACE.[16]

---

15. *Ibid.*

16. He aquí un ejemplo de ocurrencia estadística de enfermedad asociada a cuatro o más ACE; algunos investigadores emplean tres o más ACE como referencia al elaborar el riesgo estadístico de enfermedad asociada:

**CONCLUSIONES DEL ESTUDIO ACE**

En comparación con quienes no refieren ningún ACE, los individuos con 4+ ACE tenían considerablemente más probabilidades de referir

| | |
|---|---|
| Cardiopatía isquémica | 2,2 |
| Cualquier cáncer | 1,9 |
| Bronquitis crónica o enfisema (EPOC) | 3,9 |
| Ictus | 2,4 |
| Diabetes | 1,6 |
| Algún intento de suicidio | 12,2 |
| Obesidad importante | 1,6 |
| Dos o más semanas de decaimiento en el último año | 4,6 |
| Haber consumido drogas | 4,7 |
| Haberse inyectado drogas | 10,3 |
| Fumar en la actualidad | 2,2 |
| Haber sufrido una enfermedad de transmisión sexual | 2,5 |

FUENTE: Felitti, 1998

Segundo, hallaron una relación dosis-efecto entre los ACE y los estados de salud deficientes; esto es, a mayor puntuación ACE, mayor riesgo para la salud de la persona. Por ejemplo, alguien con cuatro o más ACE tenía el doble de probabilidades de sufrir cardiopatías y cáncer, y 3,5 veces más probabilidades de padecer enfermedad pulmonar obstructiva crónica (EPOC) que alguien con cero ACE.

\* \* \*

Con lo que había visto en mis pacientes y en el barrio, no tenía la menor duda de que aquel estudio daba en el clavo. Era una prueba contundente de la relación que había observado clínicamente, pero nunca la había visto documentada en la literatura. Tras leer el Estudio ACE, pude responder a la pregunta de si había relación médica entre el estrés del maltrato y la desatención en la niñez y los cambios y daños físicos que podían durar de por vida. Entonces parecía claro que en el pozo de Bayview Hunters Point había una exposición peligrosa. No era plomo. No eran residuos tóxicos. No era ni siquiera la pobreza *per se*. Era la adversidad en la niñez. Y estaba enfermando a la gente.

\* \* \*

Uno de los aspectos más reveladores del Estudio ACE no era el *qué* investigaba, sino a *quién* investigaba. Mucha gente, al ver Bayview Hunters Point y leer los índices de pobreza y violencia, así como la falta de atención sanitaria, afirmaría «Pues claro que se enferman más; es lógico». A fin de cuentas, es lo que aprendí en la escuela de salud pública. La pobreza y la ausencia de atención sanitaria adecuada son la verdadera causa de los estados de salud deficientes, ¿no?

Es aquí donde el Estudio ACE llega y lo revoluciona todo, mostrándonos que a la opinión dominante se le escapa algo importante. Porque... ¿dónde se llevó a cabo el Estudio ACE?

¿En Bayview? ¿En Harlem? ¿En el centro-surde Los Ángeles? Pues no.

Se llevó a cabo entre la población mayormente de clase media de San Diego.

El Estudio ACE original se hizo en una población cuyo 70 % era de raza blanca y cuyo 70 % había ido a la universidad. Los participantes, siendo pacientes de Kaiser, también tenían acceso a una estupenda atención sanitaria. Una y otra vez, nuevos estudios sobre los ACE han corroborado las conclusiones originales. El conjunto de trabajos de investigación a los que ha dado lugar el Estudio ACE deja claro que las experiencias adversas en la infancia son de por sí un factor de riesgo de padecer muchas de las enfermedades más comunes y graves en los Estados Unidos (y en todo el mundo), más allá de los ingresos, la raza o el acceso a atención sanitaria.

\* \* \*

El Estudio ACE es potente por muchos motivos, pero uno de los decisivos es que su eje trasciende el estado de salud psíquico o mental. No lo llevó a cabo un psicólogo, sino dos doctores de medicina interna. Casi todo el mundo intuye que hay una relación entre el trauma en la niñez y el comportamiento de riesgo en la edad adulta, como beber alcohol en exceso, alimentarse mal y fumar (luego lo retomaremos). Ahora bien, lo que la mayoría *no* ve es que hay una relación entre la adversidad en los primeros años de vida y enfermedades mortales de sobra conocidas, como las cardiopatías y el cáncer. En mi consultorio veía a diario hasta qué punto la exposición a los ACE afectaba el organismo de mis pacientes. Aunque fueran muy jóvenes para sufrir cardiopatías, yo detectaba sin asomo de duda los primeros signos de esa enfermedad en sus elevados grados de obesidad y asma.

\* \* \*

Junto con el entusiasmo de descubrir que el Estudio ACE demostraba los vínculos entre la adversidad y la enfermedad, me sobrevino una oleada de indignación: «¿Cómo es que no me había enterado de eso hasta entonces?». Ese estudio era a todas luces transformador, pero no había sabido de él ni en la facultad de medicina ni en la escuela de salud pública, ni siquiera durante los años de especialización. Felitti y Anda habían publicado sus primeras conclusiones en 1998, y yo no las leí hasta 2008. ¡Diez años después! Y ese relevante conocimiento aún no se había traducido en herramientas clínicas que yo pudiera emplear para mejorar la salud de los pacientes. ¿Cómo era posible?

Cuando hablé con Felitti años más tarde, comentó que el artículo había recibido ataques por parte de varios compañeros de profesión. Felitti y Anda habían logrado rebatir las críticas, pero, al parecer, su trabajo nunca adquirió relevancia. Es más, se diría que prácticamente desapareció; un disparate, teniendo en cuenta lo que el estudio revelaba. Los colegas del doctor Anda de los Centers for Disease Control se impacientaban, le decían que un incremento de la probabilidad de enfermedades como ése no se veía más de dos veces en toda la carrera de un investigador. Una parte decisiva de sus conclusiones era la relación dosis-efecto; por ejemplo, cuantos más cigarrillos fumamos y cuantos más años fumamos, más probabilidades hay de sufrir cáncer de pulmón. El Estudio ACE establece firmemente una relación dosis-efecto, que constituye un paso importante para demostrar la causalidad. Alguien con una puntuación ACE de siete o más tiene *el triple de probabilidades* permanentes de padecer cáncer de pulmón y *tres veces y media más probabilidades* de padecer cardiopatía isquémica, la enfermedad mortal número uno en los Estados Unidos. Si mañana se publicara un amplio estudio como el de Felitti y Anda que dijera que el consumo de requesón triplica nuestras probabilidades permanentes de tener cáncer, Internet explotaría y el lobby de los lácteos contrataría a una empresa de gestión de crisis.

* * *

¿Y ahora qué? ¿Cómo es que no había oído hablar antes de ese estudio? ¿Cómo es que no me llegaba nada sobre el tema en la radio

nacional ni Oprah entrevistaba al doctor Felitti en la tele? Ahora me
doy cuenta de que había por lo menos tres motivos. El primero era
un malentendido con respecto al propio Estudio ACE: el que algunos
creyeran que los mayores riesgos sólo eran cuestión de comportamiento. Como he dicho antes, muchas personas creen comprender
la relación adversidad-salud. Suele creerse que, si uno vive en la
pobreza o tiene una niñez dura, inevitablemente lidia con ello bebiendo, fumando y haciendo otras cosas peligrosas que perjudican
la salud. En cambio, si eres listo y fuerte, superas todo aquello con lo
que naciste y te educaron y dejas atrás lo malo. De entrada, este
constructo parece lógico, pero recuerda: hubo un tiempo en que era
del todo lógico que la tierra fuese plana.

Por fortuna, algunos hábiles científicos decidieron poner a prueba el supuesto conductual. Observaron la relación entre los ACE y
las cardiopatías y hepatopatías y llevaron a cabo varios análisis muy
complicados para evaluar en qué medida la enfermedad se debía a
los efectos de conductas perjudiciales para la salud como el tabaquismo, el consumo de alcohol, el sedentarismo y la obesidad. Resultó
que el «mal comportamiento» sólo explicaba aproximadamente el
50 % del incremento de la probabilidad de enfermar.[17] Eso es bueno
en parte, porque significa que, si alguien está expuesto a los ACE y
tiene cuidado de no caer en el tabaquismo, el sedentarismo y otras
conductas perjudiciales para la salud, puede protegerse de aproximadamente un 50 % del riesgo para la salud. Ahora bien, también
significa que aunque no incurra en ninguna conducta perjudicial
para la salud, sigue teniendo mayores probabilidades de sufrir cardiopatías o hepatopatías.

Patty, la paciente de Felitti, es un buen ejemplo. Padecía una grave obesidad y, según contó, comía dormida. Por consiguiente, era
obvio que sus comportamientos provocaban su obesidad, lo que a su

---

17. Dong, Maxia *et al.* (2004) «Insights into Causal Pathways for Ischemic
Heart Disease», *Circulation* 110, n.º 13: 1761-66; Dong, Maxia *et al.* (2003)
«Adverse Childhood Experiences and Self-Reported Liver Disease: New Insights
into the Causal Pathway», *Archives of Internal Medicine* 163, n.º 16: 1949-56.

vez provocaba sus posteriores problemas de salud, ¿verdad? No tan deprisa. Después de dejar de entrada el programa del doctor Felitti, regresó, pidiendo que volvieran a ayudarla con su problema de peso. Año tras año, perdía peso y volvía a engordar, una y otra vez, incluso tras pasar por cirugía bariátrica. Lamentablemente, Patty falleció a los cuarenta y dos años de fibrosis pulmonar, una enfermedad autoinmunitaria que daña el tejido pulmonar, dificulta la respiración y acaba impidiéndola. Sin embargo, la fibrosis pulmonar no se debe a la obesidad. Patty no fumaba ni había estado jamás expuesta a ninguna toxina pulmonar conocida, como el amianto. Una puntuación ACE de dos o más dobla las probabilidades de padecer una enfermedad autoinmunitaria. En el caso de Patty, sus ACE seguramente eran el mayor factor de riesgo, pero ni ella ni sus médicos lo sabían.

La cultura estadounidense hace mucho hincapié en la responsabilidad personal. El modo en que decidimos vivir repercute enormemente en la salud; las denominadas malas conductas *sí* generan mayores riesgos para la salud, y eso nadie lo niega. Ahora bien, el Estudio ACE nos demuestra de nuevo que hay algo más.

El segundo motivo —y tal vez el más determinante— por el que en la facultad de medicina no había oído hablar del trabajo de Felitti y Anda es que se trata de temas emocionales que dan miedo. Una cosa es observar, con la mente fría y calculadora, el consumo de requesón durante los últimos diez años; y otra es revivir el trauma y el maltrato. Seguro que todos los lectores de este libro conocen a alguien que pasó la infancia con algún familiar que sufría una enfermedad mental; que tenía un padre o madre que bebía demasiado o que lo maltrataba emocionalmente, o que pensaba que la letra con sangre entra. En cualquier grupo donde nos encontremos —un aula, un congreso profesional, una boda, el Congreso estadounidense—, si de pronto salieran a la luz los ACE de todos los presentes, veríamos con meridiana claridad que es un problema que nos afecta a muchos. Sin embargo, a la mayoría no nos gusta pensar en las cosas tristes y dolorosas que sucedieron en el pasado. Puede ser que marginemos las repercusiones del trauma en la salud porque nos son aplicables. Al fin y al cabo, cuesta aceptar la existencia de implicaciones biológicas que persisten, seamos santos o pecadores. A lo mejor es que, sencillamente, es más fácil verlo en otros códigos postales.

El último motivo por el que el Estudio ACE no entusiasmó a los colectivos médico y científico en 1998 se explica por las lagunas científicas. El estudio demostraba que la adversidad era mala para la salud. Sin embargo, aunque Felitti y Anda habían expuesto el *qué*, en ese momento no habían sabido explicar el *cómo*.

Por suerte para mí, entretanto habían transcurrido diez años de investigación, que, aunque poco a poco, habían resuelto aquellas lagunas científicas.

Entonces lo que me tocaba era volver al Laboratorio Hayes y a Sarah P. e indagar más a fondo en aquel *cómo*. En mi fuero interno, sabía muy bien qué piezas del puzle encajaban en las lagunas científicas del Estudio ACE. Identificar y demostrar que el sistema de respuesta al estrés era el mecanismo biológico que había tras el papel de la adversidad en la salud sería la parte más agradable. Tendría que retomar aquellas revistas y acudir a algunos simposios médicos, pero contaba con el Estudio ACE para orientarme. Podía emplear su lenguaje en mis búsquedas, pedir datos a los autores y hasta recopilar mis propios datos ACE en el consultorio. Se me aceleraba el corazón al pensar que aquello iba más allá de mis pacientes, más allá de Bayview. El efecto pernicioso de la adversidad en la salud tenía todos los visos de ser una crisis de salud pública oculta a plena vista.

Antes de conocer a Diego, o incluso de descubrir los ACE, tenía esperanzas depositadas en Bayview. Era consciente de que ahí los problemas se veían multiplicados, pero también las soluciones. El primer día que abrimos el consultorio, le dije a mi equipo que, si lográbamos atender a esa población, podríamos atender a la de cualquier otro lugar.

# SEGUNDA PARTE

## DIAGNÓSTICO

# CAPÍTULO 4

## El tiroteo y el oso

Hacía mucho frío, lo típico en una noche de diciembre en San Francisco. Aun así, bajaba por Mission Street con mis amigos, y recuerdo que me abrazaba a mí misma para tratar de entrar en calor. De regreso a casa en las vacaciones de la escuela de salud pública de Boston, había salido con optimismo y sin abrigo. Me dije a mí misma que ya podía dar gracias; al menos no nevaba. Estaba tan contenta de salir esa noche con los viejos amigos que mi mala elección de vestimenta no era sino un motivo más para reír. Íbamos los cuatro hablando a la vez, con nuestras voces ahogando los sonidos de la ciudad, camino de vuelta al coche. Nos entretuvimos en la esquina de Nineteenth Street y Mission, sin ganas de separarnos y poner fin a la velada. Ninguno vio el coche rojo reduciendo la marcha al otro lado de la calle, hasta que oímos ¡Pam! ¡Pam! ¡Pam! Cuando el coche se largó quemando rueda en dirección a la Twentieth Street, mi amigo Michael se lo tomó de entrada a risa.

—No son más que unos críos atontados jugando con petardos —dijo, recomponiéndose del sobresalto. Sin embargo, al cabo de unos instantes notó mal rollo el ambiente y nos urgió a ir hacia el coche—. Hay que marcharse. Aquí pasa algo.

Ya casi habíamos llegado al coche de Michael cuando vimos al hombre tendido en el suelo. Tres hombres que imaginé sus amigos estaban a pocos metros, gritando y golpeando con los puños las ventanillas de los coches aparcados a ese lado de la calle.

—¡Madre mía! —exclamó mi prima Jackii—, ¡le han pegado un tiro!

En un acto reflejo, empecé a acercarme a la víctima, sin darme cuenta de que mis amigos estaban corriendo en dirección contraria.

—¡Nadine! —me llamó Michael. Me agarró por el brazo, pero ya era tarde.

Al llegar junto al hombre, me dejé caer de rodillas. Lo único que tenía en mente era salvarle la vida. El año anterior había acabado mis estudios en la facultad de medicina; mi instinto de doctora se imponía en ese momento. Al mirarle bien la cara, vi que, a pesar de su tamaño, aún era un chaval. No tendría más de diecisiete años. Tenía un orificio de entrada por encima de la ceja derecha y, al estar tumbado de costado, podía verle un orificio de salida del tamaño de un puño en la nuca. Mi narradora interna empezó a recitar un informe del estado del paciente, tal como nos habían enseñado a hacer en el box de traumatismos: «¡Herida de bala en la cabeza! ¡No hay más signos de traumatismo interno! ¡No hay más signos de traumatismo penetrante!».

En las películas, el individuo hubiese estado fuera de combate, pero en la vida real se estaba vomitando encima. En los hospitales había visto muchas cosas aterradoras, pero aquello era distinto. El tiempo pareció ralentizarse y me encontré actuando mecánicamente. Iba tachando cosas que había aprendido en la facultad de medicina: ABCD, *airway, breathing, circulation, disability* (vía respiratoria, respiración, circulación, discapacidad). Mantener la vía respiratoria despejada. Asegurarse de que respira. Comprobar el pulso. Mantener la posición de la columna cervical si tiene el cuello roto. Paralelamente, oía una voz en el fondo de mi cabeza repitiendo que no estaba en el entorno seguro de urgencias: ¡no había guardia de seguridad en la puerta y el coche rojo podía volver! Hasta la última célula del cuerpo me decía que me largara de allí, pero me quedé junto a él hasta que llegaron los paramédicos.

Al cabo de unas horas, en la comisaría del distrito de Mission, mientras describíamos lo mejor posible lo que habíamos presenciado, supimos que la víctima no había sobrevivido. La noche acababa de un modo trágico, pero yo sabía que había hecho cuanto había podido. Al llegar a casa no pude dormir. Durante las siguientes semanas y meses, siempre que veía un coche rojo aproximarse a gran velocidad, u oía el petardeo de un vehículo, volvía a sentir el miedo de aquella noche. Físicamente, tenía las mismas respuestas: se me aceleraba el corazón, miraba a todos lados y sentía un nudo en el estómago. Ahora me doy cuenta de que mi organismo estaba reaccionando a un nivel de estrés desacostumbrado, asociando temporalmente los coches rojos al peligro. Mi cuerpo recordaba lo que había ocurrido y enviaba una avalancha de hormonas del estrés al organismo, por si el coche rojo de *ahora* era igual de peligroso que el coche rojo del *pasado*. Mi cuerpo cumplía con el cometido para el que estaba diseñado: mantenerme alejada del peligro.

Día tras día, el cerebro debe procesar *mucha* información —por encima, árboles que crujen azuzados por el viento; en la puerta de al lado, perros que ladran; el aire que te da en la cara al pasar el metro disparado— e interpretar el riesgo. Para que los humanos sobrevivan, el cerebro y el cuerpo deben elaborar modos eficientes de procesar la información, y el sistema de respuesta al estrés es uno de ellos. Si un niño pequeño toca una placa de cocina caliente, su cuerpo lo recuerda. Bioquímicamente, etiqueta o marca la placa de cocina (y todos los estímulos asociados) como algo peligroso, así que cuando el chiquillo ve a alguien encendiendo los fogones, su cuerpo le manda toda clase de señales de advertencia: recuerdos vivos, tensión muscular y pulso acelerado. Por lo general, basta con eso para disuadirle de volver a hacer lo mismo. De este modo, nuestro organismo trata de protegernos, lo que es muy lógico. Las criaturas prehistóricas que no desarrollaron ese mecanismo no vivieron lo bastante para reproducirse.

Ahora bien, a veces la respuesta al estrés desempeña su función *demasiado* bien. Es lo que sucede cuando la respuesta a los estímu-

los pasa de ser adaptativa y salvar la vida y se convierte en inadap-
tativa y perjudica la salud. Por ejemplo, casi todos sabemos que a
veces los soldados vuelven del frente con trastorno por estrés pos-
traumático (TEPT). Esta afección es un caso extremo de cuando
el cuerpo recuerda demasiado. Cuando hay TEPT, la respuesta al
estrés confunde repetidamente los estímulos actuales con el pasado hasta tal punto que a esos veteranos les cuesta vivir en el presente. Ya sea un bombardero B-52 surcando el cielo o un avión
comercial que lleva turistas a Hawái, sus cuerpos sienten lo mismo:
que corren un *peligro mortal*. El problema del TEPT es que se en-
quista; la respuesta al estrés está atrapada en el pasado, atascada
en la repetición.

En mi caso, el detonante concreto de un coche rojo acabó desvin-
culándose del mecanismo más ancestral de defensa de mi cuerpo, y
el cerebro dejó de interpretarlo como una amenaza. Lo que yo no
sabría hasta años más tarde es el *porqué*. ¿Por qué pudo mi cuerpo
recuperarse de ese momento intenso de estrés? ¿Qué fue lo que di-
sipó el vínculo sensorial entre el coche rojo y la reacción biológica
de mi respuesta al estrés? Pasarían muchos años antes de que me
planteara esos interrogantes, cuando Diego me trazó el camino.

* * *

En los meses posteriores al descubrimiento del Estudio ACE, volví a
sumergirme en la investigación. Descubrí que había habido sólidos
progresos, increíblemente emocionantes, en el estudio de la biología
del estrés y sus efectos en la salud y el desarrollo infantiles. Ahora sé
que lo que le pasó a mi cuerpo aquella noche en el distrito de Mission
es lo mismo que le pasa al cuerpo de mis pacientes cuando pasan por
toda una serie de adversidades, desde el maltrato hasta el abandono.
El cuerpo detecta peligro y desencadena una tormenta de reacciones
químicas destinadas a protegerse. Pero lo más importante es que *el
cuerpo tiene memoria*. El sistema de respuesta al estrés es un milagroso resultado de la evolución que ha permitido a nuestra especie

sobrevivir y prosperar hasta el presente. Todos albergamos un sistema de respuesta al estrés, minuciosamente calibrado y muy individualizado por la genética y las primeras vivencias. Lo que distingue la respuesta al estrés de un niño sin ningún ACE de la respuesta al estrés de Diego es un asunto complicado que empezaremos a dilucidar, pero todo arranca con el mismo sistema. Cuando funciona bien, puede ayudarnos a salvar la vida, pero cuando está desequilibrado, puede acortarla.

## LA RESPUESTA AL ESTRÉS

Al ojear una revista en la cola del súper o saltando de una página a otra en Internet, seguramente te has encontrado con relatos que hablan de poderes sobrehumanos: el padre que levanta el coche que estaba aplastando a su hijo (¿tal vez leyenda urbana?) o la mujer que se enfrentó al puma que atacaba a su marido (ésta es totalmente cierta). Y hasta la historia más peliculera del típico soldado que, habiendo recibido dos tiros, se convierte en héroe cuando cruza el campo de batalla para salvar a su compañero. Por si alguna vez te has preguntado qué es lo que vuelve a alguien capaz de lograr esas hazañas, te diré que no son los cereales del desayuno: es el elegantemente diseñado y evolutivamente imperativo sistema de respuesta al estrés. Básicamente, funciona así: pongamos que vamos por el bosque y nos encontramos con un oso. El cerebro envía de inmediato un montón de señales a las glándulas suprarrenales (situadas en los riñones), que dicen «¡Segregad hormonas del estrés! ¡Adrenalina! ¡Cortisol!». Y así, se nos acelera el corazón, se nos dilatan las pupilas, se nos abren las vías respiratorias y nos preparamos para enfrentarnos al oso o para escapar del oso. Se trata de la respuesta comúnmente denominada de *lucha* o *huida*. Lleva miles de años evolucionando para salvarnos la vida. Otra posible respuesta del cuerpo, menos conocida, es la parálisis, basada en la esperanza de que el oso crea que somos una roca. De ahí que muchos utilicen el término *lucha*, *huida* o *parálisis*, pero yo sólo hablaré de *lucha* o *huida*, para simplificar.

*   *   *

Para entender y valorar cuándo el sistema de respuesta al estrés puede fallar o, como decimos los médicos, «desregularse», hay que saber algunas cosas básicas de lo que sucede cuando funciona bien. Ten en cuenta que este sistema biológico es uno de los más primitivos y complicados de nuestra especie. Hay quien, tras asistir a cursos enteros dedicados al tema, los acaba sin tenerlo aún del todo claro. Trataré de explicarlo con la mayor sencillez y exactitud posibles.

Éstos son los principales actores[1] que intervienen.

- La amígdala: El centro del miedo del cerebro.
- La corteza prefrontal: La parte anterior del cerebro, que regula la función cognitiva y ejecutiva, incluidos el sentido de la realidad, el estado de ánimo y las emociones.
- El eje hipotalámico-hipofisario-adrenal (HHA): Inicia la producción de cortisol (hormonas del estrés de acción más prolongada) por las glándulas suprarrenales.
- El eje simpático-suprarrenal medular (SAM, por sus siglas en inglés): Inicia la producción de adrenalina y noradrenalina (hormonas del estrés de acción corta) por las glándulas suprarrenales y el cerebro.
- El hipocampo: Procesa la información emocional, imprescindible para consolidar los recuerdos.
- El núcleo noradrenérgico del locus cerúleo: El sistema de respuesta al estrés ubicado en el cerebro que regula el estado de ánimo, la irritabilidad, la locomoción, la activación neurológica, la atención y el reflejo de sobresalto.

---

1. Todo cerebro humano tiene dos hipocampos y dos amígdalas. Si bien se trata de estructuras duales, en aras de la simplicidad, los designo en singular.

Volvamos ahora al bosque.

Al ver el oso, la amígdala activa inmediatamente la alarma que le dice al cerebro que nos asustemos, ¡porque los osos *dan miedo*! Entonces, el cerebro activa los ejes SAM y HHA, lo que origina la respuesta de lucha o huida. Las señales del eje SAM viajan por los nervios desde el cerebro hasta las glándulas suprarrenales, diciéndoles que fabriquen adrenalina, responsable de muchas de las sensaciones que asociamos al miedo. La adrenalina provoca que el corazón lata más fuerte y rápido, por lo que envía sangre allá donde es necesaria. Nos abre las vías respiratorias, para que tomemos más oxígeno. Aumenta la presión arterial, traslada sangre a los músculos esqueléticos (necesarios para correr y saltar) y la retira del pequeño músculo que mantiene la vejiga cerrada; de ahí que la gente al asustarse tenga la sensación de que se va a hacer pis encima y a veces ocurra. También convierte la grasa en azúcar, para suministrar energía.

Asimismo, el eje SAM activa el núcleo noradrenérgico del locus cerúleo, que, como a mí me gusta decir, es el térmico científico que designa la parte del cerebro que dice «¡Ojo conmigo, que estoy muy loco!». Se trata del centro de respuesta al estrés ubicado en el cerebro, y es el que nos pone a mil. (Imagínate a los seguidores de los Oakland Raiders tras una victoria o, peor aún, tras una derrota). La adrenalina y la noradrenalina son potentes estimulantes cuya función es ayudarnos a pensar con mayor claridad y saber cómo ponernos antes a salvo. También provocan sensación de euforia, ese subidón de adrenalina que nos lleva a creernos capaces de dominar el mundo. Ahora bien, como todo tiene que ver con la química orgánica, todo se reduce al equilibrio. Un gráfico de la respuesta[2] de la corteza prefrontal (la parte del cerebro encargada del razonamiento, la cognición y el sentido de la realidad) frente a la adrenalina y la noradrenalina es como una U invertida: con un poco, fun-

2. Álamo, Cecilio; López-Muñoz, Francisco y Sánchez-García, Javier (2016) «Mechanism of Action of Guanfacine: A Postsynaptic Differential Approach to the Treatment of Attention Deficit Hyperactivity Disorder (ADHD)», *Actas Españolas de Psiquiatría 44*, n.º 3: 107-12.

cionamos mejor, pero un exceso da al traste con nuestra capacidad de centrarnos.

Ya tenemos el corazón disparado, los músculos preparados y nos sentimos listos para la pelea. Si nos detuviéramos a pensarlo, igual pelear con un oso nos parecería mala idea. No olvidemos que los osos pardos pueden pesar casi ochocientos kilos. Tienen una dentadura descomunal y unas garras aterradoras. Hay muchas probabilidades de que no salgamos muy bien parados. Por eso, cuando estamos *de verdad* asustados, el centro del miedo bloquea temporalmente la parte pensante del cerebro: porque necesitamos desafiar esas probabilidades. Nos va la vida en ello. Así que la amígdala activa unas neuronas que comunican con la corteza prefrontal y la desactiva momentáneamente; o, como mínimo, la debilita en gran medida. El eje SAM es una respuesta de acción muy corta (segundos o minutos) que prepara el cuerpo suministrándole lo que más precisa: sangre, oxígeno, energía y descaro.

Paralelamente, el eje HHA activa hormonas cerebrales que desencadenan un torrente de mensajeros químicos cuyo resultado final es la secreción de varias hormonas del estrés de acción más prolongada, sobre todo cortisol. Imagina que viviéramos en un bosque donde hubiera muchísimos osos. Tras uno o dos primeros encuentros, nuestro cuerpo querría ser más eficaz en su reacción al problema del oso. En esencia, el cortisol ayuda al cuerpo a adaptarse a estresantes reiterados o prolongados, como vivir en bosques infestados de plantígrados o lidiar con largos períodos de escasez de comida. Algunos de los efectos del cortisol se parecen a los de la adrenalina: incrementa la tensión y la glucemia, limita la cognición (la claridad de pensamiento) y desestabiliza el estado de ánimo. Asimismo, altera el sueño, algo del todo lógico si vivimos en un bosque lleno de osos..., más vale tener el sueño ligero. Al contrario que la adrenalina, que puede reducir el apetito y estimular la eliminación de grasas, el cortisol favorece la formación de grasas y lleva al organismo a ansiar alimentos ricos en azúcar y en grasas. Recuerda tu última ruptura sentimental. Si por casualidad te preguntas por qué no podías dormir y devorabas una tarrina tras otra de Häagen-Dazs, que sepas que era por el cortisol. Los niveles elevados de cortisol pueden inhibir la función reproductora, porque, si vivimos en el bosque al lado de los osos, ¿acaso no es mejor esperar a trasladarse a un lugar más seguro del bosque antes de tener hijos?

Una función menos obvia, pero de una importancia mayúscula, de la respuesta al estrés es la activación del sistema inmunitario. A fin de cuentas, si nos peleamos con un oso, puede que nos llevemos algún que otro arañazo. Si es así, conviene tener el sistema inmunitario listo para curar, esto es, preparado para provocar inflamación, y así estabilizar la herida y permitirnos seguir luchando lo suficiente para vencer al oso o marcharnos.

Una vez que nos hemos marchado y estamos de vuelta a salvo en la cueva, los ejes SAM y HHA están diseñados para desactivarse. El cuerpo emplea una especie de termostato del estrés[3] llamado retro-inhibición, por el que la respuesta se desactiva una vez que ha cumplido su cometido. Los niveles elevados de adrenalina y cortisol retroalimentan las partes del cerebro que inician la respuesta al estrés y las desactivan. ¡Qué maravilla de evolución! Especialmente si vivimos en un bosque y hay osos. Ahora bien, ¿qué pasa si no podemos estar a salvo en la cueva porque el oso vive ahí con nosotros?

## CONVIVIR CON EL OSO (O LA RESPUESTA AL ESTRÉS DESREGULADA)

En el consultorio me encontré una vez tras otra con niños que habían pasado por situaciones aterradoras. En el caso de uno de ellos, el oso era su padre, que humillaba verbalmente y maltrataba físicamente a su madre. En el de otro, era su madre cuando no se tomaba la medicación psiquiátrica y dejaba solos a sus hijos, a menudo en situacio-

---

3. Bucci, Monica *et al.* (2016) «Toxic Stress in Children and Adolescents», *Advances in Pediatrics* 63, n.º 1: 403-28.

nes peligrosas. Nunca olvidaré a la chica de catorce años cuyo oso era el propio barrio donde residía y donde volviendo de la escuela recibió una bala perdida.

A muchos de mis pacientes, la respuesta al estrés se les activaba docenas y a veces cientos de veces al día. Sabía que, para llegar a la raíz del problema de Diego y otros pacientes, tenía que saber con exactitud cuándo y cómo empieza la respuesta al estrés a perjudicar al organismo. ¿Qué les ocurre al cerebro y al cuerpo de los niños expuestos a semejantes dosis de adversidad? Por suerte, algunos hábiles científicos estaban planteando el mismo interrogante.

En uno de mis descensos a la madriguera de la investigación, encontré un estupendo trabajo de Jacqueline Bruce, Phil Fisher y colegas. En un estudio de 2009,[4] se propusieron averiguar si las experiencias adversas de niños en acogida repercutían en el funcionamiento del sistema de respuesta al estrés, concretamente en el eje HHA. Con ese propósito, analizaron los niveles de cortisol de 117 niños en acogida que *no* habían sido maltratados. Sus conclusiones confirmaban mis sospechas sobre mis pacientes: los niños en acogida presentaban niveles de cortisol desregulados,[5] a diferencia de los que no habían pasado por las mismas experiencias adversas.

Resulta que el cortisol tiene una pauta diaria predecible: por la mañana, es elevado, para ayudarnos a despertar y prepararnos para la jornada; luego va descendiendo progresivamente, hasta alcanzar el mínimo por la noche, justo cuando necesitamos ir a dormir. Por consiguiente, puede determinarse si alguien tiene alterada la pauta del cortisol. Fisher y Bruce descubrieron que los niños que habían sufrido maltrato mostraban mayores niveles generales de cortisol, así como una alteración en la pauta diaria normal de secreción de cortisol. Ni el pico matinal era tan elevado ni el descenso diario era

---

4. Bruce, Jacqueline *et al.* (2009) «Morning Cortisol Levels in Preschool-Aged Foster Children: Differential Effects of Maltreatment Type», *Developmental Psychobiology* 51, n.º 1: 14-23.

5. *Ibid.*, 19.

tan pronunciado, lo que se traducía en niveles superiores por la noche y en una mayor cantidad diaria total de cortisol.

Una parte interesante del estudio con niños en acogida fue que el grupo de control no lo formaban niños demográficamente tan distintos del grupo experimental, en cuanto a estudios e ingresos de los padres. Las principales diferencias eran que todos los del grupo de control vivían con al menos uno de los progenitores, no habían tenido ningún contacto anterior con los servicios sociales y no habían sido maltratados. Sin lugar a duda, los pequeños de pocos ingresos del grupo de control se habían visto expuestos por lo menos a cierto grado de adversidad en sus vidas; aun así, sus niveles de cortisol no eran anómalos. Este dato arroja algo de luz sobre cómo algunos pequeños pueden padecer estrés sin que éste se convierta en desregulación.

Todos sabemos que la adversidad, la tragedia y las tribulaciones forman parte de la vida. Por mucho que queramos proteger a los hijos de la enfermedad, el divorcio y el trauma, esas cosas a veces pasan. Lo que nos dicen las investigaciones es que esos retos diarios pueden superarse con el debido apoyo de un cuidador afectuoso.

Fisher empezó a trabajar con el National Scientific Council on the Developing Child (Consejo Científico Nacional del Niño en Desarrollo) en el marco de su ambicioso proyecto de poner en común cuanto se sabía sobre cómo la adversidad en los primeros años de vida repercutía en el cerebro y el cuerpo en desarrollo de los niños. El consejo también llegó a la conclusión de que la esencia del problema residía en la desregulación del sistema de respuesta al estrés.

El factor clave es que cuando la respuesta al estrés se activa con demasiada frecuencia, o si el estresante es demasiado intenso, el organismo puede perder la capacidad de desactivar los ejes HHA y SAM. Es lo que se conoce como *alteración de la retroinhibición*, que es el modo que tiene la ciencia de decir que el termostato del estrés del organismo se ha estropeado. En vez de cortar el suministro de «calor» al llegar a cierto punto, sigue bombardeando el organismo con cortisol. Eso es exactamente lo que Fisher y Bruce observaban en los niños en acogida.

El consejo acabó describiendo[6] tres tipos de respuestas al estrés:

- La respuesta positiva al estrés *es una parte normal y esencial de un crecimiento saludable, caracterizado por breves aumentos de la frecuencia cardíaca y leves elevaciones de los niveles hormonales. Situaciones que pueden desencadenar una respuesta positiva al estrés son el primer día con un nuevo cuidador o la administración de una vacuna.*

Un buen ejemplo de estrés positivo es uno con el que muchos atletas se identificarán: el nerviosismo preliminar. Justo antes de una gran carrera, una estrella de la pista puede ser presa de los nervios. Físicamente, el corazón le va a mil y nota mariposas en el estómago. El incremento de adrenalina desempeña una labor importante. El atleta recibe más oxígeno, lleva más sangre a los músculos y afina la concentración. Cuando suena el disparo de salida está listo.

- La respuesta al estrés tolerable *activa en mayor grado los sistemas de alerta del organismo a raíz de dificultades más graves y prolongadas, como la pérdida de un ser querido, una catástrofe natural o una lesión preocupante. Si la activación es temporal y la amortiguan unas relaciones con adultos que ayudan al niño a adaptarse, el cerebro y otros órganos se recuperan de algo que, de lo contrario, podría tener efectos perjudiciales.*

Muchos niños mojan la cama de pequeños, pero al hacerse mayores dejan de hacerlo. Un ejemplo de respuesta al estrés tolerable sería el de un niño que vuelve a mojar la cama tras el divorcio de sus padres. La ruptura no es conflictiva, y aunque el padre se vaya de casa, ambos adultos están decididos a compartir la crianza y saben

---

6. National Scientific Council on the Developing Child (2005/2014) «Excessive Stress Disrupts the Architecture of the Developing Brain: Working Paper No. 3», edición actualizada. Extraído de https://developingchild.harvard.edu/resources/wp3.

que su hijo necesita estabilidad y un mayor apoyo. Al verse amortiguado su estrés, el niño deja de mojar la cama al cabo de unos meses. Al igual que mi estrés inducido por el tiroteo, si hay una firme red de apoyo, los efectos son temporales.

- La respuesta al estrés tóxica *puede darse cuando un niño se enfrenta a fuertes, frecuentes o prolongadas adversidades, como el maltrato físico o emocional, la desatención, la toxicomanía o enfermedad mental de un cuidador, la exposición a la violencia o el peso acumulado de las dificultades económicas familiares sin el debido apoyo adulto. Esta clase de activación prolongada del sistema de respuesta al estrés puede afectar el desarrollo de la estructura cerebral y de otros aparatos y sistemas del organismo, y aumentar el riesgo de enfermedades relacionadas con el estrés, así como de deficiencias cognitivas, bien entrada la edad adulta.*

No me cabía duda de que Diego estaba teniendo una respuesta tóxica al estrés. Además del abuso sexual que el pequeño había sufrido a los cuatro años, su familia había lidiado con otras dificultades que también habían sometido el organismo del pequeño a una gran presión. El padre de Diego tenía a todas luces un problema con la bebida, y su madre sufría depresión. Ninguno de los dos podía amortiguar debidamente el estrés del pequeño. El conjunto de síntomas de Diego estaba directamente relacionado con lo que sabemos que ocurre cuando hay una activación prolongada del sistema de respuesta al estrés sin el debido apoyo.

*  *  *

Para un buen desarrollo, el sistema de respuesta al estrés requiere que el niño conozca el estrés positivo y el tolerable. Es lo que permite que los ejes SAM y HHA se gradúen y reaccionen con normalidad a los estresantes. No obstante, por cada ACE que tenga el niño, aumenta el riesgo de que el estrés tolerable se transforme en estrés tóxico al responder el sistema con mayor frecuencia e intensidad a múltiples estresantes.

Al igual que los renacuajos, los niños son especialmente sensibles a la activación reiterada del estrés. Las dosis ingentes de adversidad no sólo afectan la estructura y la función cerebral, sino también los sistemas inmunitario y hormonal en desarrollo, y hasta la lectura y transcripción del ADN. En cuanto el sistema de respuesta al estrés adopta un patrón desregulado, se manifiestan los efectos biológicos, con los consiguientes problemas en los aparatos y sistemas. El cuerpo es como un gran e intricado reloj suizo, así que lo que sucede en el sistema inmunitario está estrechamente relacionado con lo que sucede en el sistema cardiovascular. A continuación, vamos a ver los efectos resultantes de un sistema de respuesta al estrés desbocado.

# CAPÍTULO 5

## Alteración dinámica

Si quieres comprender el funcionamiento de la respuesta al estrés de un niño, prueba a entrar en la consulta con una bandeja llena de jeringuillas y decirle que ahora tocan inyecciones. A esas alturas, se podría decir que yo ya prácticamente podía adivinar la puntuación ACE de un paciente por el grado de alboroto que se formaba cuando el enfermero entraba a vacunar. Ya lo habíamos visto antes: gritos, patadas, mordiscos, críos tratando literalmente de subirse por las paredes para escabullirse de las jeringuillas. Un paciente se alteró tanto que me vomitó en la bata. Otra se escapó de la consulta y no la atrapamos hasta el final de la manzana. Esas muestras exageradas de temor no eran las reacciones habituales de fobia a las agujas; eran cien por cien reacciones frente al oso del bosque. Casualmente, ese problema de estimulación de la respuesta natural al estrés nos dio la oportunidad de poner a prueba el segundo ingrediente, igual de importante, del estrés tóxico: la capacidad del cuidador de ejercer de amortiguador. Los pequeños que peor reaccionaban también eran aquéllos cuyos cuidadores era menos probable que los abrazaran, besaran o apaciguaran por cualquier otro medio. Oíamos muchos «¡Sujétale!» y «No tengo tiempo para esto, tengo que volver al trabajo en media hora».

Observar ese fenómeno y sospechar la existencia de una correlación ya era algo, pero tenía que hallar el modo de evaluar rigurosamente no sólo *si* los ACE repercutían en mis pacientes, sino también *cómo*. El doctor Victor Carrion, psicólogo infantil y director del programa Early Life Stress and Pediatric Anxiety (Estrés en los primeros años de vida y ansiedad pediátrica) del Stanford University Medical Center, no tardaría en convertirse en mi aliado.

Sigue siendo mucho lo que desconocemos sobre cómo el estrés afecta el cerebro, pero un día tras otro llegan estudios alentadores que nos revelan más y más. Si sabemos todo lo que sabemos sobre las repercusiones del estrés tóxico en el cerebro es gracias a importantes investigaciones como la del doctor Carrion en Stanford.

Carrion llevaba mucho tiempo trabajando con niños expuestos a dosis ingentes de adversidad. Las investigaciones previas con adultos mostraban que los niveles elevados de cortisol eran tóxicos para el hipocampo, pero el doctor Carrion quiso observarlo concretamente en niños. La tecnología de la resonancia magnética (RM) le permitió asomarse a su cerebro y ver las consecuencias del cortisol en pequeños que habían sufrido traumas. Para los facultativos, lo fascinante del trabajo del doctor Carrion era que contaba lo que sucedía en un lenguaje que estábamos acostumbrados a oír. Al introducir en una máquina de RM a un niño que había padecido la adversidad, podían observarse *cambios cuantificables* en las estructuras cerebrales.

Carrion y su equipo[7] seleccionaron para el estudio a pacientes de varios servicios sanitarios de la zona. Los criterios de admisión eran que debían haber estado expuestos a traumas, tener entre diez y dieciséis años y presentar síntomas de TEPT. La mayoría había vivido múltiples episodios traumáticos: habían sido testigos de violencia o víctimas de maltrato físico o emocional. Muchos vivían en la pobreza. El grupo de control no tenía antecedentes de trauma, pero era comparable al grupo experimental en cuanto a ingresos, edad y raza. En entrevistas previas, los investigadores preguntaron a los sujetos

---

7. Carrion, Victor G. *et al.* (2010), «Decreased Prefrontal Cortical Volume Associated with Increased Bedtime Cortisol in Traumatized Youth», *Biological Psychiatry* 68, n.º 5: 491-93.

o a sus cuidadores por síntomas de TEPT o de hiperactivación, como dificultad para conciliar el sueño, irritabilidad o dificultad para concentrarse, entre otros. Luego les hacían una RM y comprobaban el cortisol salival de cada niño cuatro veces al día. Una vez listas las gammagrafías cerebrales, examinaron el tamaño del hipocampo de cada sujeto midiendo el volumen en 3D. Descubrieron que cuantos más síntomas tenía un niño, mayores eran sus niveles de cortisol y menor el volumen del hipocampo. Tras la primera medición del hipocampo, volvieron a examinar a los mismos sujetos al cabo de entre doce y dieciocho meses, y se encontraron con que los hipocampos eran aún menores. Pese a que ya no padecían traumas, las partes cerebrales de esos niños responsables del aprendizaje y la memoria seguían menguando, lo que demostraba que los efectos del estrés del pasado seguían alterando el sistema neurológico.

El doctor Carrion estuvo de acuerdo conmigo en que había que evaluar los efectos del estrés tóxico en toda mi población de pacientes, y estaba tan interesado como yo en los resultados. Decidimos concentrarnos en la asociación entre puntuaciones ACE y dos de los problemas más comunes que advertía en mis pacientes: la obesidad y las dificultades de aprendizaje/comportamiento. Tras revisar minuciosamente la historia clínica de cada paciente, mi investigadora adjunta Julia Hellman les asignó una puntuación ACE. Incluso le pedimos a otro evaluador de Stanford que evaluara y puntuara una muestra aleatoria de las historias clínicas de nuestros pacientes, para asegurarnos de que nuestra puntuación fuera precisa.

De entrada, las puntuaciones ACE de nuestra población del estudio, 702 pacientes, se parecían mucho a las de Felitti y Anda: el 67 % había sufrido por lo menos un ACE y el 12 % había pasado por cuatro o más. Reconozco que me sorprendió que nuestras cifras no fueran superiores. A fin de cuentas, Bayview era un barrio muy duro. Era consciente de que las preguntas de Felitti y Anda no abarcaban todo por lo que habían pasado mis pacientes, como la violencia vecinal o la deportación de un familiar, ambas comunes en las vidas de mis chicos. Aun así, contaba con que nuestros pacientes de Bayview habrían padecido más ACE que la población de Kaiser. Pero entonces me di cuenta de algo en lo que no había caído. Felitti y Anda habían hecho el estudio con *adultos*. La media de edad de sus sujetos era cincuenta y cinco años. Se les había pedido que recordaran el número de ACE sufridos hasta los dieciocho años. En nuestro estudio, la media de edad era *ocho* años. Era probable que muchos de nuestros niños tuvieran más ACE antes de cumplir los dieciocho. También había que tener en cuenta que no eran los propios chiquillos, sino los cuidadores, quienes referían las experiencias adversas que anotábamos en la historia clínica; puede que esos cuidadores no hubiesen referido fielmente la adversidad, por vergüenza, por miedo o porque «es que de estas cosas no se habla».

Aparte de aquellas revelaciones, el hallazgo fundamental era que los pacientes con cuatro o más ACE tenían el doble de probabilidades de padecer sobrepeso u obesidad y 32,6 veces más probabilidades de que se les diagnosticaran problemas de aprendizaje y conducta. Cuando nuestro estadístico de Stanford me llamó para darme las cifras resultantes, me invadió una mezcla de emociones: la euforia por haber hecho un descubrimiento importante y un dolor profundo en el corazón por todos los niños que lo pasaban mal en la escuela y se les decía que tenían TDAH o un «problema de comportamiento», cuando esos problemas estaban directamente relacionados con dosis tóxicas de adversidad.

Si esto tiene tanta importancia es porque un diagnóstico preciso revela a los médicos el problema biológico subyacente, para que puedan darle el mejor tratamiento y el pronóstico más probable. Por ejemplo, si se detecta que un paciente tiene cáncer de hígado, es esencial que sus médicos sepan si el cáncer se originó en el hígado o metastatizó desde la próstata u otro lugar del cuerpo; los tratamientos y prognosis de varios cánceres varían, aunque la manifestación física inicial pueda ser la misma. En la actualidad, el diagnóstico de TDAH se basa por completo en la sintomatología. Tal vez recuerdes que los criterios son falta de atención, impulsividad e hiperactividad, pero el *Diagnostic and Statistical Manual of Mental Disorders* (Manual diagnóstico y estadístico de los trastornos mentales de la Asociación Estadounidense de Psiquiatría) no dice nada de la biología subyacente. Lo que sí dice es que, si los mismos síntomas están asociados a *otro* trastorno mental, como la esquizofrenia, ya no se trata de TDAH. Análogamente, si observamos impulsividad e hiperactividad, pero descubrimos que esos síntomas se deben a un tumor cerebral, no podemos diagnosticar TDAH.

A partir de la investigación de Felitti y Anda, yo empezaba a comprender que el pronóstico del estrés tóxico, los riesgos a largo plazo a los que se enfrentaban mis pacientes, parecía muy distinto del TDAH común y corriente. Nos queda un largo trecho que recorrer antes de saber con certeza si los síntomas conductuales del estrés tóxico representan un diagnóstico completamente distinto. En parte, el problema ha sido que el diagnóstico de estrés tóxico, a diferencia del de TDAH, todavía no existe en la literatura médica.

Esta pauta clínica se refleja en la historia reciente de la medicina. En los años ochenta, el mundo médico se enfrentaba a una nueva epidemia. La población iba al médico quejándose de sarpullidos y llagas. Llegaban a urgencias con tuberculosis y hepatitis C. Y lo que era aún más desconcertante es que se presentaran hordas de ciudadanos con sarcoma de Kaposi, un tipo de cáncer poco común que ataca la piel, la boca y los ganglios linfáticos. Durante un tiempo, al ser cantidades conocidas, nadie pensó que esos problemas de salud estuvieran relacionados. Los médicos hacían lo que les habían enseñado a hacer: trataban las llagas, la hepatitis, el cáncer. No obstante, los pacientes sintomáticos seguían acudiendo en unos números que no se habían visto jamás. Por consiguiente, los facultativos pensaron que debían mejorar más y más el tratamiento de afecciones como las llagas, la hepatitis y el sarcoma de Kaposi, una estrategia que no abordaba el problema subyacente. Esos pacientes seguían empeorando cada vez más. Hoy sabemos que tanto las llagas como la tuberculosis y el sarcoma de Kaposi eran indicadores de un problema subyacente más significativo, una infección que alteraba el conjunto del sistema inmunitario. Se trataba de enfermedades propias del sida;

eran patologías que requerían de una intervención, y de unos síntomas que indicaban la existencia de un problema biológico subyacente cuyo pronóstico y tratamiento eran muy distintos: el VIH.

Así que, al considerar a mis pacientes que presentaban puntuaciones elevadas de ACE, no podía evitar pensar que tratar *sólo* el problema del asma, la obesidad o el comportamiento equivalía a no haber hecho los deberes de historia. Las investigaciones nos dicen que la esperanza de vida de quienes presentan seis o más puntos ACE[8] es veinte años inferior a la de quienes no presentan ninguno. A un paciente con una puntuación ACE elevada, tal vez no sea la obesidad lo que le acorta la vida, sino el estrés tóxico subyacente del que es síntoma la obesidad. Para abordar la raíz del problema, debía tener en cuenta las dos historias que me contaban los síntomas de los pacientes: la que se veía a simple vista y la que había por debajo. Así que cuando llegó una paciente llamada Trinity, cuyo motivo principal de consulta era el TDAH, estaba lista para atenderla.

En el vecindario empezaba a conocérseme por no ser el tipo de médico que planta en la mesa una receta de Ritalin y ya está. Me traían a sus hijos cuando querían que les hicieran un examen más detenido. Pero antes de decidir lo detenido que debía ser ese examen en el caso de Trinity, debía conocer su puntuación ACE. Tras revisar las historias clínicas de nuestros 702 pacientes iniciales, empecé a preguntar a *todos* por su exposición a la adversidad, para hacerme una idea mejor de sus riesgos para la salud. Al igual que la altura, el peso y la tensión arterial, la puntuación ACE pasó a ser un dato decisivo en mis reconocimientos médicos ordinarios. Ante los problemas de aprendizaje y conducta de Trinity, si su puntuación ACE hubiese sido cero, seguro que la evaluación diagnóstica hubiese sido la de un típico TDAH. Sin embargo, entonces sabía que un paciente con cuatro o más ACE tenía treinta y dos veces más probabilidades

---

8. David W. Brown *et al.* (2009) «Adverse Childhood Experiences and the Risk of Premature Mortality», *American Journal of Preventive Medicine* 37, n.º 5: 389-96.

de padecer problemas de aprendizaje y conducta, lo que sugería que el problema subyacente seguramente no era un TDAH común. Cuando eso sucedía, estaba convencida de que el problema era la desregulación crónica del sistema de respuesta al estrés, que inhibía la corteza prefrontal, sobreestimulaba la amígdala y arruinaba el termostato del estrés; en otras palabras, estrés tóxico. Al hojear la historia clínica de Trinity, vi que tenía una puntuación ACE de seis.

Al entrar en la consulta y ver a Trinity por primera vez, tuve de inmediato un *flashback* de la infancia. Antes de que mi familia dejara Jamaica para trasladarse a los Estados Unidos, yo había empezado primaria en la Hope Valley Elementary School de Kingston. Allí fue donde encontré lo que no había en mi familia de cuatro hermanos: otras niñas con quienes jugar. Había una pandilla de niñas mayores que me adoptaron y me enseñaron lecciones esenciales, como saltar a la comba y subir a los columpios con falda. Le rogaba a mi madre que me hiciera un par de impecables trenzas como las que ellas llevaban. Eran niñas esbeltas y espigadas, con la piel color cacao y brillantes dentaduras blancas. Trinity hubiese encajado de inmediato, hasta por el uniforme escolar que vestía: camisa de algodón de manga corta, de un blanco inmaculado, y falda de lana azul marino hasta las rodillas. Me fijé en que era alta para tener once años y más delgada que la media, aunque dudaba de que caminara casi cinco kilómetros a diario para ir a la escuela, como las colegialas de mi infancia. Trinity estaba sentada en silencio con su tía, recorriendo la estancia con la mirada. Era educada, obediente y tremendamente adorable. Sin tener que preguntarlo, la tía de Trinity empezó a contarme a qué respondía la puntuación ACE de su sobrina.

La madre de Trinity era una heroinómana que sólo aparecía inesperada y fugazmente en la vida de su hija. Se presentaba de repente en la ciudad y recogía a Trinity para ir de compras. Sin embargo, lo que en realidad significaba «ir de compras» era pasearse por los centros comerciales y usar a su hija de cebo mientras ella se dedicaba a robar ropa y calzado. La tía de Trinity había dejado de permitir a su madre visitarla al descubrir que la propia niña había empezado a robar lápices de labios y otros artículos pequeños cuando salía con su madre. Desde entonces, Trinity había tenido grandes problemas en la escuela, y sus profesores estaban al límite. Además de las dificultades de aprendizaje, le costaba regular sus emociones. Se desmandaba y peleaba con quien estuviese a su lado, y era incapaz de quedarse más de cinco minutos quieta sentada. A veces hasta se escapaba del aula.

Como me sucedía con todos mis chicos, a juzgar por lo tranquila que se mostraba Trinity en la consulta, nunca me hubiese imaginado sus dificultades. Sin embargo, empecé el reconocimiento físico bajo el prisma del estrés tóxico, revisando a Trinity con aún mayor esmero que si se tratara de una criatura sin ningún ACE; del mismo modo que si los dos progenitores de un paciente son grandes fumadores, con toda seguridad escucharé los pulmones del crío con mayor atención. Sabiendo que Trinity tenía mayor riesgo de padecer un sinfín de cosas, le escuché atentamente los pulmones (sin sibilancias). Le examiné la piel (la tenía cálida y suave, ni seca ni descamada). Le miré el cabello (lo tenía quebradizo en los bordes, pero es algo habitual en las niñas afroamericanas, según el peinado que lleven). Nada parecía demasiado alejado de lo normal... hasta que llegué al corazón.

Casi todo el mundo sabe que lo que los médicos buscan es un latido constante (sin palpitaciones ni soplos), pero también reparamos en lo fuerte que late. Cuando puse el estetoscopio sobre el pecho de Trinity, tuve que parar un momento para recolocarme los auriculares. Era como si el volumen de su latido fuera algo más elevado de lo normal. La diferencia era sutil, pero en vez del ligero *bum-bum* que yo esperaba, sonaba como un verdadero *BUM-BUM*. Me quité el estetoscopio y la observé un momento. Entonces le posé suavemente la mano en el pecho. No, no era mi imaginación. Su latido no sólo sonaba más alto de lo normal, también parecía más fuerte de lo normal. Aquello, sumado a su delgadez, fue para mí suficiente motivo de alerta como para pedir un electrocardiograma (ECG).

Al día siguiente, el ECG confirmó que en su corazón había una anomalía. Según los resultados, latía más rápido y el músculo trabajaba más de lo normal. El cardiólogo que interpretó el ECG añadió una nota que confirmaba mis sospechas: *posible enfermedad de Graves-Basedow*. Las constituciones delgadas y los fuertes latidos (así como el pelo quebradizo) pueden ser signos de esta enfermedad autoinmunitaria, que provoca sobreestimulación de la glándula tiroides. A diferencia del ejemplo de hipotiroidismo que he dado antes (cuando la glándula tiroidea no produce suficiente hormona tiroidea), la enfermedad de Graves-Basedow es un tipo de hipertiroidismo, consistente en que la glándula tiroidea produce demasiada hormona tiroidea. Recordarás que los adultos con hipotiroidismo engordan con facilidad y pueden ser algo letárgicos. Quienes padecen la enfermedad de Graves-Basedow, en cambio, son frecuentemente hiperactivos y parecen incapaces de mantener el peso.

En Europa, el hipertiroidismo recibe a menudo el nombre de *enfermedad de Basedow*, en honor al médico alemán Karl Adolf von Basedow, que describió la dolencia en la misma época que el doctor Robert Graves. En mis indagaciones sobre el estrés tóxico, he encontrado algo de información sobre el gran número de casos de hipertiroidismo que se daba entre los refugiados[9] de los campos de prisioneros de los nazis. De hecho, el término *kriegs-Basedow* (*kriegs* significa «guerra», así que *kriegs-Basedow* es «hipertiroidismo de guerra») se acuñó tras advertir una mayor incidencia del hipertiroidismo durante las grandes guerras. Trinity fue al endocrinólogo, quien confirmó que, en efecto, tenía la enfermedad de Graves-Basedow. No cabía duda de que el hipertiroidismo contribuía a sus problemas en el colegio. En cuanto Trinity empezó a medicarse, sus problemas de comportamiento y aprendizaje fueron a menos. No desaparecieron, pero le iba mucho mejor que antes.

Resulta que los investigadores saben desde 1825[10] que la enfermedad a menudo guarda relación con sucesos vitales estresantes, de

9. Ranabir, Salam y Reetu, K. (2011) «Stress and Hormones», *Indian Journal of Endocrinology and Metabolism* 15, n.º 1: 18-22.
10. *Ibid.*

los que Trinity iba sobrada. Estaba claro que sus problemas para regular las emociones se solapaban con el hipertiroidismo, por lo que las horas que pasaba en clase se le hacían mucho más cuesta arriba. Lo que es de locos es que muchos facultativos atareados evalúan por completo la TDAH basándose exclusivamente en síntomas conductuales, sin que el estetoscopio llegue siquiera a rozar el pecho del paciente.

Una vez más, constaté lo esencial que era adoptar una perspectiva sistémica al examinar a niños expuestos a riesgos elevados. Aun sin saber siempre con exactitud lo que buscaba, el empleo de la puntuación ACE como medida del riesgo de estrés tóxico hacía de mí mejor médica, al ayudarme a observar el problema desde el prisma correcto, para poder detectar cosas que de lo contrario tal vez se me pasarían por alto. Tras recetarle medicación a Trinity para tratar la enfermedad de Graves-Basedow, que era lo primero que me contaban sus síntomas, prescribí terapia familiar para atajar lo segundo que señalaban sus síntomas: estrés tóxico subyacente. El propósito de la terapia familiar era enseñar a Trinity y a su tía a crear un entorno que limitara la reactivación de sus ejes SAM y HHA. La idea era que contaran con las herramientas de prevención de situaciones amedrentadoras o estresantes y las manejaran mejor cuando aparecieran, básicamente reduciendo la dosis de adrenalina y cortisol de Trinity.

No empecé a medicar el comportamiento de Trinity; me inclino por un enfoque gradual del tratamiento del estrés tóxico, que me permita ver lo que surte efecto y lo que no. Desde luego que hay pacientes cuya medicación es una parte relevante del tratamiento, pero nuestro equipo asistencial pone gran esmero en emplear los fármacos de un modo que aborde la biología subyacente. En el capítulo anterior, mencionaba que un gráfico de la respuesta de la corteza prefrontal frente a la adrenalina y la noradrenalina es como una U invertida. Pues en el caso de los niños que muestran un control deficiente de los impulsos y falta de atención debido al estrés tóxico, la función de la corteza prefrontal se halla probablemente en la pendiente descendiente de la U invertida (más o menos como cuando tomamos *demasiado* café y no podemos concentrarnos para salvar la vida). En esos casos, nuestro equipo asistencial no acostumbra a recurrir a estimulantes como el metilfenidato (Ritalin) ni a fármacos derivados de las anfetaminas. En su lugar, a menudo utilizamos guanfacina, un fármaco no estimulante concebido originalmente para el tratamiento de la hipertensión, pero que también se ha usado para el TDAH. La guanfacina actúa sobre determinados circuitos[11] de la corteza prefrontal donde intervienen la adrenalina y la noradrenalina; mejora la impulsividad y la concentración, incluso en situaciones de mucho estrés.

Me gustaba adoptar un enfoque más sistémico, como los primeros médicos que sospecharon que tras el VIH había un sistema inmunitario alterado, pero estaba trabajando en una frontera médica. No había (y sigue sin haber) ninguna serie de criterios diagnósticos claros, ni un análisis de sangre que detectara el estrés tóxico, y carecemos de un combinado de medicamentos que recetar. Mi principal guía sobre qué síntomas podían guardar relación con el estrés tóxico era el propio Estudio ACE, pero sabía que las enfermedades y afecciones de las que daba cuenta el estudio tal vez no fueran más que la punta del iceberg. A fin de cuentas, si el origen del problema era la desregulación del sistema de respuesta al estrés, podía tener efectos de gran calado. Una respuesta al estrés alterada no sólo repercute en el sistema neurológico; también lo hace en el inmunitario, el hormonal y el cardiovascular. Al ser distinta la composición biológica y genética de cada uno, la forma de manifestarse la desregulación también variará.

Fue justo en ese punto cuando mi plantilla empezó a sentirse sobrepasada por cuanto estábamos descubriendo, a sentir que todo podía guardar relación con el estrés tóxico. Cuando lo comentába-

11. Álamo, Cecilio; López-Muñoz, Francisco y Sánchez-García, Javier (2016) «Mechanism of Action of Guanfacine: A Postsynaptic Differential Approach to the Treatment of Attention Deficit Hyperactivity Disorder (ADHD)», *Actas Españolas de Psiquiatría* 44, n.º 3: 107-12.

mos, les recordaba que la cuestión era cómo empezabas a abordar el problema. Al dividirlo en partes, la cuestión central era la respuesta al estrés desregulada. A partir de ahí, bastaba con seguir el hilo e ir observando cómo repercutía esa desregulación en cada uno de los sistemas y aparatos. Optamos por arrancar las investigaciones con los sistemas subyacentes. Si queríamos identificar y tratar lo que no iba bien, había que saber lo que sucedía molecularmente. Regresamos a la literatura y tratamos de fragmentar el asunto sistema a sistema, desentrañando lo mejor que podíamos en qué medida el estrés tóxico perturbaba las funciones normales del organismo.

## EL ESTRÉS TÓXICO Y EL CEREBRO

Según los resultados de la lectura de las historias clínicas, el aprendizaje parecía ser el humo que nos decía dónde estaba el fuego. El hecho de que los pacientes con cuatro o más ACE tuvieran 32,6 veces más probabilidades de que se les diagnosticaran problemas de aprendizaje y comportamiento nos indicaba que los ACE afectaban enormemente el cerebro infantil en rápida evolución. En la facultad de medicina y durante la especialización, había aprendido mucho sobre el desarrollo cerebral. Sabía que el cerebro de un niño[12] forma más de un millón de conexiones neuronales por segundo en los primeros años de vida. También había sido testigo, durante mis años de especialización asistencial, de que si ese proceso se veía alterado por una toxina, una enfermedad o incluso un trauma físico, las consecuencias podían ser graves.

Entonces había que conocer los muchos modos en los que el estrés tóxico afectaba el cerebro. A la friki que llevo dentro le gustaba pensar que mi equipo y yo éramos como la Alianza Rebelde de *La guerra*

---

12. «Five Numbers to Remember About Early Childhood Development» [última actualización en abril de 2017]. Extraído de https://developingchild. harvard.edu/resources/five-numbers-to-remember-about-early-childhood-development/#note.

*de las galaxias,* en busca de los planes de la Estrella de la Muerte, sólo que en este caso, la Estrella de la Muerte era el estrés tóxico. Si averiguábamos cómo actuaba la Estrella de la Muerte, si estudiábamos sus planes, si dábamos con sus puntos débiles, tal vez encontraríamos un modo de impedir el daño que pudiese causar.

\* \* \*

En el capítulo anterior hemos hablado del reparto de personajes de la respuesta al estrés: la amígdala, la corteza prefrontal, el hipocampo y el núcleo noradrenérgico del locus cerúleo (que de ahora en adelante llamaré sólo locus cerúleo). Al estar estas partes del cerebro en la primera línea de la respuesta al estrés, es comprensible que sean las más afectadas por una alteración grave y prolongada de la norma, y que cambien la base de su forma de proceder. Otra región del cerebro relevante para entender cómo los ACE generan problemas a largo plazo es el área tegmentaria ventral (ATV). Es el centro cerebral del placer y la recompensa y desempeña un papel decisivo en el comportamiento y la adicción.

## LA ALARMA
## (TAMBIÉN LLAMADA LA AMÍGDALA)

La amígdala es el centro del miedo del cerebro. Está ubicada en lo más profundo del lóbulo temporal, cerca de la línea media, y se cree que fue una de las primeras estructuras cerebrales en surgir por evolución; de ahí que a menudo reciba el nombre de «cerebro reptiliano». La amígdala es un actor esencial en una serie de partes del cerebro interconectadas, cuyo conjunto constituye el sistema límbico, que rige las emociones, la memoria, la motivación y el comportamiento. La amígdala es una de las estructuras más importantes del sistema límbico, pues nos ayuda a identificar las amenazas del entorno y a reaccionar. El miedo es una emoción que apareció para ayudarnos a no perder la vida en las garras del oso, y que irrumpe al oír el primer rugido o entrever la imponente silueta del animal.

Cuando los estresantes crónicos activan repetidamente la amígdala, ésta se vuelve hiperactiva, y lo que vemos es una respuesta exagerada a un estímulo como el oso o, como empezaba a advertir en el consultorio, un enfermero con una jeringuilla. Los estudios con RM sobre niños gravemente maltratados de orfelinatos rumanos[13] muestran espectaculares crecimientos de la amígdala. Lo que también sucede cuando la amígdala se activa crónica o repetidamente es que empieza a equivocarse en sus predicciones sobre lo que es alarmante y lo que no. Empieza a enviar falsas alarmas al resto de las partes del cerebro por cosas que en realidad no deberían ser alarmantes, como en *Pedro y el lobo*.

## OJO CONMIGO, QUE ESTOY MUY LOCO (TAMBIÉN LLAMADO EL LOCUS CERÚLEO)

Esta parte del cerebro es el motor de la conducta agresiva (perdón, seguidores de los Raiders, porque sigo teniéndoos en el punto de mira). Colabora estrechamente con la corteza prefrontal; de ahí que se solapen al regular el control de los impulsos. Un locus cerúleo desregulado secreta demasiada noradrenalina (la versión cerebral de la adrenalina) y puede causar un incremento de la ansiedad, activación neuronal y agresividad. Asimismo, puede alterar gravemente los ciclos de sueño-vigilia, sobrecargando el sistema de hormonas que nos dicen que no bajemos la guardia, porque (¡sorpresa!) hay un oso en nuestra cueva.

---

13. Tottenham, Nim *et al.* (2010) «Prolonged Institutional Rearing Is Associated with Atypically Large Amygdala Volume and Difficulties in Emotion Regulation», *Developmental Science* 13, n.º 1: 46.61.

# EL DIRECTOR
# (TAMBIÉN LLAMADO LA CORTEZA PREFRONTAL)

La corteza prefrontal (CPF) se halla justo detrás de la frente, en la parte frontal del cerebro. A diferencia de la amígdala, que se considera una estructura muy primitiva, se cree que la CPF fue de las últimas en evolucionar, y confiere las facultades del razonamiento, el sentido de la realidad, la planificación y la toma de decisiones. Es frecuente referirse a ella como la sede del «funcionamiento ejecutivo», que consiste en la capacidad de distinguir entre pensamientos y mensajes contradictorios, plantear las consecuencias futuras de actividades actuales, trabajar en pro de un objetivo definido y manifestar «control social» (es decir, contener pulsiones que, de lo contrario, desembocan en resultados socialmente inaceptables). En muchos aspectos, es como el director de una orquesta, que marca el ritmo y el volumen de cada uno de los músicos, armonizando todas sus aportaciones de modo que den lugar a algo coherente y hermoso, sin caos ni estridencias. Imagínate que eres un alumno de primaria en un día normal de clase. El maestro está hablando, el crío de al lado lanza una bola de papel a la otra punta del aula, tu archienemigo no para de darte patadas por debajo de la mesa y la chica que te gusta le acaba de pasar una nota diciéndote que tú ya no le gustas. Eso es mucho trabajo para una CPF que funcione con normalidad.

En niños con estrés tóxico, la actividad de la corteza prefrontal está inhibida en dos frentes. Primero, la amígdala hiperactiva envía mensajes a la CPF diciéndole que aminore la marcha, porque está sucediendo algo alarmante; no conviene que la razón entorpezca la supervivencia. Segundo, el locus cerúleo está inundando el cerebro de noradrenalina, lo que amenaza la capacidad de neutralizar instintos e impulsos. La CPF es la parte del cerebro del niño que frena los impulsos y le ayuda a tomar mejores decisiones. Decirle a un chiquillo que se quede quieto sentado, se concentre e ignore los estímulos que le inundan el cerebro con la *necesidad de actuar* es mucho pedir. Las consecuencias de esta regulación a la baja de la CPF pueden variar según las personas. En algunas, provoca incapacidad de concentrarse y resolver problemas, pero en otras se manifiesta en forma de conducta compulsiva y agresividad.

## EL BANCO DE RECUERDOS (TAMBIÉN LLAMADO EL HIPOCAMPO)

Los hipocampos son dos bonitas y pequeñas partes del cerebro con forma de caballito de mar, responsables de crear y conservar los recuerdos. La amígdala, al activarse en un episodio de gran estrés, envía señales al hipocampo que alteran su habilidad de concertar las neuronas, lo que básicamente dificulta al cerebro la generación de recuerdos inmediatos y a largo plazo. En las gammagrafías cerebrales de pacientes con alzhéimer, se observa que los hipocampos están muy dañados. Sabiendo eso, está bastante claro por qué esa parte del cerebro es tan decisiva para el aprendizaje, y está claro por qué los niños cuyas amígdalas se activan con facilidad se quedan atrás en tantas cosas, desde la memorización de las tablas de multiplicar hasta la memoria espacial.

## UN BEBÉ EN LAS VEGAS (TAMBIÉN LLAMADO EL ÁREA TEGMENTARIA VENTRAL, ATV)

Si el locus cerúleo es un seguidor de los Raiders, la región cerebral ATV es Las Vegas. Esta parte del cerebro, la encargada de la recompensa, la motivación y la adicción, entre otras cosas, es la que no conviene para nada que salga huyendo con la tarjeta de crédito. Todo se reduce básicamente a la dopamina, el neurotransmisor del bienestar (o del estar *de maravilla*) que salpica el cerebro de recompensas al tener relaciones sexuales, chutarse heroína o decir sí a ese trozo de tarta de tres chocolates al final del día.

Cuando el sistema de respuesta al estrés del organismo se sobrecarga una y otra vez, se entromete en la sensibilidad de los receptores de dopamina. Necesitamos más y más de aquello tan bueno para sentir placer en la misma medida. Los cambios biológicos en la ATV que llevan a ansiar estimuladores de la dopamina como los alimentos ricos en azúcar o en grasas también incrementan los comportamientos de riesgo. El Estudio ACE muestra que hay una relación dosis-efecto entre la exposición a los ACE y la incursión en muchas actividades, así como el consumo de muchas sustancias, que activan la ATV. Alguien con cuatro o más ACE tiene dos veces y media más posibilidades de fumar, cinco y media más de ser alcohólico y diez más de consumir drogas por vía intravenosa que un individuo con cero ACE. Por consiguiente, para prevenir que los jóvenes desarrollen dependencia a estimuladores perjudiciales, como el tabaco y el alcohol, es absolutamente necesario saber que la exposición a la adversidad temprana afecta el funcionamiento de la dopamina en el cerebro.

## ARMONÍA HORMONAL

Señoras, ¿os habéis fijado alguna vez en que cuanto más ansiáis que os baje la regla, ese mes es cuando parece retrasarse? Pues no son imaginaciones vuestras. Por sus repercusiones en los sistemas hormonales, la respuesta al estrés puede afectarlo todo, desde los ciclos menstruales hasta la libido y la talla de la cintura.

Las hormonas son los mensajeros químicos del organismo, encargados de poner en marcha gran variedad de procesos biológicos. Entre los principales, se encuentran el crecimiento, el metabolismo (que permite al cuerpo obtener y almacenar energía de los alimentos), la función sexual y la reproducción. O sea, todo, básicamente. El sistema hormonal es muy sensible a la respuesta al estrés. Y es lógico, porque, al ver al oso en el bosque, son las hormonas las que empiezan la función («¡Adrenalina! ¡Cortisol! ¡Ya!»).

El estrés afecta a casi todos y cada uno de los sistemas hormonales del organismo. Las hormonas del crecimiento, las hormonas sexuales (incluidos el estrógeno y la testosterona), la hormona tiroidea y la insulina (que regula la glucemia) suelen disminuir en momentos de estrés. Algunas de las principales repercusiones para la salud son disfunción en los ovarios y los testículos (lo que también se conoce como gónadas), talla baja psicosocial y obesidad. En el caso de la disfunción gonadal, las mujeres pueden no ovular, no tener el período o tener menstruaciones irregulares. En un estudio, se descubrió que el 33 % de las mujeres que acababan de ingresar en prisión[14] y sufrían estrés (¿puede una mujer que acabe de ingresar en prisión no sufrir estrés?) tenían reglas irregulares. Lo que observábamos en Diego era talla baja psicosocial: un grave retraso del crecimiento en niños y adolescentes debido a un entorno patológico. En ocasiones, los niños presentan niveles gravemente reducidos de la hormona del crecimiento; pero en otros, como Diego, la hormona del crecimiento no ha descendido de un modo mesurable. En esos casos, creemos que la alteración es producto de los otros factores que ayudan a la hormona del crecimiento a desempeñar su cometido. La obesidad es un adversario mucho más conocido, pero en el sistema hormonal observamos el doble efecto. Como he dicho antes, debido a sus repercusiones en el centro del placer (la ATV), el estrés crónico aumenta las ansias de alimentos ricos en azúcar o ricos en grasas, y, al haber más cortisol, al organismo le cuesta más metabolizar el azúcar y acumula grasa con mayor facilidad. Sin embargo, el cortisol no es el único malo de la película; las hormonas leptina y grelina también se multiplican al activarse la respuesta al estrés. Juntas, intensifican el apetito y, codo a codo con el cortisol, nos lo ponen muy difícil para mantener la línea.

*  *  *

---

14. Ranabir y Reetu, «Stress and Hormones», 18.

La revisión de historias clínicas que hicimos en el consultorio nos reveló que un niño con una puntuación ACE de cuatro o más tenía el doble de probabilidades de padecer sobrepeso u obesidad que uno sin ningún ACE. Es aquí donde vemos hasta qué punto los determinantes biológicos y sociales de la salud interfieren, con consecuencias notables. Ya hemos comentado que los niños residentes en vecindarios vulnerables están expuestos a muchos riesgos transversales que conducen a una salud deficiente. En efecto, la falta de acceso a una buena asistencia sanitaria, la escasez de lugares seguros donde jugar y la inseguridad alimentaria contribuyen a la existencia de disparidades sanitarias en lugares como Bayview.

Ahora bien, nuestros pacientes con cero ACE vivían en el mismo barrio y tenían el mismo acceso a asistencia sanitaria, la misma ausencia de lugares seguros donde jugar y de alimentos nutritivos que nuestros pacientes con una puntuación ACE elevada. Basta con ver lo que el estrés tóxico provoca en los sistemas hormonales de los pequeños que han pasado por múltiples ACE para comprender que si tienen sobrepeso no es *sólo* porque sobrevivan básicamente a base de una dieta de comida rápida. No es *sólo* porque vivan en un desierto alimentario (término que alude específicamente a un barrio donde escasean los alimentos nutritivos) y los críen padres que creen que Taco Bell es una alternativa saludable a McDonald's. Esas cosas agravan el problema, desde luego, pero no lo son todo. Nuestros datos sugerían el poder que llegaba a tener el mecanismo subyacente del estrés tóxico, esto es, que la alteración metabólica también era un factor destacado. Naturalmente, es difícil estar sano creciendo en un desierto alimentario. Si además tenemos niveles superiores de cortisol que nos llevan a ansiar alimentos ricos en azúcar o en grasas, aún nos costará mucho más optar por el brécol en lugar de las patatas fritas.

## RELACIONES EXTERIORES:
## EL ESTRÉS TÓXICO Y EL SISTEMA INMUNITARIO

Inmunología fue con mucho la asignatura que más me costó en la facultad de medicina, lo cual no deja de ser irónico, si tenemos en cuenta que el sistema inmunitario debería ser el mejor amigo del médico. El problema es lo intricado de todo. El sistema inmunitario ostenta muchísimo poder: es el responsable de controlar las relaciones entre lo de dentro y lo del mundo exterior, y también de defender el organismo de amenazas externas. Es como si tuviéramos un ministro del interior y un ministro de defensa personales, todo en uno. Al tener el organismo tantos antagonistas y aliados distintos, a veces cuesta diferenciarlos. El sistema inmunitario tiene que ser experto en *todo* y saber, por ejemplo, que la proteína que rodea una bacteria o un virus es *mala*, y que hay que expulsar al microbio, pero también que las proteínas de los pulmones, los nervios y los glóbulos sanguíneos son *buenas* y no hay que tocarlas.

Cuando los ministros del organismo están satisfechos con las relaciones exteriores, apenas se hacen notar. Cumplen discretamente la función de mantener el orden, buscando constantemente si hay células infectadas, dañadas o camino de ser cancerosas; y si las encuentran, las destruyen. No obstante, cuando un malhechor logra burlar las defensas corrientes y causar una enfermedad, el ministro de defensa da la voz de alarma, reúne a las tropas y emprende ataques estratégicos. El sistema inmunitario emplea señales químicas denominadas citocinas para activar la respuesta del organismo a una herida o enfermedad. La palabra *citocina* significa literalmente «transportistas de células». Empujan al organismo a fabricar más glóbulos blancos, que combaten la infección y activan varios tipos de células para que desempeñen tareas como producir anticuerpos y comerse las bacterias. El sistema inmunitario también estimula la inflamación (como cuando una picadura de chinche se enrojece y se hincha). Al igual que en el resto del cuerpo, lo que cuenta en el sistema inmunitario es el equilibrio.

La desregulación de la respuesta al estrés tiene profundas repercusiones en las respuestas inmunitaria e inflamatoria, porque las hormonas del estrés influyen en casi todos los componentes del sistema inmunitario. La exposición crónica a las hormonas del estrés puede anular el sistema inmunitario en unos sentidos y activarlo en otros, y por desgracia, nada de ello es para bien. El estrés puede provocar carencias en la parte del sistema inmunitario que combate el resfriado común, la tuberculosis y determinados tumores. En Suecia, el científico Jerker Karlén y sus colegas[15] descubrieron que los niños con tres o más exposiciones al estrés temprano mostraban incrementos de los niveles de cortisol y eran más propensos a verse aquejados de problemas de salud infantiles comunes, como infecciones de las vías respiratorias altas (resfriados), gastroenteritis (gripe estomacal) y otras infecciones víricas. Asimismo, sabemos que una respuesta al estrés desregulada puede ocasionar mayor inflamación, hipersensibilidad (piensa en las alergias, el eczema y el asma) e incluso enfermedades autoinmunitarias (cuando el sistema inmunitario ataca al propio organismo), como la enfermedad de Graves-Basedow de Trinity.

En los años transcurridos desde la publicación del Estudio ACE, los científicos han estudiado detenidamente la relación entre los ACE y la enfermedad autoinmunitaria. Los hallazgos muestran[16] una sólida correlación entre el estrés en la niñez y la enfermedad autoinmunitaria, tanto en niños como en adultos. En colaboración con los doctores Felitti y Anda, la investigadora Shanta Dube analizó los datos de más de quince mil participantes del Estudio ACE. Comprobó sus puntuaciones ACE y la frecuencia con que se los hospitalizaba por enfermedades autoinmunitarias como la artritis reumatoide, el lupus, la diabetes de tipo 1, la celiaquía y la fibrosis pulmonar idiopática. Dube dio con algo asombroso: una persona con una puntuación

---

15. Karlén, Jerker *et al.* (2015) «Early Psychosocial Exposures, Hair Cortisol Levels, and Disease Risk», *Pediatrics* 135, n.º 6: e1450-e1457.

16. Dube, Shanta R. *et al.* (2009) «Cumulative Childhood Stress and Autoimmune Diseases in Adults», *Psychosomatic Medicine* 71, n.º 2: 243-50.

ACE de dos o más tenía el doble de probabilidades de que le ingresaran por una enfermedad autoinmunitaria que alguien con cero ACE.

Al igual que ni el cerebro ni el sistema nervioso están plenamente formados al nacer, el sistema inmunitario sigue desarrollándose hasta mucho después del nacimiento. De hecho, cuando los bebés vienen al mundo tienen muy poca inmunidad funcional; la adquirirán con el tiempo y con algo de ayuda de la madre. Si la lactancia materna es tan importante es en parte porque los anticuerpos de la madre protegen al bebé de las infecciones y ayudan a que crezca su sistema inmunitario. Por si alguna vez te has preguntado por qué la gente no ve claro lo de traer a criaturas tan pequeñas al mundo, ése el motivo. (Bueno, ése y la abrumadora falta de sueño).

El desarrollo inmunitario del bebé se da en respuesta al entorno en los primeros años de vida. Imagina que es como el ministro del interior en su primer año en el cargo, tanteando quién es hostil y quién es amistoso. Lamentablemente, si hay sobrecarga de adrenalina y cortisol, cuesta interpretar bien la realidad de la amenaza. Esa clase de perturbación en el desarrollo temprano puede conducir a alteraciones de por vida en el funcionamiento del sistema inmunitario y, en muchos casos, a la enfermedad. Piénsalo así: si se activa al ministro de defensa y éste envía al ejército para combatir a los invasores del organismo, unas veces el ejército acertará al atacar a los enemigos, pero otras verá problemas donde no los hay. A mayor inflamación, más probabilidades de que esa inflamación ataque los propios tejidos del organismo, lo que desembocará en enfermedades autoinmunitarias como la artritis reumatoide, la enfermedad inflamatoria intestinal y la esclerosis múltiple. La adversidad a una edad temprana aumenta la inflamación, así que, a mayor número de tropas rondando por el organismo, más probabilidades de que cometan un error.

Investigadores de Dunedin, Nueva Zelanda,[17] demostraron que

---

17. Andrea Danese *et al.* (2007) «Childhood Maltreatment Predicts Adult Inflammation in a Life-Course Study», *Proceedings of the National Academy of Sciences* 104, n.º 4: 1319-24.

los cambios en los niveles inflamatorios eran cuantificables. Durante treinta años, hicieron el seguimiento de un grupo de mil personas, de quienes observaron y registraron varios datos relativos a la salud. Además de confirmar los hallazgos de Felitti y Anda, esos científicos descubrieron que, hasta veinte años después, en los sujetos que habían sido maltratados en la niñez, cuatro marcadores distintos de la inflamación[18] eran superiores a los de quienes no habían sido objeto de maltratos. Si este estudio es un complemento decisivo de la investigación sobre los ACE es porque los episodios de adversidad en la niñez de los pacientes se referían *cuando se producían*, lo que corroboraba la idea de la causalidad, al documentar la presencia de la adversidad antes de los daños biológicos.

Ya sabemos que un sistema inmunitario bien equilibrado es fundamental para gozar de buena salud. Al descubrir que la adversidad en la niñez perjudica el desarrollo y la regulación del sistema inmunitario *durante toda la vida*, empezamos a comprender hasta qué punto el conocimiento de los ACE puede ser eficaz a la hora de enfrentarnos a algunas de las principales causas de la enfermedad y la muerte.

* * *

Para mí, la importancia de la pieza de los ACE correspondiente al sistema inmunitario residía en el hecho de que, al enterarse la gente de cómo el estrés tóxico afecta el sistema inmunitario, ya escuchaba de otro modo. La idea rebate lo que tal vez ya tenían en mente. Al parecer, se sabe que si comemos demasiado, enredamos las hormonas y engordamos; si tomamos decisiones impulsivas o nos volvemos alcohólicos, el sistema neurológico se ve afectado. Sin embargo, cuesta más asociar esos defectos humanos subjetivos con algo como la enfermedad de Graves-Basedow o la esclerosis múltiple. Casi nadie cree que esas dolencias sean producto de algo más que la mala suer-

---

18. *Ibid.*, 1320.

te genética. Lo más relevante de los estudios ACE de seguimiento como el que hizo Dube es que revelan una estrecha correlación entre las enfermedades autoinmunitarias y la exposición a algo ambiental y concreto: la adversidad en la niñez.

Patty, la paciente del doctor Felitti, es un ejemplo perfecto de por qué es importante atender a esas correlaciones. Patty era extremadamente obesa y también tenía problemas psicológicos y emocionales (en su caso, comer dormida fue la señal de alerta). Hasta quienes saben que el maltrato a menudo ocasiona problemas emocionales y a veces obesidad pueden pensar que esos problemas son el principio y el fin de las repercusiones de la adversidad en su vida. No obstante, cuando vemos que Patty acabó muriendo de fibrosis pulmonar idiopática, una enfermedad autoinmunitaria (cuyas probabilidades aumentan con el número de ACE que presenta la persona), la cosa se complica. Las consecuencias del estrés tóxico no sólo son neurológicas y hormonales; son también inmunológicas, y esos síntomas cuesta mucho más detectarlos. La adversidad en la niñez de Patty amenazaba tanto su sistema inmunitario como su bienestar mental. El problema es que, en el caso de Patty, a nadie se le ocurrió que su sistema inmunitario pudiese correr un riesgo mortal debido al estrés tóxico. Nadie sabía dónde buscar.

\* \* \*

En los últimos doce meses, había aprendido más sobre cómo la adversidad afectaba a mis pacientes que en los diez últimos años, pero aún no contaba con el panorama completo. Me parecía lógico que una respuesta hiperactiva al estrés pudiese perjudicar en gran medida la salud. Me parecía entender con claridad cómo los cambios en los sistemas neurológico, endocrino e inmunitario podían causar problemas a mis niños. Ahora bien, el Estudio ACE también revelaba que la adversidad en la niñez podía desembocar en problemas de salud décadas más tarde. Para entonces, muchas personas ya se habrían librado de las circunstancias complicadas de su infancia. En-

tonces, ¿cómo es que el doctor Felitti veía las mismas —o presumi-
blemente peores— dificultades en sus pacientes? ¿Por qué perduraban
las consecuencias de los ACE? Tenía la molesta sensación de que los
planes de la Estrella de la Muerte del estrés tóxico abarcaban otra
dimensión, de que sus fronteras eran aún más difusas. Sabía que esos
interrogantes me llevarían aún más allá de la madriguera del estrés
tóxico, pero ya había llegado hasta aquí y debía averiguar cómo aquello se desplegaba al nivel más profundo: el de la genética.

# CAPÍTULO 6

## ¡Lame a las crías!

Los padres y madres de bebés de muy corta edad acuden al consultorio con todos los matices del arcoíris emocional: agotados, entusiasmados, inquietos, orgullosos, aterrados. Así que el rostro impasible de Charlene al traerme a su hija[19] Nia me llamó la atención. Al hacerle preguntas sobre la niña, la joven madre respondía, pero en sus ojos y su semblante no había expresión. Era casi como si habláramos del pie que calzaba o de cuándo pasaba el autobús 22. Por lo demás, era la típica madre veinteañera de un lactante; perfectamente enfundada en unos vaqueros, llevaba una bonita blusa y el pelo bien recogido. En cambio, Nia, de cinco meses, no era el típico bebé. Cuando Charlene estaba embarazada, Nia había dejado de crecer y había nacido por cesárea ocho semanas antes de término; había llegado al mundo pesando menos de kilo y medio. Al cabo de semanas en el hospital, la niña hizo buenos progresos y recibió el alta en buen estado de salud. Sin embargo, en las semanas posteriores ya en casa, no lograba aumentar de peso.

Según iba trabajando con mi equipo y con Charlene para averiguar cuál era la causa, mi preocupación aumentaba. Dedicamos

---

19. Todd S. Renschler *et al.*, «Trauma-Focused Child-Parent Psychotherapy in a Community Pediatric Clinic: A Cross-Disciplinary Collaboration», en Bettmann, J. y Friedman, D. Demetri [eds.] (2013) *Attachment-Based Clinical Work with Children and Adolescents*, Nueva York: Springer, 15-39.

horas a enseñarle a preparar la comida para su hija, cuándo dárse-
la y en qué cantidad. Tomamos las constantes vitales de Nia y le
hicimos análisis de sangre. Observábamos cuánto pesaba y medía
como si fuéramos la sala de control del lanzamiento de un trans-
bordador espacial. Entretanto, Charlene también iba abriéndose
más. Abandonaba su característica impasibilidad para alterarse y
agobiarse al menor llanto o queja de su hija. Le decía que se callara
o la ignoraba por completo. Me parecía un caso evidente de depresión posparto, pero nada de lo que le dijéramos convencía a Charlene de buscar ayuda.

Llegó un momento en que el estado de salud de Nia era grave y
no nos quedaban alternativas. Padecía retraso del desarrollo, término médico que alude a los bebés sin un ritmo suficiente de ganancia
ponderal, que acaban no pudiendo alcanzar los hitos del desarrollo.
En los primeros años de vida, se forman más de un millón de nuevas
conexiones neuronales[20] por segundo; en consecuencia, el que un
lactante no reciba las grasas y proteínas necesarias para desarrollar
conexiones cerebrales sanas puede tener repercusiones notables.
Aconsejé que ingresaran a Nia, con la esperanza de que, al estar en
constante vigilancia, engordaría los kilos que tanto necesitaba. Y eso
fue exactamente lo que hizo en los cuatro días que permaneció en el
hospital, pero poco después de que le dieran el alta sus progresos se
esfumaron. Redoblamos los esfuerzos, llamamos al trabajador social
y nos volcamos en lograr que Charlene acudiera a terapia, pero al
final tuvimos que volver a ingresar a la pequeña. Esta vez, tras comentarlo con el equipo del hospital, concluimos que había llegado
el momento de plantearnos dirigirnos a los servicios sociales. El
personal hospitalario detectaba los mismos problemas que nosotros
en la dinámica de esa joven madre y su bebé. Charlene aún padecía
depresión y seguía negándose a buscar ayuda. Tras su segunda alta

---

20. Center on the Developing Child, «Five Numbers to Remember About
Early Childhood Development (Brief)» [actualizado en abril de 2017]. Extraído
de www.developingchild.harvard.edu.

hospitalaria, una vez en casa, Nia volvió a dejar de crecer y desarrollarse. Con gran dolor, sabiendo que Charlene caería en picado, tuve que hacer lo que ningún pediatra quisiera hacer jamás: presentar un informe a los servicios sociales.

No sabía a ciencia cierta si la negligencia de Charlene era deliberada, si no le daba de comer a la niña, si le hacía daño. Lo que sí sabía era que Nia estaba muy por debajo del percentil 3 de peso, aun teniendo en cuenta que había sido prematura. Se hallaba en zona de peligro, y a esas alturas ya no había duda de que la dinámica entre madre e hija afectaba el crecimiento de la niña. En casos como este, puede costar hacer un análisis ponderado. Sabemos que los prematuros corren mayor riesgo de ser desatendidos por tener mayores necesidades: ritmos del sueño más irregulares, tomas más frecuentes... y que esas necesidades pueden bastar para superar a un padre o madre primerizo. Sin embargo, cuando un lactante no dispone del contacto visual recíproco del cuidador, así como de expresiones faciales estimulantes, mimos y besos, pueden producirse daños hormonales y neurológicos, que a su vez pueden impedir que el niño crezca y se desarrolle con normalidad. Un bebé al que no se atiende no crece bien, aunque se lo alimente suficientemente. ¿El problema de Nia era que no recibía suficiente alimento? ¿O era que Charlene estaba tan deprimida que no estimulaba a Nia? A decir verdad, podían ser ambas cosas.

Y aquí es cuando yo aplico la lente del estrés tóxico. A la tierna edad de cinco meses, con una madre deprimida y un padre que no se implicaba, Nia ya contaba con dos ACE. Y yo albergaba la firme sospecha de que Charlene también tenía puntos ACE. A pesar de mi tristeza inicial por tener que presentar el informe y someter a Charlene al estricto control de los servicios sociales, una pregunta que me había planteado con anterioridad volvió a emerger: ¿cómo es que los ACE se heredan de modo tan fidedigno de generación en generación? En muchas familias, parecía que el estrés tóxico se transmitía más sistemáticamente de padres a hijos que cualquier enfermedad genética que hubiese visto jamás.

Tomemos, por ejemplo, a Cora, vecina de toda la vida de Bayview y principal cuidadora de Tiny, su biznieto de diez años. A sus sesenta y ocho años, Cora no tenía previsto criar a otro hijo, pero cuando los de servicios sociales llamaron diciendo que la madre de Tiny había ingresado en prisión y necesitaban encontrar un hogar para el chico, Cora se halló ante un dilema. Su hijo, el abuelo de Tiny, no estaba en condiciones de cuidar de un niño. Él y la abuela de Tiny habían tenido problemas con el alcohol y otras toxicomanías, y ella había muerto de insuficiencia renal antes de cumplir los cincuenta. Ahora todo apuntaba a que la madre de Tiny pasaría una larga temporada en la cárcel. Cora no podía con su alma, pero no iba a permitir que el chiquillo fuera a parar a centros de acogida.

Cora me trajo al niño para su revisión periódica. Lo que más la preocupaba era el comportamiento. Cada día la llamaban de la escuela. Lo último había sido volcar el pupitre en clase y, cuando la maestra se lo había llevado a un aparte para reprenderlo, Tiny le había propinado una patada, lo que le había valido la expulsión. Durante el reconocimiento, tuve ocasión de comprobar lo que Cora me había explicado. La mayoría de críos cuando mejor se portan es cuando van al médico, por lo que observar a Tiny fue revelador. Me interrumpía con frecuencia, buscaba nuestra atención rompiendo con violencia el papel de la camilla de reconocimiento y luego se bajaba de un salto de la camilla y se dedicaba a abrir cajones y a sacar cuanto contenían. En un momento dado, se puso en cuclillas y, sin darme tiempo a detenerle, me desenchufó el ordenador. Desde luego, mantener a Tiny a raya requería un gran esfuerzo.

La visita de Cora y Tiny fue en los primeros días del consultorio de Bayview, mucho antes de que lleváramos a cabo cribados ACE con asiduidad, pero ya me di cuenta de que aquel niño necesitaría mucho apoyo. Me ausenté un momento para llamar a la puerta del doctor Clarke y hacerle una pequeña consulta. Cuando regresé, entré como siempre, con un breve «toc, toc» antes de abrir poco a poco la puerta. Lo que me encontré me hizo parar en seco.

Tiny estaba agazapado en un rincón, protegiéndose con las manos la cara de los golpes que le propinaba sin parar su bisabuela. En los hombros, el rostro, en el tronco... Cora le pegaba y gritaba sin miramientos.

Apenas creía lo que veía. ¿En serio estaba atizando al niño *en la consulta del médico*?

—¡*Pare*! —exclamé enérgicamente—. No tiene derecho a pegar a ningún niño, ni en nuestro consultorio ni en ningún otro lado.

Miré a Tiny de arriba abajo para asegurarme de que no tuviese heridas graves. Entonces le expliqué a Cora con serenidad que aquello era de declaración obligada y que tendría que llamar a servicios sociales.

—Pues llámeles —repuso Cora—. Los servicios sociales no van a criar a este chaval, yo sí. Necesita un poco de mano dura o acabará en el talego como su madre.

Vi claro que Cora consideraba que estaba haciendo lo correcto. Tras ver a dos generaciones perderse, Cora recurría a las herramientas con las que la habían criado a ella para llevar a Tiny por el buen camino. Lo irónico era que, pese a las buenas intenciones de Cora, las palizas desataban un torrente neuroquímico que aumentaba las probabilidades de que Tiny acabase como su madre y sus abuelos. Ese día logré convencer a Cora de que se quedara conmigo mientras llamaba a servicios sociales. Comprobó que no estaba «chivándome», sino defendiéndola, explicándoles que la cuidadora de Tiny necesitaba más herramientas que la ayudaran a manejar el difícil comportamiento de Tiny sin emplear la violencia. Al final acabó confiando en mí lo suficiente como para aceptar la colaboración del doctor Clarke; las palizas cesaron y la familia permaneció intacta.

\* \* \*

Tuve largo tiempo presente aquella conversación con Cora. Pensaba en ella y en Tiny y en las generaciones que había entre ellos. Veía por doquier indicios de la existencia de ACE multigeneracionales. No

obstante, lo que me ayudó a resolver y por fin detener el rompecabezas del legado biológico del estrés tóxico fueron las ratas y sus crías
de los trascendentales estudios del doctor Michael Meaney y sus
colegas en la McGill University.

Meaney y su equipo observaron dos grupos de ratas[21] y sus crías.
Advirtieron que, después de que los investigadores tocaran a las crías,
las madres tranquilizaban a sus estresadas crías lamiéndolas y aseán-
dolas. Básicamente, era el equivalente a los abrazos y besos humanos.
Lo fascinante era que no todas las madres lo hacían igual. Algunas
lamían y aseaban mucho a las crías. El comportamiento de otras
incluía pocos lametones y aseo, lo que significaba que no dispensaban
tantos besuqueos ni abrazos incómodos a sus crías cuando éstas
tenían un mal día.

Aquello me hizo dar un respingo. Los investigadores observaron
que el hecho de tener una madre «muy lamedora» o «poco lamedora» influía directamente en el desarrollo de la respuesta al estrés
de las crías. Descubrieron que las crías de las ratas muy lamedoras
presentaban niveles inferiores de hormonas del estrés cuando las
tocaban los científicos o se estresaban por cualquier otro motivo.
El que las madres muy lamedoras redujesen el estrés[22] también revelaba un patrón dosis-efecto: cuantos más lametones y aseo recibían las crías, menores eran sus niveles de hormonas del estrés.
Además, las crías de madres muy lamedoras contaban con un «termostato del estrés» más sensible y eficaz. En cambio, las crías de las
poco lamedoras no sólo mostraban picos de corticosterona frente
a un estresante (en este caso, el que las recluyeran durante veinte
minutos); también les costaba más desactivar la respuesta al estrés
que a las crías de madres muy lamedoras. Los lametones y el aseo

21. Liu Dong *et al.* (1997) «Maternal Care, Hippocampal Glucocorticoid
Receptors, and Hypothalamic-Pituitary-Adrenal Responses to Stress», *Science* 277, n.º 5332: 1659-62.

22. Meaney, Michael J. «Maternal Care, Gene Expression, and the Trans-
mission of Individual Differences in Stress Reactivity Across Generations»
(2001), *Annual Review of Neuroscience* 24, n.º 1: 1161-92.

que las crías recibían en sus primeros diez días de vida determinaban cambios en su respuesta al estrés que se prolongaban durante *toda su vida*. Y lo que aún resultaba más asombroso era que los cambios persistían en la *siguiente generación*, dado que las crías hembras que habían tenido madres muy lamedoras también se volvían madres muy lamedoras al tener hijos. Mientras descubría el trabajo de Meaney, pensaba en Charlene y Nia, preguntándome cuántos «lametones y aseo» había recibido Charlene de pequeña. Desde luego, la joven ya tenía una buena dosis de estresantes. Durante mi especialización, había presenciado lo aterrador que puede llegar a ser tener un hijo prematuro, hasta para el padre o madre más acompañado y resiliente. Cuando cruzó la puerta de mi consultorio, Charlene era la joven madre deprimida de un bebé prematuro, pero no siempre había sido así.

Charlene, que había crecido en Bayview, era una chica que prometía mucho. Estrella del fútbol en secundaria, cuando su aptitud para el deporte le granjeó una beca universitaria, parecía haber vencido todos los obstáculos. Sin embargo, una lesión de rodilla en primer curso hizo añicos sus sueños. Dejó la universidad en el curso siguiente y, tras pasar unos años en casa, se quedó embarazada. Ahora le costaba cuidar de su bebé. Me preocupaban tanto Charlene como Nia. En la facultad de medicina había aprendido a diagnosticar el retraso del desarrollo. Lo que no me habían enseñado era cómo romper el ciclo intergeneracional del estrés tóxico.

Devoré el trabajo de Meaney, en busca de ese mecanismo importantísimo que lo originaba todo. Lo que los investigadores esperaban descubrir era cómo ese comportamiento temprano podía llegar a afectar la respuesta al estrés y la conducta de las ratas durante el resto de su vida. En otras palabras, esos científicos buscaban la fuente del cambio. Igual que yo.

Lo que hallaron fue que, de hecho, las ratas madres estaban transmitiendo a sus crías un mensaje que cambiaba la configuración de la respuesta al estrés de las crías, pero el mecanismo, el *cómo* de los cambios, resultó no ser genético, sino *epigenético*.

Son muchos los que siguen pensando que una cosa son los genes y otra el entorno: que nacemos con un código genético concreto que determina nuestra biología y salud, y que tenemos experiencias que modelan aspectos más maleables, como las cualidades y los valores. Esa separación de genes y entorno ha dado lugar a años de debates sobre qué es más importante, si la naturaleza o la crianza. Hace mucho tiempo que se discute sobre el tema, pero a medida que la ciencia avanza cada vez queda menos sobre lo que discutir. Hoy en día, los científicos pueden afirmar de modo bastante categórico que no existe tal separación. Es más, ahora sabemos que *ambos*, tanto el entorno como el código genético, conforman la biología y el comportamiento. Habida cuenta de lo estrechamente que colaboran genes y entorno, no es de extrañar que haya habido siglos de intenso debate enconado sin un ganador visible. Por suerte, gracias a los progresos científicos, por fin podemos ver que hay una sincronía vital que determina el aspecto físico, el funcionamiento del cuerpo y, en definitiva, *quiénes somos*.

Casi todo el mundo sabe que el ADN es el código genético, la estructura básica de nuestra biología. Si vamos un paso más allá, veremos que el organismo emplea ese código para fabricar las proteínas que forman nuevas células y garantizan el funcionamiento de cuanto contienen esas células. Cada célula alberga todo nuestro código genético, así como el mecanismo para leer el código y decidir qué partes de la secuencia traducir a proteínas.

El entorno y la experiencia desempeñan un papel decisivo a la hora de determinar qué partes del código genético se leen y transcriben en cada célula nueva que crea el organismo. ¿Y cómo hacen eso la experiencia o el entorno? Pues resulta que el organismo no es que «lea» cada «palabra» del ADN. Lo que los científicos han descubierto es que en las células se hallan integrados el genoma (la totalidad del código genético) y el epigenoma, otra capa de marcadores químicos ubicada encima del ADN, que determina los genes que se leerán y transcribirán en proteínas y los que no. De hecho, el término *epigenético* significa «encima del genoma». Estos marcadores epigenéticos se transmiten de padres a hijos junto con el ADN.

Puede plantearse como sigue: el genoma es como las notas musicales de la partitura y los marcadores epigenéticos son como las notaciones que nos dicen si debemos tocar las notas con más o menos volumen, rápido o lentamente. Puede haber una notación que nos indique saltarnos todo un segmento musical. Estas notaciones epigenéticas están sujetas a la experiencia, a la reescritura que de ellas hace el entorno.

La activación de la respuesta al estrés es uno de los modos principales que tiene el entorno de cambiar las notaciones epigenéticas. Al tratar de adaptarse al estrés de las experiencias, el organismo activa o desactiva ciertos genes, especialmente genes que regulan nuestra reacción frente a hechos estresantes *en el futuro*. Ese proceso en el que el epigenoma colabora con el genoma para responder al entorno se denomina *regulación epigenética* y es esencial para entender por qué el estrés tóxico es tan perjudicial para la salud *de por vida*. Cuando un niño de cuatro años se rompe un hueso, ese trauma no está codificado en su epigenoma; no le afecta a largo plazo. Ahora bien, cuando un niño de cuatro años sufre estrés crónico y adversidad, algunos genes que regulan la respuesta al estrés del cerebro, el sistema inmunitario y los sistemas hormonales se activan o desactivan. A menos que haya alguna intervención, esos genes se quedarán así, cambiarán el funcionamiento del organismo del niño y, en algunos casos, causarán enfermedades y muerte prematura.

Hay un gran número de procesos encargados de la regulación epigenética, pero los dos que conocemos mejor en cuanto a genética del estrés son la metilación del ADN y la modificación de la histona. En la primera, un marcador bioquímico llamado grupo metilo se une al inicio de una secuencia de ADN. Ese marcador impide que se active el gen; actúa como un cartel de *No molestar* colgado en el pomo de la puerta de una habitación de hotel. Le dice al personal de limpieza del ADN que no entre a traducir esa secuencia genética en proteínas, con lo que, básicamente, esa parte del código genético permanece oculta.

Las histonas son como un cinturón de castidad del ADN. Se trata de proteínas que mantienen bloqueado el material genético e impiden el acceso del mecanismo de transcripción del ADN. Cuando determinados marcadores bioquímicos se unen a las histonas, éstas se modifican: cambian de forma y se abren más, con lo que el ADN puede leerse y transcribirse. Lo que nos lleva de vuelta a las ratas y sus crías. El estudio «lame a las crías» es un magnífico ejemplo de esa clase de regulación epigenética. Meaney y su equipo advirtieron que las madres muy lamedoras secretaban grandes cantidades de serotonina en su prole. Tal vez hayas oído que la serotonina es el antidepresivo natural del organismo. Mejora el estado de ánimo y para las crías de las ratas es como el Prozac. Esta serotonina no sólo lograba que las crías se sintieran mejor; también activaba un proceso químico por el cual cambiaba la transcripción de la parte del ADN que regula la respuesta al estrés. Meaney y sus colegas acabaron demostrando que todos los lametones y el aseo modificaban en última instancia los marcadores epigenéticos del ADN de las crías de rata, lo que conducía a cambios de por vida en la respuesta al estrés.[23]

Esa clase de cambio epigenético es como un atajo comunicativo de la naturaleza. Cuando las madres no lamen a las crías, les están diciendo básicamente que algo del entorno reclama cautela, así que deben estar en alerta máxima. En vez de aguardar durante generaciones el proceso de adaptación genética para modificar el ADN de la descendencia, esa información ambiental se traslada rápidamente a la cría por medio de un cambio en el epigenoma. Para profundizar en su observación del proceso, el equipo de investigación de Meaney hizo algo genial; inspirándose en una película de Lifetime TV, cambiaron algunas crías de ratas al nacer. Pusieron las crías de madres

---

23. Weaver, Ian *et al.* (2004) «Epigenetic Programming by Maternal Behavior», *Nature Neuroscience* 7, n.º 8: 847-54.

muy lamedoras junto a madres poco lamedoras y viceversa. El estudio determinó que la metilación del ADN de las crías adoptaba el patrón de las madres adoptivas, *no* el de las genéticas. Lo mismo ocurría con su conducta: si una madre poco lamedora adoptaba la cría de una rata muy lamedora, la cría se convertía en una rata adulta ansiosa, con niveles elevados de hormonas del estrés, poco lamedora cuando paría sus propias crías. Meany y su equipo descubrieron que las diferencias en los lametones y el aseo que se daban en una etapa muy temprana (en este caso, los primeros diez días de la vida de una cría de rata) tenían un peso enorme.

Meaney y sus colegas quisieron ir más lejos y comprobar si podían invertirse los patrones de metilación del ADN cuando una rata había alcanzado la edad adulta. Por medio de tricostatina A (TSA), una solución capaz de extraer los marcadores de metilo del ADN, idearon el modo de alterar químicamente los patrones de metilación. Cuando inyectaban TSA en las camadas adultas tanto de las ratas muy lamedoras como de las poco lamedoras, la solución eliminaba por completo los cambios en la respuesta al estrés de las ratas adultas.

Ese estudio me pareció sensacional por varias razones. Demostraba que el mecanismo de esos cambios a largo plazo no era meramente genético. Las experiencias adversas de mis pacientes de Bayview eran factores que llegaban hasta su ADN y probablemente los modificaban *epigenéticamente*.

El trabajo de Meaney no sólo me demostraba en qué medida las madres podían perjudicar a sus crías al no lamerlas lo suficiente, sino también cómo podían ayudarlas lamiéndolas más. La posibilidad de modificar el entorno significa que hay grandes esperanzas para las crías humanas nacidas de madres «poco lamedoras». Esas crías no son mercancía dañada; no son defectuosas. Si pueden acceder a un entorno seguro, estable y nutricio a una edad temprana, la biología dice que tendrán la disposición para desarrollar un sistema sano de respuesta al estrés al llegar a la edad adulta. Como hemos mencionado, la clave para evitar que una respuesta al estrés tolerable se adentre en la zona del estrés tóxico es la presencia de un adulto amortiguador que mitigue como es debido el efecto del estresante. En el caso de las crías de rata, se trata de los lametones y el aseo. En el de los humanos, podrían ser los abrazos y la atención de un padre. El amortiguador es de vital importancia, no sólo para atenuar las hormonas del estrés, sino también para impedir la clase de cambios epigenéticos que conducen a una respuesta al estrés desregulada y los grandes problemas de salud consiguientes.

* * *

Sin embargo, aún me quedaban preguntas. Sabemos que una cría de una rata poco lamedora probablemente tendrá problemas crónicos de regulación de la respuesta al estrés. Y también sabemos que una respuesta al estrés hiperactiva puede desencadenar un torrente de cambios en la función neurológica, endocrina e inmunitaria. Ahora bien, en lo que al ADN se refiere, ¿hasta qué punto influye ese estrés crónico en la probabilidad de contraer determinadas enfermedades, como el cáncer? Tras ver cómo los cambios en el epigenoma pueden transmitirse de generación en generación, me preguntaba si el mayor riesgo de padecer determinadas enfermedades podía también quedar integrado. ¿Modificaba el estrés alguna parte del ADN, de modo que los genes de la enfermedad quedaban permanentemente activados? ¿O sucedía algo más? Hasta que me tropecé con el frenético mundo de los telómeros no supe que había más de un modo de reprogramar el ADN.

* * *

Seguramente no que te sorprenderás si te digo que lo único que me gusta más que un científico alucinante es una científica alucinante. Así que imagínate mi entusiasmo al saber que tenía a un par de ellas de lo más dinámicas en mi propio territorio. Conocí el trabajo de las doctoras Elizabeth Blackburn y Elissa Epel de la UCSF de la mano de una amiga que reúne muchas cualidades encantadoras, pero también está *algo* obsesionada con el envejecimiento prematuro. En temas de envejecimiento, suelo hacer oídos sordos a las habladurías y me concentro en llevar una vida saludable y ponerme crema de noche. No obstante, cuando mi amiga dejó caer las palabras *cromosomas* y *muerte celular prematura* en una conversación sobre las últimas novedades en envejecimiento, empecé a escucharla con un interés renovado. La novedad resultaba ser un descubrimiento científico con todas las de la ley sobre el proceso de envejecimiento. La doctora Blackburn forma parte del trío de científicos ganadores del Premio Nobel por descubrir cómo los telómeros, las secuencias que se encuentran en los extremos de los cromosomas, protegen el ADN de los daños que pueden provocar el envejecimiento prematuro y la muerte. Blackburn se unió a la psicóloga clínica Elissa Epel y ambas se embarcaron en una aventura científica, para estudiar con exactitud cómo se reducían o dañaban los telómeros y, lo que es más importante, cómo impedirlo.

Blackburn y Epel observaron la influencia de la alimentación, el ejercicio e incluso la concentración mental en la salud de los telómeros. Para mí, sin embargo, lo más relevante de sus hallazgos es que el *estrés* determinaba enormemente la longitud y la salud de los telómeros, lo que a su vez determinaba enormemente el riesgo de enfermedad.

Recapitulemos por un momento. ¿Qué habíamos dicho que eran los telómeros? ¿Secuencias? A mí siempre me ayuda imaginarme los telómeros como los parachoques situados en los extremos de las hebras de ADN. Los telómeros son secuencias complementarias a las que, durante largo tiempo, nadie prestó mucha atención. No fabrican proteínas y, a primera vista, no son especialmente activas en el organismo. Sin embargo, se descubrió que sí desempeñan una función vital: los telómeros protegen las hebras de ADN, garantizando que, siempre que las células lo duplican, la copia sea fiel al original. Los telómeros son muy sensibles al entorno, lo que significa que, como buenos parachoques, son siempre los primeros en recibir el golpe. Cualquier cosa bioquímicamente nociva (como el estrés) perjudicará mucho más a los telómeros que al ADN. Cuando los telómeros están dañados, envían señales al resto de la célula, diciendo que los parachoques han recibido demasiados golpes y que la célula debe reaccionar. Ésta lo hace principalmente de dos modos. La primera consiste en que, cuando los telómeros se reducen en exceso (demasiados vecinos aparcando mal), la célula puede volverse senescente, que en lenguaje científico significa vieja. Eso quiere decir que la célula se jubila y ya no desempeña su trabajo. Piensa, por ejemplo, en el colágeno (la proteína presente en la piel que le aporta flexibilidad y previene las arrugas). Si un número excesivo de nuestros fibroblastos, que en teoría tendrían que estar fabricando colágeno, se fuera a jugar al juego de tejo a Boca Vista, pareceríamos diez años mayores de lo que somos.

Hay montones de cosas que pueden perjudicar los telómeros y conducir a un envejecimiento celular prematuro, pero el estrés crónico es de las importantes. Cuando una célula envejece demasiado o muere, no se acaba el mundo; ahora bien, demasiada muerte celular en un punto puede acarrear una salud deficiente. Por ejemplo, un exceso de células muertas en el páncreas impide fabricar suficiente insulina, lo que puede desembocar en diabetes. Aparte de la senescencia, la célula puede responder al deterioro y la reducción de los telómeros volviéndose precancerosa o cancerosa. Cuando eso ocurre, es que la capacidad de la célula de reproducir correctamente su ADN se ha visto alterada, y empieza a codificar mutaciones que dicen «¡A fabricar células sin parar!». En consecuencia, las células se reproducen descontroladamente y se transforman en un tumor que sigue creciendo y creciendo. Resumiendo, si los telómeros están demasiado dañados y se reducen en exceso, pueden aparecer envejecimiento celular prematuro, dolencias y cáncer. Esto añade otra variable curiosa al mundo del ligoteo: que las mujeres empiecen a buscar, en un futuro no demasiado lejano, compañeros con largos telómeros.

La investigación en torno a los telómeros y el estrés es relativamente nueva, pero ya sabemos que la adversidad en la niñez es la antesala de unos telómeros más reducidos[24] en la edad adulta, lo que nos revela la huella perdurable del estrés temprano en el envejecimiento celular y los procesos de las enfermedades. Elissa Epel, junto con el investigador Eli Puterman y otros colegas, examinó los datos de 4598 hombres y mujeres recogidos en el marco del U.S. Health and Retirement Study.[25] Evaluaron la adversidad acumulada en la niñez y en la edad adulta comprobando las respuestas a cuestionarios sobre la salud. En el caso de los estresantes en la infancia, los criterios incluían si la familia del participante había recibido ayuda de algún pariente por tener dificultades económicas, el cambio de domicilio de la familia por tener dificultades económicas, la pérdida del empleo del padre, problemas en el hogar derivados de la toxicomanía o el alcoholismo de un progenitor, la presencia de maltrato físico antes de los dieciocho, la repetición de un curso o problemas con la ley. En cuanto a los estresantes en la edad adulta, se preguntaba a los encuestados si el cónyuge o un hijo había fallecido, si se habían acogido al programa de seguros para personas necesitadas Medicaid, si habían vivido una catástrofe natural, si habían sido heridos en combate, si tenían una pareja toxicómana o alcohólica, si habían sufrido agresiones físicas y si el cónyuge o un hijo padecía una enfermedad grave. A continuación, Epel y Puterman comprobaban la longitud de los telómeros de cada encuestado. Descubrieron que, si bien la adversidad acumulada durante la existencia pronosticaba perceptiblemente la reducción de los telómeros, esa reducción se debía principalmente a la adversidad padecida en la niñez; de por sí, la adversidad en la edad adulta no guardaba una relación significativa con la reducción de los telómeros. Por cada adversidad en la niñez que padeciera el participante, sus probabilidades de tener telómeros reducidos

---

24. Brody, Gene H. *et al.* (2015) «Prevention Effects Ameliorate the Prospective Association Between Nonsupportive Parenting and Diminished Telomere Length», *Prevention Science* 16, n.º 2: 171-80.

25. Puterman, Eli *et al.* (2016) «Lifespan Adversity and Later Adulthood Telomere Length in the Nationally Representative US Health and Retirement Study», *Proceedings of the National Academy of Sciences* 113, n.º 42: e6335-e6342.

aumentaban en un 11 %. Los datos de Epel y Puterman revelaban también que las adversidades en el seno de la familia, como el maltrato o la presencia de un pariente que consumiera alcohol o drogas, eran un predictor más sólido de la reducción de los telómeros que el estrés financiero en el hogar.

Otro trabajo de los investigadores Aoife O'Donovan y Thomas Neylan comparaba los telómeros de personas con TEPT con los telómeros de personas que gozaban de buena salud mental. Averiguaron que, en general, las aquejadas de TEPT tenían telómeros menores[26] a los de las personas del grupo de control. No obstante, lo verdaderamente interesante era que los participantes con TEPT que no habían sufrido adversidad en la niñez no solían tener telómeros más reducidos.

Lo bueno es que, aun teniendo los telómeros reducidos, si los mantenemos sanos podemos evitar que sigan menguando. ¿Cómo preservar la salud de los telómeros? Una forma importante de hacerlo es potenciar los niveles de telomerasa, una encima capaz de alargar el telómero. Una vez más, se trata de un dato reciente, pero sugiere que, aunque partamos de unos telómeros más reducidos de lo normal, podemos ralentizar su deterioro, incrementando la telomerasa mediante la práctica de meditación y ejercicio, por ejemplo.

* * *

Entonces, ¿es que los genes no importan? ¿Basta con tener una madre que nos lama y asee muchísimo? No tan deprisa. La parte epigenética de la ecuación es nueva y emocionante, y nos dice muchas cosas que no sabíamos. Sin embargo, no anula las repercusiones del ADN procedente del óvulo y el esperma de toda la vida. Como ya sabemos, todo se reduce a la naturaleza y la crianza. Transmitimos

---

26. O'Donovan, Aoife *et al.* (2011) «Childhood Trauma Associated with Short Leukocyte Telomere Length in Posttraumatic Stress Disorder», *Biological Psychiatry* 70, n.º 5: 465-71.

a los hijos *tanto* el genoma *como* el epigenoma, y ambos intervienen a la hora de determinar la salud. Por ejemplo, pongamos que tenemos la fortuna de contar con unos telómeros larguísimos. Que todas las mujeres de la parte materna de la familia vivieron más de cien años sin aparentar nunca más de setenta y cinco. No obstante, sufrimos adversidades en los primeros años de la infancia, por lo que tenemos una puntuación ACE elevada. Nuestros telómeros se malogran a un ritmo más rápido del normal, pero, al ser genéticamente más prolongados, contamos con un colchón. En ese caso, tal vez las consecuencias no sean drásticas; igual no vivimos necesariamente cien años, pero tal vez tampoco nos enfrentemos a la mortalidad prematura que presagiaría la puntuación ACE. Ahora bien, si carecemos de la ventaja genética de los telómeros largos, la cosa podría cambiar. Si sufrimos adversidad en la niñez, la reducción de los telómeros puede desembocar en un peor estado de salud que el que tendríamos de lo contrario. Y al igual que dos hijos de los mismos padres pueden tener los ojos de distinto color, también la longitud de sus telómeros puede variar, lo que puede tener consecuencias diferentes, aunque pasen por cuotas similares de adversidad.

\* \* \*

Los estudios sobre regulación epigenética y telómeros ratificaban lo que yo ya sospechaba: que la detección temprana es esencial. Más que nunca, estaba convencida de que, si podíamos detectar el riesgo de estrés tóxico examinando la presencia de ACE, tendríamos más oportunidades de descubrir a tiempo enfermedades relacionadas y tratarlas mejor. Y no sólo eso: tal vez también podríamos prevenir futuras enfermedades atajando el problema subyacente: un sistema de respuesta al estrés deteriorado. Si poníamos en marcha los protocolos debidos en las consultas pediátricas de la ciudad, el país y el mundo, podríamos actuar a tiempo para revertir el daño epigenético y cambiar la salud a largo plazo de cerca del 67 % de la población con ACE y sus hijos. Y, algún día, la de sus bisnietos.

Estaba eufórica por el potencial de esa clase de resultados y el conocimiento que había tras ellos. Ya había pasado de soltarle el rollo a la gente en los cócteles a dirigirme a todo aquél con buenos contactos que conociera del colectivo médico, en busca de alguien que tuviera más poder que yo y que quisiera comprometerse a hacer algo. Mi consultorio ya había empezado a instituir el cribado ACE como práctica habitual con todos los pacientes, pero había muchos otros doctores que podrían beneficiarse de esa información. Habiendo crecido en Palo Alto en los años ochenta, cuando la población era más de clase media (no como ahora, que es directamente adinerada), sabía que hay niños con ACE en muchos tipos distintos de barrios. Algunos de mis compañeros del instituto de Palo Alto habían intentado suicidarse en esa época, y más adelante me enteré de que el alumnado se había enfrentado, sin saberlo nadie, a hogares con padres y madres toxicómanos o enfermos mentales. Incluso en vecindarios mucho más privilegiados que Bayview, el estrés tóxico era básicamente invisible para el sistema sanitario.

Puede que Bayview fuera un lugar de lo más obvio donde buscar las repercusiones de la adversidad, pero el estrés tóxico es una epidemia inadvertida que afecta a todas y cada una de las poblaciones. Desde la publicación del Estudio ACE original, treinta y nueve estados y el Distrito de Columbia han recopilado datos ACE de la población. Quienes presentan sus datos muestran que entre el 55 y el 62 %[27] de la población han padecido por lo menos una categoría de ACE, y entre el 13 y el 17 % de la población tienen una puntuación ACE de cuatro o más. Los estados con mayores cifras[28] de ACE entre niños pequeños eran Alabama, Indiana, Kentucky, Michigan, Misisipi, Montana, Oklahoma y Virginia Occidental. Al no controlarse, los

27. Gilbert, Leah K. *et al.* (2015) «Childhood Adversity and Adult Chronic Disease: An Update from Ten States and the District of Columbia, 2010», *American Journal of Preventive Medicine* 48, n.º 3: 345-49.

28. Bethell, Christina D. *et al.* (2014) «Adverse Childhood Experiences: Assessing the Impact on Health and School Engagement and the Mitigating Role of Resilience», *Health Affairs* 33, n.º 12: 2106-15.

efectos de los ACE y del estrés tóxico pasaban de padres bieninten-
cionados a hijos en familias de todo el país e, indudablemente, de
todo el mundo.

Después de una gran conversación con el doctor Martin Brotman,
en aquella época director general del California Pacific Medical Center y defensor incondicional de mi causa, vi dónde estaba mi oportunidad. Todo director de hospital de San Francisco era miembro de
una organización llamada Hospital Council of Northern and Central
California (Consejo Hospitalario de California Septentrional y Central). Aquel grupo se reunía por muchísimas razones, pero uno de
sus múltiples cometidos era abordar las disparidades sanitarias en
la ciudad. El doctor Brotman ayudaba a dirigir el equipo de la entidad
dedicado a las disparidades sanitarias, y lo que le conté sobre los
ACE y nuestra labor en el consultorio despertó vivamente su interés.
Me invitó inmediatamente a dar una charla sobre los ACE a los
miembros de su entidad. A punto de estallar de entusiasmo, aquel
día salí de su despacho pensando «¡Ya está!». Era mi oportunidad
de dirigirme a las personas con poder decisorio y a los encargados de
diseñar la asistencia sanitaria, y dar la campanada. Más me valía no
meter la pata.

Me preparé la charla durante semanas.

Cuando llegó el día, sabía que estaba lista. Sin embargo, mientras
esperaba en el vestíbulo, tras presentarme exageradamente pronto,
me di cuenta de que nunca había estado tan nerviosa, ni siquiera en
los exámenes finales para ser médica. Tan sólo contaba con un pequeño hueco en el orden del día del director general y, cuando por
fin me hicieron pasar, estaban todos. En su mayoría eran hombres
mayores que yo, en su mayoría blancos, unos doce, distribuidos có-
modamente en torno a una mesa con forma de U, con papeles api-
lados amontonados y esparcidos alrededor de platos de ensalada y
bebidas diversas colocadas junto a los portátiles. Algunos sonrieron
afables y otros asintieron. Por un momento maldije mi mala suerte
por haber obtenido un hueco al final de lo que a todas luces había
sido una reunión de trabajo muy larga. Si no lograba embelesarlos,

confiaba en poderlos mantener al menos despiertos. El doctor Brotman se levantó y me presentó cortésmente. Estreché las manos de todos, avancé hasta el frente de la sala y metí el lápiz de memoria en el ordenador. Al cabo de lo que me pareció los treinta segundos más largos de mi vida, el lápiz se leyó y abrí la primera diapositiva del PowerPoint.

Levanté la vista y vi a una mujer blanca baja y fornida que recogía platos y servía café en silencio. Por un instante, se me ocurrió que no me importaría cambiarle el sitio. La inseguridad me sacudió momentáneamente. Respiré hondo. Si fuera por mí, ni siquiera habría estado allí. De ningún modo. Pero era por mis pacientes. Sin perder eso de vista, espiré silenciosamente y empecé a hablar. Desplegué mi discurso durante unos buenos veinticinco minutos, sacando a relucir los datos, las premisas científicas, los mecanismos biológicos. Al igual que el doctor Felitti, estaba convencida de que, en cuanto la gente viera las cifras, la cantidad enorme de personas que convivían con los efectos de los ACE, se quedaría de piedra. No hablé para nada de mis pacientes; hablé de su sistema de respuesta al estrés. Meses de práctica exponiendo mis puntos de debate que en ocasiones rayaban lo socialmente inaceptable me habían ayudado a pulir los que consideraba mis argumentos más sólidos.

Por fin acabé.

No dije nada por unos instantes, esperando que calara el significado de mis palabras. Entonces hice un acercamiento del estilo «Muy bien, señores, ¿y qué piensan hacer al respecto?».

Contemplé sus caras y supe de inmediato que su reacción no iba a ser la que yo esperaba. Se me hizo un nudo en el estómago. Poco a poco, empezó a arderme el rostro y hasta la última de mis células fue presa del bochorno. Aunque mi cuerpo lo percibiera antes que mi mente, enseguida tuve clara una cosa: pese a que todos parecían estar de acuerdo en que lo que acababa de decir era asombroso y a la vez importante, también les parecía evidente mi profunda ingenuidad sobre cómo funcionaban las cosas. Lo que reflejaban sus semblantes no tardó en acompañarse de comentarios que venían a decir algo en la línea de «Muy bien, Nadine, ¿y qué piensas hacer *tú* al respecto?».

Al recordarlo, me doy cuenta de que lo que hice fue limitarme a plantearles un problema. Cuando me preguntaron por las soluciones, no tenía buenas respuestas. Indagaron sobre los protocolos de cribado y quisieron saber cuáles eran las mejores prácticas terapéuticas y cómo me planteaba que podrían introducirse. Les expliqué lo mejor que pude que en aquel momento no había protocolos de nada. Que por eso acudía a *ellos*. ¿No encontrarían ellos cómo introducir las mejores herramientas de cribado universales y aportarían protocolos para otros facultativos? En eso consistía su trabajo, ¿no?

Estaba claro que no, a juzgar por el tipo de preguntas que me hacían.

Era bastante evidente que los directores no pensaban dedicar su tiempo a aquella causa, aunque la apoyaran. Desde luego que, en términos de prioridades, no pasaría por delante de la renovación radical de sus edificios ni de la siguiente auditoría de la Comisión Conjunta de Acreditación de Organizaciones Sanitarias. ¿Cómo podía haber sido tan ingenua de pensar que lo dejarían todo por esto? Balbuceé una despedida, sintiéndome como un globo de dibujos animados, que iba tristemente deshinchándose poco a poco en medio de la estancia. La verdad es que no recuerdo muy bien cómo terminó esa reunión, lo que dije ni quién dio el encuentro por acabado, asintiendo amablemente con la cabeza y estrechándome la mano. Los últimos minutos de la reunión aún están algo borrosos.

Finalmente, llegué al ascensor y me dediqué a darle insistentemente con el dedo al botón de bajar.

Había trabajado muy duro, me había preparado, los había convencido, pero igualmente no iba a sacar nada. Llevaba tanto tiempo metida tan de lleno en el mundo de los ACE y el estrés tóxico que me parecía lo más importante del universo. Se me hacía rarísimo que pudiese explicarles aquello a otros médicos, que ellos también lo vieran e incluso estuvieran de acuerdo, pero aun así no saltaran de la silla. No es que estuviera enfadada ni disgustada con ellos: sólo estaba desconcertada. Aquello había sacudido mi confianza en la realidad tal como la conocía, lo que me llevaba a una serie de preguntas que hasta entonces no me había planteado. ¿Y si el rompecabezas de la adversidad que había resuelto no constituía el nivel máximo de alarma? Y aún peor, ¿y si no había nada que pudiésemos hacer al respecto?

# TERCERA PARTE

# PRESCRIPCIÓN

# CAPÍTULO 7

# El antídoto de los ACE

Al salir ese día de la reunión del consejo, estaba tan ensimismada en mis cuestionamientos derrotistas que ni siquiera me enteré la primera vez que me llamó.

El ascensor abrió pesadamente sus puertas.

—Disculpe, ¿doctora? —repitió.

Me giré y vi que se trataba de la mujer que había estado sirviendo café a los directores generales en la sala de conferencias al principio de mi charla.

—¿Sí?

Se aproximó tímidamente. De cerca, observé que llevaba el pelo mal teñido y le faltaba un diente del lado derecho, pero iba pulcramente enfundada en el uniforme de limpiadora, abrochado hasta arriba. Me detuve un momento y dejé que las puertas del ascensor se cerraran a mi espalda, mientras prestaba toda mi atención a la mujer.

—Soy yo —empezó la mujer.

—¿Cómo?

—Yo soy de quien hablaba en la sala. Lo de los ACE (las cosas malas que le pasan a la gente de pequeña), todo eso de lo que ha estado hablando, me ha pasado a mí. Los he tenido del primero al último. Creo que me salen los diez.

Hizo una pausa y respiró hondo, posando la mirada en un pequeño tatuaje gris oscuro que llevaba en la muñeca izquierda.

—He tenido que esmerarme para mantenerme sobria y he tenido un montón de problemas de salud. Ahora que he acabo de oír lo que usted quería explicar, siento que por fin comprendo lo que me ha estado pasando. —Sus ojos se encontraron con los míos—. En fin, sólo quería decirle... que gracias. Que siga haciendo lo que hace.

—¿Cómo se llama? —pregunté.

—Marjorie —respondió, sonriendo. Le devolví la sonrisa.

—Gracias, Marjorie.

\* \* \*

Desde aquel día con Marjorie y el consejo hospitalario, siempre que acabo una conferencia o comunicación, me empeño en dirigirme al personal que recoge las mesas o desmonta la megafonía para preguntarles qué les ha parecido. Tengan la acogida que tengan mis charlas entre los profesionales, hablar con esa gente siempre me aporta nuevas perspectivas sobre cómo se manifiesta el tema de los ACE en la vida diaria de las personas. Luego me voy con la certeza de que, más allá de la geografía, la etnia y las circunstancias socioeconómicas, a todos nos afectan los ACE de modos parecidos. Me enseñaron a creer en el poder de la medicina clínica y la sanidad pública para mejorar las vidas, pero estas conversaciones dejan claro que muchas personas que han padecido algún ACE y lidian con sus efectos de por vida no saben a lo que se enfrentan. Ningún médico les ha dicho jamás que puede haber un problema con su sistema de respuesta al estrés, ni mucho menos les han aconsejado qué hacer al respecto. Esos pocos minutos con Marjorie delante del ascensor me sirvieron a la vez de piedra de toque y de patadita en el trasero. Si carecíamos de protocolo clínico para atajar los ACE y sus muchas repercusiones en la salud, era el momento de elaborar uno. Por suerte, era demasiado ingenua para hacerme cargo de lo descomunal que acabaría siendo esa tarea.

A pequeña escala, ya íbamos logrando avances en el consultorio, así que sabía que andábamos por buen camino. Además del cribado

ACE en las revisiones anuales de todos los niños, aplicábamos re-solutivamente la lente del estrés tóxico en los planes de tratamiento y empezábamos a buscar modelos terapéuticos con base empírica cuyo eje era la biología de los pequeños, padres, madres y poblaciones que se enfrentaban a los efectos de la adversidad. Aparte del nuestro, no sabía de ningún otro consultorio pediátrico que en 2008 hiciera con asiduidad cribados ACE. Lo más probable era que los pacientes con estrés tóxico acudieran al pediatra con síntomas de problemas conductuales o TDAH, lo que acababa beneficiándolos, porque significaba que seguramente los derivarían a un profesional de salud mental, una de las pocas especialidades de asistencia sanitaria que han reconocido el vínculo existente entre la adversidad y la salud deficiente. Por desgracia, muchos facultativos no se hacían plenamente cargo de que enfermedades como el asma y la diabetes también podían ser manifestaciones de estrés tóxico. Como hemos visto en el caso de Diego, la psicoterapia era, de hecho, una de las intervenciones terapéuticas que gozaban de mayor respaldo al abordar a pacientes con síntomas de estrés tóxico, ya fueran síntomas conductuales o no.

Cuando los médicos de atención primaria pueden acceder con facilidad a servicios de salud mental, sus pacientes tienen más posibilidades de recibir el tratamiento que necesitan. Con este fin, una de las mejores estrategias para ayudar a los médicos que atienden a pacientes con ACE y estrés tóxico (en términos estadísticos, todos los médicos estadounidenses) son los servicios integrados de salud del comportamiento. Eso significa sencillamente contar con servicios de salud mental disponibles en la consulta del pediatra (o del médico de atención primaria). Más adelante descubriría que se trataba de una práctica óptima novedosa, avalada en la actualidad por casi todos los organismos estadounidenses supervisores de la asistencia sanitaria, incluido el Departamento de Salud y Servicios Sociales. La población de Bayview ya había requerido atención a la salud mental antes de que yo leyera el Estudio ACE; de ahí que fichara al doctor Clarke. Nos fue tan bien tener a un especialista en salud mental y

Clarke estaba tan solicitado que pronto quise aumentar la capacidad del consultorio de atender la salud mental.

Por lo general, los únicos medios con los que contábamos la mayoría de los pediatras que, como yo, trabajábamos en barrios marginados de rentas bajas, eran la posibilidad de derivar al paciente a un ente local —quizás, con suerte, un trabajador social—, cruzar los dedos y rezar alguna que otra oración. Sin embargo, en los meses previos al tratamiento de Nia, habíamos empezado a colaborar con la doctora Alicia Lieberman, de la Universidad de California, San Francisco, renombrada psicóloga infantil especializada en psicoterapia paternofilial (CPP, por sus siglas en inglés, *childparent psychotherapy*). Este tipo de terapia, centrada en los niños de hasta cinco años, se basa en la idea de que, para ayudar a los pequeños que padecen adversidad, hay que tratar en conjunto al padre o madre y al hijo. Lo innovador de la CPP —y, en opinión de la doctora Lieberman, la clave de su eficacia— es reconocer que el diálogo real con los chiquillos sobre cómo repercute en ellos y sus familias el trauma, incluso cuando los niños son de muy corta edad, es fundamental.

Uno de los primeros recuerdos de Alicia Lieberman es despertarse en plena noche con una extraña sensación de movimiento. Durante su infancia en Paraguay, marcada por la revolución política y la agitación, vio a su padre, un pediatra que denunciaba las injusticias sociales que presenciaba, convertirse en blanco del Gobierno. Aunque de vez en cuando le encarcelaran e interrogan, al ser un vecino respetado, siempre volvía a casa. Las crecientes revueltas sociales tenían a la familia en un constante sinvivir. Cada vez se enviaba a prisión a más líderes vecinales, o éstos simplemente «desaparecían».

Una noche, al despertarse, Alicia se encontró con que su madre y su padre trasladaban la cama en la que seguía acostada. Sus padres se la llevaban dormida a la estancia más recóndita de la casa, para protegerla de las balas perdidas que pudiesen atravesar las paredes. Ella y su familia acabaron emigrando en un transatlántico rumbo a Israel. A bordo del barco, un pasajero preguntó a la pequeña cómo era vivir bajo semejante estrés. La doctora Lieberman recuerda que, al mencionarle lo que estaban dejando atrás, se puso tensa y comprendió que *el estrés permanece en el cuerpo.*

La doctora Lieberman arrancó su carrera profesional desde la experiencia personal y la curiosidad con respecto al trauma y el estrés. Por si fueran pocos la inestabilidad y el temor derivados de las circunstancias políticas familiares, cuando Alicia tenía cuatro años la trágica muerte de un hermano hundió a sus padres en un profundo dolor. Nadie le contó al resto de los hijos lo que había sucedido, así que la joven Alicia tuvo que crear su propia narración, una historia tramada en su imaginación partiendo del desconcierto y la tristeza. Según se adentraba en el estudio de la psicología infantil, observó que conversar abierta y francamente sobre el pasado con críos no era una práctica habitual. En esa época, se creía que los niños pequeños no comprendían cosas como la muerte y la violencia, y que comentándolo con ellos lo único que se conseguía era volver a traumatizarlos. La doctora Lieberman dudaba de que a los chiquillos les hiciera ningún bien la costumbre de contarles cuentos de hadas cuando habían sucedido cosas malas.

La doctora Lieberman derribó el antiguo mito de que los niños pequeños y los bebés no necesitan tratamiento del trauma porque mal que bien no entienden ni recuerdan el caos al que se enfrentaron. Su trabajo se basa en los estudios que demuestran que la adversidad temprana tiene a menudo enormes repercusiones en los lactantes e individuos de corta edad, al igual que ocurría con los renacuajos del doctor Hayes. Tras años de ejercicio, la doctora Lieberman comprendió que la necesidad de los chiquillos de elaborar un relato o una narración a partir de unos hechos confusos es en realidad de lo más normal. Se ven obligados a dotar de significado a lo que les está sucediendo. Si no hay una explicación clara, se la inventan; la confluencia del trauma y el egocentrismo apropiado para el desarrollo conduce a menudo al niño pequeño a pensar «Yo lo provoqué».

La doctora Lieberman quiso estudiar métodos que permitieran a padres, madres e hijos hablar abierta y francamente del trauma. Asimismo, advirtió, con buen criterio, que las infancias difíciles de los propios progenitores y las cicatrices que arrastraban podían influir en su modo de responder al hijo en circunstancias estresantes o traumáticas, mermando su capacidad de ejercer de amortiguadores. Su mentora, Selma Fraiberg, le enseñó que las familias pueden aprender a «decir lo indecible», y que los padres pueden adquirir herramientas para apoyar y amortiguar a los hijos, incluso en momentos de crisis. La doctora Lieberman acabó codificando el protocolo de la CPP y demostrando su eficacia en cinco ensayos aleatorizados independientes.[1] La CPP, avalada por los datos científicos más recientes, se ha convertido en los EE. UU. en uno de los principales tratamientos del trauma en niños pequeños, y es una ayuda determinante para que toda la familia empiece a sanar.

La CPP tiene en cuenta todas las demás presiones y situaciones dramáticas con que deben lidiar progenitor e hijo —otros miembros de la familia, el vecindario, el trabajo (o la falta de éste)—, todo cuanto afecta el vínculo paternofilial. Ello permite a los pacientes relacionar los traumas del pasado con los estresantes del presente, para ser más capaces de reconocer los factores desencadenantes y manejar los síntomas.

Lo más corriente si una madre está deprimida es que se busque un psicoterapeuta y trabajen mano a mano. La estrategia de la CPP

---

1. Lieberman, Alicia F.; Van Horn, Patricia e Ippen, Chandra Ghosh (2005) «Toward Evidence-Based Treatment: Child-Parent Psychotherapy with Preschoolers Exposed to Marital Violence», *Journal of the American Academy of Child and Adolescent Psychiatry* 44, n.º 12: 1241-48. Lieberman, Alicia F.; Ippen, Chandra Ghosh y Van Horn, Patricia (2006) «Child-Parent Psychotherapy: 6-Month Follow-Up of a Randomized Controlled Trial», *Journal of the American Academy of Child and Adolescent Psychiatry* 45, n.º 8: 913-18. Lieberman, Alicia F.; Weston, Donna R. y Pawl, Jeree H. (1991) «Preventive Intervention and Outcome with Anxiously Attached Dyads», *Child Development* 62, n.º 1: 199-209. Toth, Sheree L. *et al.* (2002) «The Relative Efficacy of Two Interventions in Altering Maltreated Preschool Children's Representational Models: Implications for Attachment Theory», *Development and Psychopathology* 14, n.º 4: 877-908. Cicchetti, Dante; Rogosch, Fred A. y Toth, Sheree L. (2006) «Fostering Secure Attachment in Infants in Maltreating Families Through Preventive Interventions», *Development and Psychopathology* 18, n.º 3: 623-49.

parte de la base de que la calidad de la relación y la fortaleza del *apego* entre padre o madre e hijo es absolutamente imprescindible para la salud y el bienestar. Pocos ejemplos más claros encontraríamos que el caso de Charlene y Nia. Por suerte, el doctor Todd Renschler, becario posdoctoral supervisado por la doctora Lieberman, se sumó a nuestro equipo cuando Charlene y Nia acudieron por primera vez al consultorio. Como es comprensible, Charlene estuvo meses enfadada conmigo después de que presentara el informe a servicios sociales, pero en sus circunstancias era exactamente lo que hacía falta. Para no perder la custodia de Nia, exigieron a Charlene que pusiera remedio a su depresión posparto, lo que requería psicoterapia intensiva.

Cuando Charlene acudió a su primera sesión de CPP con el doctor Renschler, llevaba los auriculares del iPod embutidos hasta el fondo de las orejas, con el volumen tan alto que el doctor podría haber seguido perfectamente el ritmo de la música. Recostó de cualquier manera a Nia en el diván de al lado y se quedó mirando inexpresivamente a Renschler. Ni que decir tiene que las primeras sesiones fueron bastante complicadas. Charlene sentía que yo la había traicionado y que la estaban obligando a hacer algo en contra de su voluntad. Renschler, médico experimentado y paciente, se tomó su tiempo para trabar relación con la joven, empezando por darle algunas opciones sobre cómo llevar a cabo las sesiones, lo que brindaba a Charlene cierto poder de control en una situación en la que se sentía del todo indefensa. En vez de indagar ya de entrada a fondo en la salud del bebé y la depresión de la madre, lo primero que hizo fue atajar el que, según Charlene, era su mayor problema, algo con que se identifica todo padre o madre de un lactante: la enorme falta de sueño. Nia se despertaba a menudo por la noche, y Charlene estaba agotada y frustrada.

No era de extrañar que Charlene y Nia durmieran mal. Se ha descubierto que a los bebés de madres deprimidas[2] les cuesta más

---

2. Armitage, Roseanne *et al.* (2009) «Early Developmental Changes in Sleep in Infants: The Impact of Maternal Depression», *Sleep* 32, n.º 5: 693-96.

regular el sueño; como media, duermen noventa y siete minutos menos cada noche que los bebés de madres no deprimidas, y tienen más despertares nocturnos. La adversidad en la infancia aumenta el riesgo de prácticamente todos los trastornos del sueño,[3] incluyendo pesadillas, insomnio, narcolepsia, sonambulismo y trastornos del sueño psiquiátricos (¿te suena lo de comer despierto?). El sueño nocturno influye[4] en gran medida en la función cerebral, las hormonas, el sistema inmunitario y hasta la transcripción del ADN.

El sueño contribuye a una correcta regulación de los ejes HHA y SAM. Mientras dormimos, descienden los niveles de cortisol, adrenalina y noradrenalina. Por consiguiente, la falta de sueño está asociada a niveles mayores de hormonas del estrés[5] y a una mayor reactividad al estrés. Como vimos en los capítulos 5 y 6, estas hormonas del estrés son la avanzadilla del desmadre, al activar las respuestas cerebral, hormonal, inmunitaria y epigenética al estrés. Los efectos posteriores[6] son la alteración de la función cognitiva, la memoria y la regulación del estado de ánimo.

La ausencia de sueño no sólo nos deja groguis y de mal humor; también nos hace enfermar. La falta de sueño se asocia a una mayor inflamación y a una menor eficacia[7] del sistema inmunitario. Mientras soñamos con los angelitos, el sistema inmunitario renueva los aparatos y sistemas, aprovechando el tiempo muerto para calibrar sus defensas. Todo el mundo sabe que es importante dormir cuando se está enfermo, pero es igual de importante cuando se está sano. No

---

3. Kajeepeta, Sandhya *et al.* (2015) «Adverse Childhood Experiences Are Associated with Adult Sleep Disorders: A Systematic Review», *Sleep Medicine* 16, n.º 3: 320-30. Koskenvuo, Karolina *et al.* (2010) «Childhood Adversities and Quality of Sleep in Adulthood: A Population-Based Study of 26,000 Finns», *Sleep Medicine* 11, n.º 1: 17-22. Wang, Yan *et al.* (2016) «Childhood Adversity and Insomnia in Adolescence», *Sleep Medicine*, 21: 12-18.

4. Irwin, Michael R. (2015) «Why Sleep Is Important for Health: A Psychoneuroimmunology Perspective», *Annual Review of Psychology* 66: 143-72

5. *Ibid.*

6. *Ibid.*

7. *Ibid.*

dormir nos hace más susceptibles a la enfermedad, porque el sistema inmunitario no combate como es debido los virus y las bacterias a las que está continuamente expuesto.

Dormir mal también está asociado a descensos en el número de hormonas, como la del crecimiento, así como a cambios en la transcripción del ADN. En el caso de los niños, eso puede ser especialmente problemático y abrir la puerta a dificultades de crecimiento y desarrollo.[8]

Junto con Charlene, el doctor Renschler elaboró una rutina que ayudara a Nia a dormir períodos más largos. De entrada, ayudó a Charlene a ser consciente de la importancia de acostar a Nia en un lugar fresco, oscuro y silencioso cada noche a la misma hora, así como evitar actividades estresantes o estimulantes justo antes de dormir, y optar por darle un baño relajante y leerle un cuento antes de ir a la cama. Al final, madre e hija empezaron a disfrutar del descanso que tanto necesitaban. Sentirse comprendida y, en definitiva, apoyada en su problema contribuyó a que Charlene se convenciera de que el doctor Renschler sabía lo que tenía entre manos. Y lo más importante: se dio cuenta de que estaba ahí para *ayudarla*.

Al poco tiempo, Charlene empezó a abrirse y a hablar del poco apoyo con el que contaba. Su exnovio (el padre de Nia) la había maltratado durante el embarazo y ya había desaparecido del mapa. La joven vivía con su tía materna, que era quien los había criado a ella y a su hermano pequeño desde que su madre se había suicidado, cuando Charlene era una chiquilla. Desde el momento en que comunicó a su tía que estaba en estado, había recibido más críticas que apoyo. Aunque viviera con su tía, se sentía completamente aislada, lo cual no había hecho más que empeorar al nacer Nia tan prematura. Cuanto más avanzaban en sus conversaciones sobre la relación de la paciente con su tía, más expresaba Charlene su deseo de tener una relación distinta con Nia. En la práctica, para lograrlo había que observar cómo interactuaba con Nia. En las sesiones de CPP, cuando

---

8. *Ibid.*

Nia lloraba o sonreía, el doctor Renschler alentaba a Charlene a pensar en cómo se sentía ella y lo que creía que significaba. Una vez, teniendo a Nia en el regazo, la niña alargó la mano y le arrancó los auriculares. De entrada, le molestó que su hija «se portara mal», pero cuando Renschler se planteó en voz alta qué más podía estar el bebé transmitiendo con esa acción, Charlene admitió que tal vez su hija sólo estuviese reclamando su atención. La tía de Charlene se mostraba crítica, distante y poco dispuesta a darle a su sobrina el apoyo que ésta ansiaba; así que, cuando pareció darse una dinámica parecida con Nia, el doctor Renschler ayudó a la paciente a reconocerla y a plantearse otros modos de reaccionar.

La relación no tardó en empezar a transformarse. Charlene empezó por quitarse uno de los auriculares en las sesiones y acabó quitándose los dos. Al estar más en sintonía con su hija, Nia respondía llorando menos y obsequiándola con más gorgoritos y risas que, como sobre todo sabe aquel que tiene hijos, son las tiernas recompensas por todas las tomas en mitad de la noche y las mañanas malhumoradas. Charlene también empezó a implicarse más en remediar las dificultades de su bebé para aumentar de peso. En las visitas al doctor Renschler, le pedía que la ayudara a preparar el biberón a la temperatura adecuada y le hacía muchas preguntas sobre lo que comen los bebés y cómo alimentarlos. Nuestro equipo clínico hizo piña para ayudar a la joven, proporcionándole consejos prácticos, información sobre alimentación y acceso a servicios. Asimismo, íbamos comentando entre nosotros los progresos de Nia. Gracias a esas conversaciones destinadas a apoyarla, el resentimiento de Charlene por lo del informe a servicios sociales empezó a rebajarse y ya no estuvo tan enfadada conmigo.

A Charlene le iba genial en la terapia y en su relación con Nia, pero seguía teniendo problemas con su tía. Un día le hizo de comer a Nia (lo que para ella representaba un gran paso) y olvidó recoger un cuenco al acabar. Su tía se lo tomó tan a pecho que le dijo que ya no podía usar la cocina. La joven se sintió frustrada y derrotada. En ese momento que hacía lo que debía, iba su tía y la castigaba por un pequeño descuido. El incidente, no obstante, abrió un nuevo espacio de diálogo para que Charlene le hablara más al doctor Renschler de su relación con su tía, la pérdida de su madre e incluso su sensación de impotencia y desaliento al nacer Nia. El embarazo había enfurecido a su tía, y sin tenerla a ella de apoyo Charlene se había sentido completamente sola. Luego, de pronto, el bebé había dejado de crecer, había tenido que nacer por cesárea de urgencia, y nadie era capaz de decirle a Charlene por qué. Al fin y al cabo, ella no fumaba ni se drogaba y, que ella supiera, lo había estado haciendo todo bien. En ese momento no teníamos ninguna respuesta que darle. No fue hasta más tarde cuando supe hasta qué punto los ACE y el estrés maternal en grandes dosis[9] estaban relacionados con el nacimiento prematuro, el poco peso al nacer y mayores tasas de aborto.

Cuando Nia estaba en la UCI neonatal, Charlene estaba físicamente desconectada de su hija por completo. Nia no era como ninguno de los bebés que Charlene había visto hasta entonces. Era pequeña y frágil, con montones de tubos y monitores conectados a su minúsculo cuerpo. A Charlene la aterraba la posibilidad de que su hija muriera, y empezó a armarse una coraza emocional. Ya estaba acostumbrada a que la gente se marchara. No había conocido a su padre, y su madre los había dejado a ella y a su hermano cuando Charlene tan sólo contaba cinco años. En cierto modo, la joven se estaba preparando para lo inevitable: perder a su hija.

A raíz de las conversaciones con el doctor Renschler, Charlene

---

9. Smith, Megan V.; Gotman, Nathan y Yonkers, Kimberly A. (2016) «Early Childhood Adversity and Pregnancy Outcomes», *Maternal and Child Health Journal* 20, n.º 4: 790-98. Christiaens, Inge; Hegadoren, Kathleen y Olson, David M. (2015) «Adverse Childhood Experiences Are Associated with Spontaneous Preterm Birth: A Case-Control Study», *BMC Medicine* 13, n.º 1: 124. Hux, Vanessa J.; M. Catov, Janet y James M. Roberts (2014) «Allostatic Load in Women with a History of Low Birth Weight Infants: The National Health and Nutrition Examination Survey», *Journal of Women's Health* 23, n.º 12: 1039-45. Han, Alice y Stewart, Donna E. (2014) «Maternal and Fetal Outcomes of Intimate Partner Violence Associated with Pregnancy in the Latin American and Caribbean Region», *International Journal of Gynecology and Obstetrics* 124, n.º 1: 6-11.

descubrió que sí se podía hablar de algunos de esos episodios difíciles. Deseaba poder hacer lo mismo con su tía. Pero ésta, que había perdido a un hijo que tuvo de joven, tenía su propia coraza, con lo que el ciclo intergeneracional de distanciamiento, desconexión y estrés parecía impenetrable. A medida que Renschler y Charlene iban trabajando juntos, la paciente empezó a buscar sustituir esa conexión maternal. Aunque su ex, Tony, se hubiese esfumado, la hermana mayor de él se mostraba receptiva con Charlene y quería tener relación con Nia. Charlene empezó a llevar a su hija a visitar a la tía paterna y cada vez pasaba más tiempo ahí. El doctor Renschler le explicó a la joven que forjar relaciones afectivas, como la que tenía entonces con la hermana de Tony, eran un componente importante para la salud, tanto la de su hija como la suya propia.

Y entonces, aparentemente sin motivo, Charlene dejó de ir a terapia. Pasaron dos semanas sin que el doctor Renschler la viera y, aunque la llamó y le dejó varios mensajes en el buzón de voz, ella nunca le devolvió las llamadas. Cuando por fin volvió, Charlene tenía el tenue rastro de un ojo morado, y llevaba los auriculares bien puestos. Nia, sentada a su lado en el diván, lloraba, mientras su madre, impasible, volvía a tener la mirada clavada en la pared. Todos aquellos meses de progresos parecían haberse evaporado. El doctor Renschler tuvo que ir poco a poco para que Charlene se lo contase todo. Cuando la joven llevaba ya un tiempo visitando con Nia a la hermana de Tony, éste se presentó de improviso, nervioso y despotricando. Atacó de pronto a Charlene, teniendo ésta a Nia en brazos. Aterrada, la joven dejó al bebé con la hermana de Tony y corrió a llamar a la policía. Después de aquel ataque, fue como si Charlene y su hija hubiesen reculado en el tiempo. Nia se pasaba la noche despierta, berreando desconsolada, y estaban de vuelta en el país de nunca dormir. Las siguientes sesiones revelaron claramente que lo que había sucedido con Tony había devuelto a Charlene a la depresión y a Nia al desamparo. En una sesión donde Nia lloraba desconsoladamente, Charlene le dijo al doctor Renschler: «Es que se pone hecha una furia conmigo». Siguieron hablando de lo que Charlene sentía cuando Nia chillaba y lloraba, y Charlene reconoció que le preocupaba que la pequeña tuviera malas pulgas como Tony. La sacaba de quicio que Nia llorara, porque no quería que la gente creyese que su bebé de diez meses estaba loco como su padre.

\* \* \*

Charlene siguió acudiendo a CPP, y ella y el doctor Renschler se esforzaron por retomar el buen camino que había llevado. Durante una sesión especialmente dura, Charlene se posó en silencio la mano en el estómago. Al preguntarle el doctor Renschler qué notaba, le contó que aquello era lo que hacía cuando estaba muy disgustada, que la ayudaba a tranquilizarse cuando presentía que iba a perder los estribos. El doctor Renschler le dijo que darse cuenta de cuándo se sentía así era muy buena señal. Sucede a menudo que, al activarse la respuesta al estrés, los sistemas y aparatos biológicos están tan hiperestimulados que las personas no saben cómo reaccionar. Ese desconocimiento les impide tomarse un momento para recomponerse; se limitan a seguir los dictados del organismo: atacan verbalmente a los demás, actúan impulsivamente o se automedican. En el caso de Charlene, ésa parecía ser la explicación.

Esa conversación sobre biología permitió al doctor Renschler sacar a colación el mindfulness, la práctica que consiste en ser invariablemente consciente de los pensamientos y sentimientos propios. Charlene podía recurrir a varias técnicas de relajación cuando se sintiera estresada o saturada, y ella y el doctor Renschler trabajaron con el uso de la respiración y la consciencia para enfocarse en la respuesta de su cuerpo al estrés y apaciguarla. Charlene empezó a emplear estrategias de mindfulness en casa, cuando peleaba con su tía, y le fueron de gran ayuda. Aunque no había duda de que el trauma con Tony le había costado caro, tras haberle denunciado por agresión y superar la vergüenza y la ira que aquello le provocaba, las cosas mejoraron. El doctor Renschler, asistido por el personal del consultorio, siguió trabajando con madre e hija los temas de la alimentación, el sueño y el mindfulness, consolidando técnicas que podían usarse una y otra vez cuando ocurrían cosas que pudiesen hacerlas saltar a ambas y que rebrotase el trauma.

Lo bueno era que, cuanto más mejoraba la salud de Charlene, más lo hacía la de Nia. Con el tiempo, aumentó de peso y alcanzó los hitos del desarrollo que le correspondían. Asimismo, el expediente de servicios sociales CPS se cerró para bien. Charlene empezó a buscar empleo e incluso le contaba al doctor Renschler que recurría a los ejercicios de mindfulness para tranquilizarse en las entrevistas de trabajo estresantes. Consiguió un empleo, se mudó a su propio piso y acabó teniendo una saludable relación de pareja. Para entonces, Charlene ya me había perdonado lo del informe a servicios sociales. Yo me empeñé en echar un vistazo a madre e hija siempre que venían a ver al doctor Renschler. Al final, retomamos nuestras visitas para las revisiones periódicas de Nia. Cuando Charlene entró y me dijo lo del trabajo, lo viví como una victoria. En lugar de limitarnos a tratar los síntomas del retraso del crecimiento de Nia, habíamos logrado atajar el origen del problema: el estrés derivado de la depresión y el trauma y de una nociva dinámica familiar. A pesar de los obstáculos encontrados por el camino, la psicoterapia paternofilial había sido todo un éxito al cambiar la dinámica que perjudicaba la salud de Nia y potenciar la capacidad de Charlene de ejercer de amortiguador de su hija cuando surgían dificultades.

Aún hoy sigo recordando la imagen de una lozana Nia de dieciséis meses riendo y correteando patosa por el consultorio, con su madre tras ella. Como médica, hay momentos en los que te das cuenta de que has salvado una vida. Es un tremendo sentimiento de satisfacción (entremezclado con agotamiento) que casi siempre se da en medio del caos del hospital tras conseguir reanimar a alguien. Al ver a Nia acercarse por el pasillo, me asaltó la misma sensación: *lo habíamos hecho bien.*

\* \* \*

Al esforzarnos decididamente mis colegas y yo por contemplar a los pacientes desde el prisma de los ACE, las pequeñas victorias fueron multiplicándose. Hubo retos y escollos, por supuesto, pero cosechábamos grandes éxitos al encontrar el modo de ayudar a los pacientes con ACE a apaciguar su sistema de respuesta al estrés alterado y manejar los síntomas con mayor eficacia. Descubrimos que tomar como eje la biología subyacente del estrés tóxico y los factores que contribuían a equilibrar las vías desreguladas —sueño, servicios de salud mental integrados y relaciones saludables— les cambiaba la vida a los pacientes. No tardamos en ir en búsqueda de nuevas incorporaciones para nuestra caja de herramientas del estrés tóxico.

La obesidad infantil era uno de los mayores problemas de salud a los que nos enfrentábamos. El código postal 94124 presentaba invariablemente el mayor índice de obesidad de todo San Francisco, lo cual era desgarrador. Bayview es un desierto alimentario, lo que significa que hay más establecimientos de comida rápida que en ningún otro vecindario, y prácticamente ninguno donde adquirir fruta y verdura frescas. Lo viví en primera persona una semana en que no tuve tiempo de hacer la compra y no podía llevarme el almuerzo al trabajo. Entre mis opciones se hallaban todas las grasientas variedades de comida rápida: el puesto ambulante de tacos, Taco Bell, McDonald's, KFC y el menos malo, Subway. Diga lo que diga el departamento de marketing de esta cadena, una aguanta pocos días seguidos alimentándose de los sándwiches de Subway.

Gracias a una subvención de una fundación municipal, pudimos implantar un estupendo programa de tratamiento de la obesidad inspirado en un eficaz programa de Stanford. Los martes por la noche, dos nutricionistas del CPMC y dos formadores de la YMCA (Asociación Cristiana Juvenil) de Bayview coordinaban en el consultorio a un grupo de pacientes con sobrepeso y sus padres. Los chavales se desplazaban a un antiguo almacén de la parte trasera del consultorio, donde se divertían haciendo ejercicio. Las instalaciones eran bastante rudimentarias, pero lo bastante grandes como para que veinte chicos y chicas pudiesen jugar a voleibol, bailar zumba, usar el hula-hop y practicar cualquier cosa que les hiciese sudar. Paralelamente, sus padres recibían clases prácticas sobre cómo preparar comidas nutritivas, y todos acababan la velada con una cena deliciosa y saludable. Además, una empresa del barrio nos había donado bicicletas, con lo que todos los niños que alcanzaban su objetivo terapéutico ganaban una bici. Cabría pensar que ese reluciente anzuelo bastaría para que mis pacientes no perdieran el rumbo, pero lo cierto es que a la mayoría les costaba.

Los padres y madres de Bayview no podían dejar sin más a sus hijos jugar a su antojo en el parque, como hacían mis padres con mis hermanos y conmigo. En Bayview protegían a sus hijos teniéndolos en casa, con la consiguiente intensificación de las dinámicas familiares estresantes que hubiera. Mis colegas y yo sabíamos que, como siempre, nuestros chiquillos con ACE necesitaban más ayuda. Con esa premisa, nos asegurábamos de que todos los pacientes del programa que tuvieran una puntuación ACE elevada (que eran la mayoría) recibieran también psicoterapia con el doctor Clarke. Sus sesiones giraban en torno a las repercusiones de las experiencias vitales personales en su peso. Cosechamos tan buenos resultados que casi me entraron ganas de celebrarlo bailando zumba (casi). Es sabido que la obesidad infantil es un hueso duro de roer, sobre todo en barrios como Bayview. Sin embargo, al acabar el programa no quedó ni una bicicleta.

El éxito del programa nos demostró que era esencial atajar los ACE como parte del programa de pérdida de peso. No obstante, la cosa dio un giro interesante: descubrimos que, si nos hubiésemos propuesto sólo atajar los ACE en vez de la obesidad, el ejercicio y la alimentación hubiesen seguido teniendo un papel destacado. Nuestra primera intención no había sido tratar el estrés tóxico de los pacientes a base de juegos de pelota y clases de cocina, pero fue una grata sorpresa ver lo mucho que mejoraban los chavales al incorporar a la terapia una dieta sana y ejercicio. Todas las semanas me reunía con madres y abuelas a ver qué tal iba, y me contaban que, al cambiar de dieta y aumentar la actividad física, los chicos y chicas dormían mejor, se sentían más en forma y, en muchos casos, mejoraban sus problemas de comportamiento y, a veces, las notas.

Descubrimos una gran cantidad de datos científicos que avalaban lo que estábamos observando en la práctica. Los datos revelaban que hacer ejercicio con regularidad contribuía a potenciar la secreción de una proteína llamada factor neurotrófico derivado del cerebro (BDNF, por sus siglas en inglés, *brain-derived neurotrophic factor*), que en esencia hace las veces de abono milagroso[10] para el cerebro y las células nerviosas. El BDNF actúa en las partes del cerebro importantes para el aprendizaje y la memoria, como el hipocampo y la corteza prefrontal. Sabemos desde hace tiempo que el ejercicio mejora la salud cardiovascular, pero se multiplican las investigaciones que apuntan en direcciones emocionantes y demuestran que mover el cuerpo es beneficioso tanto para el cerebro como para la musculatura.

A la hora de hacer frente al estrés tóxico, abordar el sistema inmunitario desregulado es tan relevante como favorecer la función cerebral. Está demostrado que practicar ejercicio con regularidad también contribuye a regular la respuesta al estrés y reducir la presencia de citocinas inflamatorias.[11] Como tal vez recordarás, las citocinas son las alarmas químicas que activan el sistema inmunitario y le ordenan que entre en combate. En alguien con estrés tóxico, la actividad física moderada (como ponerse el chándal aproximadamente una hora diaria) puede ayudar al organismo a decidir con mejor criterio qué combates aceptar y cuáles abandonar. (Si bien el ejercicio en dosis *moderadas* contribuye a regular mejor la respuesta al estrés, tampoco hace falta inscribirse en un ultramaratón. De

---

10. Aaron Kandola *et al.* (2016) «Aerobic Exercise as a Tool to Improve Hippocampal Plasticity and Function in Humans: Practical Implications for Mental Health Treatment», *Frontiers in Human Neuroscience* 10: 179-88. Garatachea, Nuria *et al.* (2015) «Exercise Attenuates the Major Hallmarks of Aging», Rejuvenation Research 18, n.º 1: 57-89.

11. Ortega, Eduardo (2016) «The "Bioregulatory Effect of Exercise" on the Innate/Inflammatory Responses», *Journal of Physiology and Biochemistry* 72, n.º 2: 361-69.

hecho, si nos pasamos, el desgaste físico intenso puede incrementar los niveles de cortisol).

En nuestros niños, observamos que el deporte marcaba la diferencia, pero comer bien también. Al introducir unos cuantos cambios concretos en la calidad de combustible con que se llenaba el depósito (p. ej., sustituyendo la comida rápida rica en grasas por proteínas magras e hidratos de carbono complejos), mejoraba la capacidad del organismo de autorregularse. Explicábamos a los participantes del programa que el ejercicio y una dieta saludable no sólo favorecían la pérdida de peso, sino que también contribuían a estimular el sistema inmunitario y mejorar la función cerebral.

Ya hemos comentado que la inflamación es uno de los modos que tiene el sistema inmunitario de combatir la infección, pero, como en todo lo que tiene que ver con el organismo, el equilibrio es fundamental. La inflamación excesiva provoca problemas de todo tipo, desde digestivos hasta cardiovasculares. La ingesta de alimentos ricos en[12] ácidos grasos omega-3 y antioxidantes, así como la fibra de frutas y verduras y cereales enteros ayuda a lidiar con la inflamación y reequilibrar el sistema inmunitario. En cambio, una dieta rica en

---

12. Correia Bacarin, Cristiano *et al.* (2016) «Postischemic Fish Oil Treatment Restores Long-Term Retrograde Memory and Dendritic Density: An Analysis of the Time Window of Efficacy», *Behavioural Brain Research* 311: 425-39. Dinel, A. L. *et al.* (2016) «Dairy Fat Blend Improves Brain DHA and Neuroplasticity and Regulates Corticosterone in Mice», *Prostaglandins, Leukotrienes and Essential Fatty Acids (PLEFA)* 109: 29-38. Romeo, Javier *et al.* (2008) «Neuroimmunomodulation by Nutrition in Stress Situations», *Neuroimmunomodulation* 15, n.º 3: 165-69. Hoeijmakers, Lianne; Lucassen, Paul J. y Korosi, Aniko (2014) «The Interplay of Early-Life Stress, Nutrition, and Immune Activation Programs Adult Hippocampal Structure and Function», *Frontiers in Molecular Neuroscience* 7. Yam, Kit-Yi *et al.* (2015) «Early-Life Adversity Programs Emotional Functions and the Neuroendocrine Stress System: The Contribution of Nutrition, Metabolic Hormones and Epigenetic Mechanisms», *Stress* 18, n.º 3: 328-42. Yousafzai, Aisha K.; Rasheed, Muneera A. y Bhutta, Zulfiqar A. (2013) «Annual Research Review: Improved Nutrition–A Pathway to Resilience» *Journal of Child Psychology and Psychiatry* 54, n.º 4: 367-77.

azúcar refinado,[13] féculas y grasas saturadas puede incrementar la inflamación y la falta de equilibrio. Al incorporar a la rutina diaria una pauta alimentaria más saludable y ejercicio moderado, los pacientes contaban con dos modos estupendos de mejorar el equilibrio de sus sistemas biológicos.

* * *

En ese momento, mi equipo y yo disponíamos de varias estrategias potentes con las que abordar y corregir específicamente la respuesta al estrés desregulada: sueño, salud mental, relaciones saludables, ejercicio y alimentación. Como era de esperar, estas mismas cosas son las que —como mostraba el estudio de Elizabeth Blackburn y Elissa Epel—[14] acrecientan los niveles de telomerasa (la enzima que contribuye a recomponer los telómeros reducidos). Como es natural, yo tenía ganas de saber más. Así que volví a sumergirme en la literatura, en busca de tratamientos que pudiesen disminuir los niveles de cortisol, regular el eje HHA, equilibrar el sistema inmunitario y mejorar la función cognitiva. Una vez tras otra, las investigaciones apuntaban a un tratamiento en particular: la meditación. A muchos nos han hecho creer que para meditar se necesitan túnicas coloridas y la cima de una montaña, o como mínimo montones de cristales y zumos de color verdoso; sin embargo, ejercitar la mente se ha vuelto, por suerte, algo mucho más convencional. Si bien las técnicas basadas en prácticas de meditación arrancaron con sectas religiosas hace miles de años, hoy en día las emplea un sucesor inverosímil: el colectivo médico. Desde cardiólogos hasta oncólogos, los facultativos han empezado a incluir el entrenamiento mental en los tratamientos clínicos.

---

13. Kiecolt-Glaser, Janice K. (2010) «Stress, Food, and Inflammation: Psychoneuroimmunology and Nutrition at the Cutting Edge», *Psychosomatic Medicine* 72, n.º 4: 365.

14. Blackburn, Elizabeth y Epel, Elissa (2017). *The Telomere Effect: A Revolutionary Approach to Living Younger, Healthier, Longer*. Nueva York: Grand Central Publishing.

El doctor John Zamarra[15] y sus colegas observaron detenidamente a un grupo de pacientes adultos neoyorkinos con arteriopatía coronaria para comprobar los efectos (si los había) que la meditación pudiese tener en su enfermedad cardiovascular. La mitad de ellos se incluyó aleatoriamente en un programa de meditación de ocho meses; el resto quedó en una lista de espera. Al principio y al final del estudio, todos pasaron por una prueba de esfuerzo en cinta. Sorprendentemente, los datos biométricos revelaron que, al concluir el estudio, los pacientes del grupo de meditación podían proseguir el ejercicio en la cinta a una potencia un 12 % más elevada y por un tiempo un 15 % superior. Y lo que llama aún más la atención es que, durante la prueba, el grupo de meditación presentaba un retraso del 18 % en la aparición de cambios en el electrocardiograma que indicaban estrés cardíaco; el grupo de control, en cambio, no experimentaba cambios en ningún parámetro clínico. En un estudio parecido sobre meditación y salud cardiovascular, se detectaron diferencias en el grosor de las paredes arteriales.[16] Se demostraba la relación entre la meditación y la interrupción del retroceso en el estrechamiento de las arterias, lo que en pacientes con cardiopatía isquémica equivale nada menos que a salvarles la vida. En otro estudio[17] con pacientes aquejados de cáncer de mama y de próstata, los investigadores hallaron que la meditación se asociaba con síntomas de estrés menores, mayor calidad de vida y mejor funcionamiento del eje HHA. Otros ensayos han demostrado que la meditación disminuye los

15. Zamarra, John W. *et al.* (1996) «Usefulness of the Transcendental Meditation Program in the Treatment of Patients with Coronary Artery Disease», *American Journal of Cardiology* 77, n.º 10: 867-70.

16. Castillo-Richmond, Amparo *et al.* (2000) «Effects of Stress Reduction on Carotid Atherosclerosis in Hypertensive African Americans», *Stroke* 31, n.º 3: 568-73.

17. Carlson, L. E. *et al.* (2004) «Mindfulness-Based Stress Reduction in Relation to Quality of Life, Mood, Symptoms of Stress and Levels of Cortisol, Dehydroepiandrosterone Sulfate (DHEAS) and Melatonin in Breast and Prostate Cancer Outpatients», *Psychoneuroendocrinology* 29, n.º 4: 448-74 [DOI: 10.1016/ s0306-4530(03)00054-4].

niveles de cortisol, favorece el sueño reparador, mejora la función inmunitaria y reduce la inflamación, todo lo cual es primordial para que nuestros aparatos y sistemas sigan en equilibrio y puedan mitigar los efectos del estrés tóxico.

Cuanto más leía, más lógico me parecía. Si el estrés puede perjudicar el funcionamiento del organismo al nivel químico elemental, era evidente que una actividad tranquilizadora podía cambiar para bien esas mismas reacciones químicas. Mientras que el estrés activa el sistema de lucha o huida (también llamado sistema nervioso simpático), la meditación activa el sistema de reposo y digestión (también llamado sistema nervioso parasimpático). Las funciones del sistema nervioso parasimpático son, por ejemplo, reducir la frecuencia cardíaca y la tensión arterial, y contrarresta directamente los efectos de la respuesta al estrés. Dada la estrecha relación existente entre la respuesta al estrés y los sistemas neurológico, hormonal e inmunitario, una mente más sosegada y sana parecía un buen punto de partida para empezar a anular los efectos del estrés tóxico.

No tardé en trasladar los datos de las revistas científicas a la práctica en el consultorio. Enseguida vimos que una cosa era leer esa información sobre la meditación, pero decidir cómo aplicarla en los pacientes era harina de otro costal. Me preocupaba que para ellos la meditación fuera algo propio de los círculos *hippies* del distrito de Haight-Ashbury, no de la gente de Bayview. Tenía claro que no quería que una señora llamada Rayo de Luna viniera a contarles a mis chavales que lo único que precisaban era «encontrar su centro». Tenía que conseguir que los chicos y sus padres vieran más allá de lo esotérico y presentarles la meditación y el mindfulness de un modo que los invitara a probarlo.

Estando en el Área de la Bahía, donde la ciencia más puntera y la sensibilidad cultural se dan la mano, sabía que tenía que haber una opción intermedia; encontrarla era sólo cuestión de tiempo. Y, en efecto, la encontré; en una fantástica entidad llamada Mind Body Awareness (MBA) Project (Proyecto de Consciencia de la Mente y el Cuerpo). El MBA organizaba actividades de mindfulness (meditación y yoga) con chicos y chicas del centro de menores con sólidos resultados. Había leído los datos sobre el número de chavales de los centros de menores que contaban con una buena ración de ACE (un estudio publicado más tarde, en el que participaron más de sesenta mil jóvenes[18] del sistema de justicia de menores de Florida, concluyó que al menos un 97 % de ellos había sufrido como mínimo una categoría de ACE y el 52 % cuatro o más), así que me pareció que encajaría. Tras reunirme con el director ejecutivo del MBA, Gabriel Kram, y saber de su biografía, acabé aún más convencida de proponerle una colaboración.

Gabriel, nacido en una familia de clase media-alta, fue a un instituto privado elitista de St. Louis, Misuri, antes de marcharse a Yale a estudiar neurobiología. Al cabo de unos años, empezó a meditar a diario, descubrió lo desconectado que se sentía de su verdadero yo y dejó la facultad. Pasó un período de profunda ira y se juntó con una pandilla de lo más turbia. Al no haber estado nunca con gente que no le quisiera bien, Gabriel confiaba en ellos sin reservas. Una noche, el líder de la pandilla le dio una dosis de LSD y se lo llevó, con la intención de hacerle matar a alguien. Le dio a Gabriel un cuchillo, identificó al objetivo y lo empujó en dirección a la desprevenida víctima. Gabriel dio unos pasos y se detuvo. En ese instante, le asaltó una imagen clara de su padre. Se dio cuenta de que, si hacía aquello, jamás podría volver a mirar a su padre sin tener que ocultar algo. La imagen de su padre le hizo parar literalmente en seco. Ese momento marcó un antes y un después en la vida de Gabriel y, aunque traumático, le abrió la puerta a una profunda sanación. Más adelante, cuando volvió a matricularse en la facultad, la práctica del mindfulness se convirtió en el punto de referencia que le ayudaba a no perder de vista sus valores e integridad.

Lo que llevó a Gabriel a trabajar con jóvenes reclusos fue perca-

---

18. T. Baglivio, Michael *et al.* (2014) «The Prevalence of Adverse Childhood Experiences (ACE) in the Lives of Juvenile Offenders» *Journal of Juvenile Justice* 3, n.º 2: 1.

tarse de que, si no llega a ser por su padre, por la relación estable y afectuosa que tenía con él, tal vez no se hubiera frenado a la hora de hacer lo impensable. Y ese amor, esa conexión… no todos los chavales podían darlos por hechos. Al haber visto esa posibilidad en sí mismo, deseaba ardientemente ayudar a quienes carecían de una persona así en su vida, alguien que les diera el alto a la hora de la verdad. Esa conexión segura y estable, junto con las herramientas esenciales del mindfulness, le había ayudado de un modo inconmensurable, y quería compartirlo.

Cuando una tiene la suerte de conocer a Gabriel, lo primero en lo que se fija es en su energía. Lejos de resultar intimidatorio, es un hombre absolutamente magnético; cuando nos sentarnos a diseñar nuestro programa, yo ya sabía que a mis chicos les encantaría.

Para empezar, seleccionamos a quince chicas con cuatro o más puntos ACE para un programa de diez semanas que incluía una sesión semanal de dos horas de mindfulness y yoga. Yo tomé parte en el programa de las chicas, sumándole una pizca de formación sobre el funcionamiento de la respuesta al estrés en el organismo, cómo reconocerla y recuperar el control cuando empieza a desbocarse. Esas dos horas eran el momento que más me gustaba de la semana. La mayoría de mis chicas habían sufrido algún tipo de agresión sexual, y los padres de muchas de ellas eran enfermos mentales o presidiarios, a veces ambas cosas. Era fantástico ver cómo los formadores del MBA conectaban con ellas. Cuando acabó el programa, casi todas dijeron sentirse menos estresadas y, mejor aún, que contaban con herramientas nuevas para manejar situaciones estresantes. Dos de ellas dejaron de meterse en peleas en la escuela, y casi todas contaron que dormían mejor, además, de notarse más concentradas y vinculadas en la escuela.

Tanto con el programa de meditación como con el de alimentación y ejercicio, día a día observábamos indicios de progreso, no en las cifras de una hoja de cálculo, sino en cada chaval que llegaba literalmente bailando a la sala de espera, blandiendo boletines donde ya no había suspensos, sino matrículas de honor. Al ser su médica, los veía alcanzar con el tiempo sus objetivos de salud: mejor control del asma, pérdida de peso, etcétera. No obstante, para mí lo más especial era ver a Nia andar, a Charlene sonreír y a un niño con una puntuación ACE desorbitada perder casi cinco kilos y llevarse a casa una bici.

Lentos pero seguros, estábamos elaborando nuestra batería de intervenciones clínicas para combatir los efectos del estrés tóxico. Sueño, salud mental, relaciones saludables, ejercicio, alimentación y mindfulness: veíamos en los pacientes que esas seis cosas eran esenciales para sanar. E igual de importante era el que la literatura demostrara *por qué* todo aquello funcionaba. En esencia, las seis cosas actuaban sobre el mecanismo biológico subyacente: un sistema de respuesta al estrés desregulado y las consiguientes alteraciones neurológicas, endocrinas e inmunitarias.

Fui testigo de todos los aspectos en los que esas intervenciones mejoraban la vida de los pacientes. Sabía que era una realidad, pero, como científica, también sabía que se trataba de algo aislado. No contábamos con los recursos humanos ni económicos para hacer el seguimiento de datos sistemático que convirtiera todas esas buenas notas y fiestas de entrega de bicicletas en estudios sólidos que convencieran a los círculos científicos. En un momento dado, incluso pensé «Todo esto deberíamos ponerlo por escrito». Sin embargo, nuestro equipo ya no podía dar más de sí. O actuábamos o escribíamos, pero no teníamos margen para las dos cosas. Decidí que, por lo pronto, era más importante actuar.

# CAPÍTULO 8

## ¡Detengan la matanza!

En los inicios del consultorio de Bayview, allá por 2007, iba circulando por el barrio cuando el coche de delante frenó de golpe.

De entrada, no fue más que una contrariedad. Mi cabeza ya estaba en YMCA de Bayview, donde tenía una reunión con los vecinos dentro de media hora. Pasados unos quince segundos, me cansé y decidí girar a la izquierda y rodear al otro vehículo. Sin embargo, cuando me disponía a hacerlo, un coche que venía en dirección contraria se detuvo junto a mí.

Empezó a dispararárseme una pequeña alarma en el cerebro reptiliano. «¿Qué está pasando aquí? No tiene buena pinta». Miré por el retrovisor y me dispuse a dar marcha atrás, pero antes de que llegara a tocar la palanca de cambio, otro coche dobló la esquina y me cortó el paso por detrás.

Estaba atrapada.

Noté que se me tensaba todo el cuerpo. Con una mano en el volante, alcancé poco a poco el cierre centralizado. El tipo del primer coche salió y pasó por mi lado contoneándose, cargando un paquete. Al inclinarse para hacer la entrega al tipo del vehículo de al lado, se le levantó la camisa, dejando a la vista la culata de un arma, que le asomaba por encima del cinturón. «¡Joder! —La mente me iba a toda máquina—. ¡Es una venta de droga! ¿Y si salía mal y se liaban a tiros? ¿Y si ese tío me ve y decide que soy una testigo?». Se me empezó a desbocar el corazón, y mi mente parecía una radio atascada en una emisora: ¿Cómo Diablos Salgo de Aquí? Me agaché en el asiento, deseando ser invisible y, a ser posible, a prueba de balas.

Y entonces, sin tan siquiera mirar en la dirección en que me encontraba, el tipo volvió a entrar en el coche y se alejó.

Al cabo de unos minutos, sentada sana y salva en mi coche, mi emisora cerebral sintonizó de pronto la emisora Joder, Lo Que Acaba De Pasar.

Cuando acabé de alucinar, empecé a pensar de inmediato en mis pacientes. Ese día de 2007 yo aún estaba habituándome a Bayview. Para mis pacientes pediátricos, sin embargo, esa clase de cosas podían pasar camino de la escuela o de la tienda cualquier día de la semana.

No tardé en aprender que la amenaza de la violencia armada es una realidad diaria en Bayview, algo en lo que hay que pensar siempre que vas al colmado de la esquina a por un cartón de leche. Años después, conocí a la fiscal de San Francisco, Kamala Harris, en una colecta celebrada justo cuando acabábamos de arrancar el proyecto de mindfulness en el consultorio de Bayview. La conversación derivó por naturaleza hacia lo que ambas considerábamos un problema devastador presente en un barrio que ambas amábamos. Ya había oído hablar a Harris, en la televisión y en algún acto, y enseguida entendí por qué la gente siempre decía de ella que era auténtica, que *resolvía las cosas*. Era joven, carismática y sabía cómo motivar a los presentes. Al principio, yo había sido algo reacia a hablar con ella, pero Harris era más accesible de lo que esperaba, y enseguida se me pasaron los nervios y mantuvimos una charla estupenda. Le interesaba nuestra labor en Bayview y quería saber más del estrés tóxico. Fue alentador dar con una política que no se limitaba a soltar discursos sobre cómo obrar por el bien de la gente; no cabía duda de que me estaba *escuchando*. La noté verdaderamente receptiva a que le propusieran distintas estrategias para resolver los problemas del vecindario.

Al empezar a hablar del Estudio ACE de Felitti y Anda, advertí que a Harris la apasionaban tanto los números como a mí. Me habló de un estudio interno que había llevado a cabo con el Departamento de Policía de San Francisco. El departamento quería examinar con detalle a las víctimas de homicidio de la población, y una de las revelaciones que surgieron de aquel análisis estaba relacionada con el elevado índice de jóvenes asesinados. Entre otras cosas, el estudio concluyó que el 94 % de las víctimas de asesinato de San Francisco de menos de veinticinco años había dejado los estudios. Como fiscal de San Francisco, Harris era la fiscal principal; su labor consistía en ser la portavoz oficial de las víctimas y perseguir a los delincuentes. No obstante, quería saber si la ciudad podía hallar el modo de *prevenir* de entrada que la delincuencia azotara a la ciudadanía. ¿Cómo resultaría? En su opinión, diseñar una estrategia hábil para frenar la tendencia al abandono escolar salvaría vidas. Al fin y al cabo, los alumnos que estaban en clase no andaban por las calles, por lo que no eran víctimas de tiroteos.

Harris quería llegar al fondo de la cuestión: prevenir las consecuencias derivadas de la puesta en marcha de la maquinaria de la violencia, y no limitarse a reaccionar ante ellas. No es habitual que las fiscalías hablen de prevención, así que, cuando me habló del programa de reorientación que estaba elaborando para que los niños no dejaran la escuela, me quedé *de verdad* impresionada. Le dije que estaba de acuerdo con ella y que creía que podíamos ir incluso más allá. Recientemente había sabido de una médica de urgencias pediátricas de Kansas City, Misuri, que parecía atajar la raíz de los problemas de ambas.

\* \* \*

Como Harris, la doctora Denise Dowd había querido encontrar la manera de impedir que mataran a los chicos. Su búsqueda había arrancado quince años atrás, en 1992, cuando un compañero de urgencias le había enseñado un artículo de un periódico local, el *Kansas City Star*. Un periodista retrataba a los jóvenes de la ciudad que habían muerto por heridas de bala en el último año. El artículo incluía sus fotos y nombres completos. Al echar un vistazo a sus perfiles, ambos médicos descubrieron que la mayoría de las víctimas habían sido pacientes suyos. Muchas familias recurrían al servicio de urgencias como si se tratara de la consulta de atención primaria, y acudían siempre que sus hijos necesitaban que los visitase un médico. Con el tiempo, la doctora Dowd y sus colegas habían llegado a conocer a sus clientes habituales y a fraguar una relación con ellos. Ahora era imposible no preguntarse si podrían haber hecho algo, si habría algún modo de reconocer al siguiente chaval de alto riesgo que acudiera a urgencias y ayudarlo antes de que fuera tarde.

La doctora Dowd decidió repasar las historias clínicas de todos los menores que el año anterior habían sufrido heridas por arma de fuego en Kansas City, en busca de cualquier factor que pudiese constituir un nexo común y tal vez prevenirse. Consiguió las historias clínicas, las hospitalizaciones, los informes de urgencias y los informes forenses de todos los niños que habían muerto por la violencia armada el año anterior. Encontró en sus antecedentes un patrón que se repetía trágica y sistemáticamente. Normalmente la cosa era así: un paciente de nueve meses llegaba con un moratón sospechoso y el caso se trasladaba a servicios sociales. La investigación no arrojaba resultados concluyentes. La siguiente anotación en la historia clínica era del pediatra, y hacía constar varias ausencias a visitas de vacunación. A los cuatro años el maestro de preescolar se quejaba de que el niño no paraba, tenía frecuentes rabietas y pegaba a otros alumnos cuando se enfadaba. Se le diagnosticaba TDAH y se le prescribía medicación. A los diez años, el paciente presentaba una actitud agresiva y problemática en la escuela. Esta vez se le diagnosticaba trastorno negativista desafiante y se le prescribía más medicación. A los catorce años acudía a urgencias con fractura del quinto metacarpiano, el hueso de la mano que forma el nudillo del meñique. Los médicos la llaman fractura del boxeador, al tratarse del hueso que normalmente se rompe al dar un puñetazo a un objeto. La última entrada de la historia clínica corresponde a la edad de dieciséis años, cuando lo llevan a urgencias con múltiples heridas de bala. Esta vez no sale con vida.

* * *

En 2009, me pareció evidente que el paciente prototípico de la doctora Dowd era un claro ejemplo de estrés tóxico no tratado. Sin embargo, en 1992, cuando la doctora Dowd leía esas historias clínicas, el estudio de Felitti y Anda aún era cosa del futuro. La doctora Dowd apreciaba en esas similitudes un patrón inquietante, pero aún no se habían establecido los nexos biológicos.

Tras seguir hablando del Estudio ACE y otros trabajos de investigación sobre el estrés tóxico, Harris y yo estuvimos de acuerdo en que ambas estábamos analizando el mismo problema, sólo que desde posiciones distintas. Yo trataba de atajar los problemas médicos de los chavales y ella, al igual que la doctora Dowd, quería mantener a los chicos a salvo. Pero a lo mejor podíamos aunar esfuerzos y abordar la causa potencial de *ambos* problemas: los ACE. Ante la población infantil que era víctima de la violencia armada, las investigaciones de la doctora Dowd sugerían que probablemente nos enfrentábamos a un montón de puntuaciones ACE elevadas. Eso se traducía en falta de control de los impulsos y capacidad de concentración mermada, unos obstáculos enormes para que los niños se desenvolvieran en la escuela. A un chaval con la ATV desregulada (*Un bebé en Las Vegas*), casi cualquier cosa —desde cenar en Taco Bell hasta fumar hierba— fácilmente le llamaría más que estarse sentado en clase de Historia. ¿Cómo podíamos mantener a los chicos a salvo y en la escuela *y* acometer la biología subyacente que ya de entrada los ponía en peligro?

Harris y yo continuamos hablando de las profundas implicaciones sociales derivadas de los ACE, la atención sanitaria y el sistema de justicia penal. Un día me reuní con ella en el tristemente conocido Salón de Justicia del número 850 de Bryant Street. (Cualquiera a quien se le haya llevado el coche la grúa en San Francisco conoce muy bien esa dirección). Sentadas en su despacho revestido en madera, le transmití algunas de las ideas que se me habían ocurrido desde nuestro primer encuentro. Estaba convencida de que, si lográbamos que más médicos como la doctora Dowd y yo identificaran tempranamente a los chicos que requerían una intervención, podríamos empezar a corregir sus respuestas desreguladas al estrés, para que iniciativas como la de Harris, destinadas a salvar vidas, tuvieran aún más posibilidades de éxito. No sólo podríamos prevenir estados de salud deficientes, sino también consecuencias sociales negativas. Se me había ocurrido que tal vez ella podía servirse de su cargo de fiscal para que el Ayuntamiento invirtiera en investigación y recopilación de datos, con el propósito de averiguar si aplicar la lente de los ACE podía cambiar las cosas.

Harris escuchó atentamente hasta el final. Entonces aguardó un momento y me miro a los ojos.

—Nadine, tienes que ser *tú* quien lo haga realidad. Abre un centro.

Me eché a reír.

—Mujer, si con lo que hago ya no paro.

—Podríais hacerlo juntos tú y Victor. Piénsalo —dijo en un tono afable y decidido, como si aquello fuera más una conclusión obvia que una sugerencia.

Era ella quien me había presentado a Victor Carrion y dado pie a la colaboración que había desembocado en la revisión de las historias de los pacientes del consultorio.

Harris acabó siendo fiscal general de California, senadora y vicepresidenta, lo cual nos da una idea de lo persuasiva que puede llegar a ser. Me halagó que creyera que yo podía contribuir con estudios rigurosos y empeño a cambiar la concienciación a gran escala sobre la labor que ya estábamos desempeñando. No obstante, ese día salí pensando que Harris sobreestimaba sumamente mis capacidades. Se había equivocado de persona. Mi experiencia abriendo el consultorio de Bayview, aun contando con todo el respaldo de uno de los hospitales mejor valorados del Área de la Bahía, había sido agotadora. Largos días de trabajo, dinero siempre insuficiente, recaudación de fondos, diseño de protocolos, rotación de personal…, parecía que empezábamos a lograr que las cosas fluyeran en el consultorio. Montar una institución es muy duro, y no tenía ninguna prisa por volver a hacerlo.

\* \* \*

Aunque la idea de un centro totalmente nuevo parecía inalcanzable, la conversación con Harris me abrió nuevos horizontes. Si los ACE no sólo tenían repercusiones sanitarias, sino también sociales, no podía ceñirme exclusivamente al criterio del colectivo médico. Tendría que dirigirme a profesionales de la educación y la justicia penal para saber más de la relación entre el estrés tóxico y los problemas que ellos detectaban.

Cuantas más personas conocía y más les hablaba de los ACE, más claro tenía que la solución a ese problema iba mucho más allá del consultorio de Bayview. Según los datos del doctor Felitti, el 67 % de la población de Kaiser, de clase media, mayoritariamente caucásica, tenía al menos un ACE, y uno de cada ocho habitantes reunía cuatro o más. No es lo mismo leer artículos de investigación que hablar de prevalencias y cocientes de posibilidades. Y no tiene nada que ver con conocer a las Marjories que hay por el mundo y escuchar sus historias. Cuando se les pone rostro, las estadísticas pesan mucho más. Para mí, lo más duro era pensar en los hombres, mujeres y niños que lidiaban con los efectos de los ACE y el estrés tóxico, yendo por el mundo cada día sin saber cuál era el problema y, aún peor, sin saber que había tratamientos eficaces. Sus médicos no se lo dicen porque lo más probable es que sus médicos no lo sepan. Para cualquiera que observara la labor diaria de una típica consulta —o que observara cualquier otro contexto de la sociedad—, era como si no hubiera investigación alguna al respecto. Cuanto más sabía, más intolerable me parecía que casi nadie pareciera estar al corriente de esa información.

En consecuencia, me volví aún más locuaz (si cabe). Entonces, siempre que asistía a congresos de medicina y salud pública, intentaba decididamente que el programa contribuyera a promover la divulgación de los ACE y el estrés tóxico. Como de costumbre, mi trabajo en el consultorio de Bayview me hacía tener los pies en el suelo y seguía avivando la llama que me llevaba a difundir la información. Lo único malo de volver a Bayview era encontrarse con la realidad de que la capacidad de proyección del consultorio era mínima. Era tal la urgencia de *hacer más* que chocaba con lo insignificante de nuestra labor. Teníamos tres salas de reconocimiento, una de salud mental y un despacho. Ese despacho lo compartía con dos médicos más y con mi investigadora adjunta Julia, así que no podíamos estar todos ahí a la vez. Los doctores Renschler y Clarke compartían la sala de salud mental, por lo que teníamos que escalonarles los horarios. Los dentistas que venían de la clínica asociada a prestar servicios gratuitos de odontología dos veces al mes montaban «sillones portátiles» (juro que parecían hamacas) y practicaban exámenes odontológicos, limpiezas y aplicaciones de fluoruro en el espacio de almacén donde también guardábamos las historias e impartíamos el programa de ejercicio.

Para poder responder a la pregunta del consejo hospitalario y de la fiscal Harris —*¿Y qué piensas hacer al respecto?*—, nos harían falta investigadores que nos ayudaran a cuantificar las repercusiones de nuestro trabajo. Sólo así podríamos convencer al consejo hospitalario, al Ayuntamiento y al mundo de que médicamente podíamos hacer algo frente al estrés tóxico. El doctor Carrion y su equipo podían ayudarnos a diseñar estudios que contaran con la aprobación de los académicos. Ahora bien, para desempeñar esa labor tendrían que integrarse en el consultorio, y no cabían, literalmente. Estábamos hasta los topes. En algún momento me planteé la idea de las mesas litera. Si aspirábamos a tener una amplia repercusión, teníamos que poner a prueba los tratamientos rigurosamente, para asegurarnos de que funcionaran en cualquier consulta pediátrica, no sólo en la nuestra.

Por suerte, casi siempre que necesitaba ayuda, había alguien que acostumbraba a saberlo antes que yo. Daniel Lurie era fundador y director general de la Tipping Point Community, una entidad benefactora cuyo objetivo era acabar con la pobreza en el Área de la Bahía. Tipping Point había sido una de mis mayores auspiciadoras; nos había ayudado a inaugurar el consultorio de Bayview y había financiado nuestra colaboración con el programa de la doctora Lieberman. Lurie dedicaba muchas horas a reunirse con dirigentes de instituciones a las que subvencionaba Tipping Point; le contaban los retos y frustraciones a los que se enfrentaban, y él se planteaba cómo ayudar.

En una de esas reuniones estuve hablando con Lurie y el doctor Mark Ghaly, director médico del consultorio de salud comarcal que había en Bayview. En un momento dado, Lurie nos preguntó cuál era para nosotros el principal problema del vecindario. En seguida mencioné el término *ACE*, y el doctor Ghaly confirmó que en su consultorio advertía los mismos patrones y nexos entre adversidad y mala salud. Lurie nos preguntó qué haríamos si el dinero no supusiera un problema. En seguida me embalé y empecé a hacer castillos en el aire, hablando de un centro completamente nuevo cuyos ejes serían el diseño de nuevos protocolos y tratamientos para niños con ACE y la promoción de esas soluciones por todo el país. El doctor Ghaly se entusiasmó y añadió algunas sugerencias sobre cómo convertir ese centro en la piedra angular del barrio. Al acabar la conversación, observé que los engranajes de la mente de Lurie se habían puesto manos a la obra, lo cual siempre es una señal más que positiva.

Al cabo de pocas semanas, Lurie me llamó para contarme que había hallado el modo de que Tipping Point nos ayudara a reunir el dinero para abrir un centro. La entidad dedicaría la recaudación de la gala benéfica del año siguiente a nuestro proyecto. Tendríamos que trazar un plan con un presupuesto razonado y una idea clara de adonde queríamos llegar, pero Tipping Point podía ayudarnos a conseguir el dinero. Era el momento de poner por escrito todos nuestros sueños. Mientras Lurie hablaba, yo permanecía en silencio, cosa rara en mí. Aquélla sí que era nuestra oportunidad; esta vez iba a estar del todo preparada, no sólo para exponer el problema, sino también las soluciones.

En cuanto colgué el teléfono, llamé a Victor Carrion. Comentamos qué clase de recursos nos harían falta para aplicar de forma experimental intervenciones que atajaran el estrés tóxico. Soñábamos con disponer de una especie de laboratorio de innovación que aportara tres cosas a los pacientes: prevención, detección y curación de los efectos de los ACE y el estrés tóxico. El objetivo global siempre fue emplear los conocimientos médicos que surgieran de nuestro centro para cambiar el *ejercicio* de la medicina. Para ello se nos ocurrió una sinergia entre tres pilares: la labor asistencial, la investigación y la divulgación. La parte asistencial consistiría en atender a los pacientes y elaborar nuevas estrategias para tratar el estrés tóxico en un contexto real. Para la investigación, contrataríamos a un equipo que se encargara de hacer lo que el doctor Clarke, Julia Hellman y el resto de los compañeros habían estado haciendo en el consultorio de Bayview: rastrear la literatura en busca de prácticas óptimas en las que basar nuestra labor asistencial. Además, el equipo de investigación nos ayudaría a encontrar el modo de validar las intervenciones y herramientas que usábamos, y nunca dejaría de perseguir la manera de perfeccionar esas prácticas, conforme a los criterios más exigentes de la medicina. La divulgación era la última pieza. Queríamos llevar a cabo una tarea de sensibilización y difundir las soluciones que funcionaban en nuestro consultorio, para que tal vez algún día las aplicaran a gran escala todos los pediatras dentro y fuera de las fronteras estadounidenses.

Tras tantear el terreno de la filantropía, decidimos aunar esfuerzos con Katie Albright, incansable defensora de la causa de la infancia, que estaba intentando erigir su propio centro, donde prestaría servicios complementarios. Ubicar ambas instituciones en el mismo edificio y hacer un frente común para recaudar fondos resultaría mucho más atractivo para posibles donantes que si íbamos cada una por su lado.

Los siguientes días y semanas estuvieron plagados de apasionadas conversaciones telefónicas, notas ilegibles garabateadas en sobres de propaganda y deliciosos subidones de adrenalina, en tanto que materializábamos nuestros planes de lo que acabaríamos bautizando como Center for Youth Wellness.

* * *

Fiel a su palabra, Lurie llevó a Tipping Point a entregarse en cuerpo y alma a la financiación de nuestro sueño, con la mayor gala benéfica de su historia. Los organizadores contrataron a una productora para que hiciera un sugerente vídeo de promoción de la idea del centro. Hasta consiguieron, no sé cómo, a John Legend como estrella principal de la gala. La noche fue un exitazo cuyo recuerdo está colmado de momentos alucinantes de emoción y color. Yo llevaba un vestido negro vintage de Oscar de la Renta que había encontrado en una tienda de segunda mano, junto con mis tacones de la suerte de diez centímetros que, aun destrozándome el aparato locomotor, me hacían sentir que nada era imposible. (Cuando me senté a cenar junto a John Legend, tomé nota mental de no deshacerme jamás en la vida de esos zapatos.) A mitad de la gala, Lurie subió al escenario y presentó el plan de nuestro centro. El vídeo completó su llamada a la acción y Lurie arrancó la colecta. Los filántropos del Área de la Bahía y los gigantes tecnológicos respondieron, agitando sus varitas fluorescentes en la penumbra de la sala. En un abrir y cerrar de ojos, Tipping Point había recaudado 4,3 millones de dólares y John Legend estaba en el escenario cantando a voz en grito mi canción favorita. Soy médica y sé que una no se muere de felicidad, pero, al entrar en la pista de baile con mis tacones de la suerte, por un instante me pareció que ese riesgo no era descartable.

\* \* \*

Ahora que ya contábamos con los fondos para arrancar el proyecto, había que descubrir qué pasos seguir para hacer realidad el sueño. El doctor Carrion fue cofundador, junto conmigo, y encajábamos a la percepción. Seguimos planteándonos como enfocar los tratamientos y la investigación. Kamala Harris y Daniel Lurie nos cedieron a expertos de sus equipos para que nos ayudaran a perfilar los detalles. Poco después de la gala benéfica, nos sentamos a analizar los entresijos del proyecto y advertimos lo pronto que volarían los 4,3 millones de dólares al dividirlos entre tres instituciones: la ampliación del consultorio de Bayview, el nuevo Center for Youth Wellness y el centro de promoción de la infancia de Katie. Cuando salí a celebrarlo en la pista de baile, me había parecido una cantidad enorme, pero con los precios desorbitados del mercado inmobiliario de San Francisco no nos daba ni para comprar un edificio. De hecho, sólo con el alquiler, el diseño y la rehabilitación de un edificio de 8000 metros cuadrados, más el cumplimiento de los exigentes códigos federales que se exigían a un consultorio sanitario, ya se nos iría casi todo el dinero.

Por mucho que nos desanimara darnos cuenta de que no nadábamos en dinero, teníamos suficiente para empezar. Era la financiación inicial y alcanzaba para alumbrar el Center for Youth Wellness (CYW). El consultorio de Bayview, subvencionado en parte por el hospital, seguiría haciendo lo mismo: revisiones regulares de los niños del barrio y cribados ACE. En cuanto un paciente diera positivo en ACE, el equipo asistencial del CYW aportaría los servicios multidisciplinarios destinados a tratar el estrés tóxico: salud mental, mindfulness, visitas a domicilio, orientación nutricional..., todo lo que, según los estudios, podía marcar la diferencia. El equipo de investigación haría el seguimiento de los datos y el equipo de divulgación correría la voz. Sería un centro integral de asistencia sanitaria infantil, y esperábamos que sirviera de modelo para futuras instituciones.

Al cabo de un año de trazar planes y recaudar fondos para el CYW, por fin era el momento de actuar conforme al plan empresarial y construir. En agosto de 2011, cambié el cargo de directora médica del Bayview Child Health Center por el de directora general del Center for Youth Wellness. Por el momento, el cargo de directora general no pasaba de ser una aspiración. No había mucho de lo que ser directora general: literalmente, trabajaba desde la cocina. Tuve la suerte de contar con la ayuda de Rachel Cocalis, una futura abogada recién graduada que se ofreció a ser mi asistente voluntaria hasta que nuestra institución fuera oficial y pudiese pagarle. Aún visitaba a pacientes en el consultorio de Bayview, pero ya acudía sólo un día a la semana, y había pasado el testigo de directora médica a mi colega, la doctora Monica Singer. Mi verdadero trabajo era dedicarme al plan del CYW y hacerlo realidad. La tarea fundamental de contratación de un equipo conllevó entrevistas en cafeterías y en la mesa del comedor de mi casa.

* * *

Arrancar el CYW es una de las cosas más aterradoras que he hecho en mi vida, pero la verdad es que iba bastante bien, a pesar de su funcionamiento rudimentario. Y por eso lo que pasó luego me pilló del todo por sorpresa.

Aunque aún no habíamos ni abierto las puertas (de hecho, aún estábamos negociando el contrato de arrendamiento de un edificio a escasas manzanas del consultorio original de Bayview), tuvimos que pedir al Ayuntamiento que modificara el código urbanístico, para poder ubicar el tipo de consultorio que proponíamos. En teoría era un trámite rutinario, pero en Bayview, cuando la gente se entera de que tienes 4,3 millones de dólares, empiezan a pasar cosas raras. De repente, un grupo reducido pero obstinado de personas (seis, para ser exactos) empezó a protestar y a meternos palos en las ruedas. No querían que ubicáramos el centro en la zona que habíamos encontrado, porque según ellos estaba contaminada de «polvo tóxico». No tenían ninguna prueba, pero el rumor bastó para interferir enormemente con las obras. Pagamos por dos series de ensayos ambientales, ambas con resultados favorables. Hasta encargamos al Departamento de Medio Ambiente de San Francisco que tomara una muestra independiente, que corroboró las conclusiones de nuestros expertos: no había polvo tóxico. Pero el grupo no se dio por vencido. Cuando el Departamento de Urbanismo nos concedió los permisos de obra, apelaron, lo que conllevó un retraso de tres meses. Yo me tiraba de los pelos. Estábamos con el agua al cuello tratando de montar el centro y atender a los niños, pero sentía que tanto pasar por el aro era una pérdida de tiempo y dinero.

Más tarde aprendería que eso es moneda común en las poblaciones de bajos ingresos. Cuando se corre la voz de que va a llegar dinero, aparece un pequeño contingente que básicamente vive de intentar hacerse con un pedazo del pastel. Lo que les interesaba no era que el vecindario fuera a beneficiarse de unos servicios de mayor calidad para los más pequeños. Querían el dinero *para sus bolsillos*. Esa clase de tipos complican la existencia a quienes llevan adelante el proyecto, a menudo usan de antena la raza y luego están oportunamente disponibles para ejercer de «asesores del vecindario» y contribuir a que el proyecto avance, a cambio de unos honorarios considerables.

Aunque entendía que uno pensara en «llevarse su parte» cuando no había mucho donde agarrarse, no éramos una empresa multimillonaria con dinero a espuertas. Ese grupo de seis partía de una cifra engañosa. Sí, Tipping Point había recaudado 4,3 millones para el conjunto del proyecto; ahora bien, sin asistir a las reuniones y hacer cuentas, era fácil pasar por alto que esos dólares se dividían en tres partes. Una vez pagados el alquiler y las obras, casi no nos quedaba nada, y aún había que remunerar al personal. Definitivamente, ese grupo tenía una idea del todo equivocada de hasta dónde nos alcanzaba el bolsillo.

Una tarde, una empleada entró en la oficina temporal que el CYW había alquilado al lado del consultorio de Bayview. Llevaba en la mano un panfleto que rezaba *¡DETENGAN LA MASACRE! ¡LA DOCTORA BURKE QUIERE EXPERIMENTAR CON NUESTROS HIJOS!*

Me quedé un momento callada, valorando lo que estaba sucediendo delante de mis narices. Me pasaron por la mente unas cuantas y selectas palabrotas que me costó mucho no pronunciar. Las acusaciones de llevar a cabo experimentos médicos en poblaciones afroamericanas son extremadamente capciosas, al basarse en unos antecedentes de vergonzosa e inmoral explotación de los negros por parte del colectivo médico. Como indudablemente ya sabía ese grupo, apelar a esos antecedentes significaba sacar partido de los temores legítimos de la gente y despertar la tan arraigada desconfianza en los profesionales médicos. Me sulfuraba que utilizaran el trauma derivado de esas situaciones en beneficio propio.

Enseguida entré en Internet a consultar los foros del barrio, y me encontré con publicaciones y artículos sobre por qué los vecinos no debían confiar en «esa jamaicana». Si no llego a estar tan enfadada, casi me hubiese entrado la risa ante semejante genialidad. En vez de jugar la carta de la raza, optaban por meterse con el extranjero, asignándome el papel de forastera malvada. Me imaginé a los pacientes o sus padres leyendo esos carteles; se me encogió el pecho y me empezó a arder la cara. Me llevó un momento calmarme, pero traté de convencerme de que cualquiera de Bayview que me conociese tendría claro que aquello era una absoluta gilipollez.

Hasta entonces, había intentado aplacar a aquel grupo pasando por todos los aros que tendían a mi paso. Esta vez tuve claro que era el momento de cambiar de estrategia.

Tendría que reunirme cara a cara con la cabecilla del grupo, una fumadora empedernida de ochenta y cuatro años a la que llamaré simplemente Hermana J. Llevaba años oyendo hablar de ella a los padres de mis pacientes y otros vecinos, pero hasta entonces no había sufrido las consecuencias de sus «reivindicaciones». La Hermana J había residido en Bayview gran parte de su vida y era una leyenda por derecho propio. Activista desde antaño, había hecho mucho por el barrio. Había luchado por el medio ambiente y exigido viviendas y trabajos dignos. Por desgracia, en su caso, la frontera entre el bien de la comunidad y el bien particular podía ser un tanto opaca. Cuando el Ayuntamiento de San Francisco iba a poner en marcha la mayor instalación eléctrica solar municipal del país, amenazó con frenar el proyecto e insistió en que los residentes de Bayview hicieran las obras. Si bien consiguió un buen número de empleos para sus vecinos, una de las concesiones era que ella dispusiera de una instalación eléctrica solar gratuita en su casa. En otras ocasiones, las ventajas para el barrio ya no estaban tan claras. Cuando el gobierno local quiso introducir medidas destinadas a reducir el número de niños víctimas de la violencia armada, la Hermana J fue la demandante principal en la causa, apoyada por la Asociación Nacional del Rifle, que perseguía detener el proceso legislativo. Sostenía que aquello constituía una violación de los derechos que otorgaba la Segunda Enmienda.

En mi equipo había quien planteaba si no valdría la pena claudicar sin más y «contratarla» de asesora. Mi respuesta era sencilla: Por-encima-de-mi-cadáver. No estaba dispuesta a invertir los exiguos recursos de que disponíamos en un círculo vicioso de explotación. Iba a reunirme con ella con el objetivo de explicar lo que tratábamos de hacer y por qué era tan importante. Sabía que, en el fondo, le importaba la comunidad, y confiaba en que, si comprendía que en realidad no teníamos un dineral y sólo queríamos aportar servicios para ayudar a los más pequeños, a lo mejor aflojaba.

Poco después estaba llamando a la puerta de la Hermana J, intentando sacarme de la cabeza el panfleto de detengan-la-matanza. Quería transmitir calma y solidaridad. Que no es poca cosa. Cuando abrió, tuve que bajar la mirada. Por grande que fuera su personaje, la Hermana J medía poco más de metro y medio, su agradable rostro estaba surcado de profundas arrugas y unas gafas le descansaban en la punta de la nariz. Era la viva imagen de una matriarca, al estilo de esas abuelas sureñas que saben cómo mantener unidas a generaciones de la familia y velar por que todo el mundo conozca «nuestra historia». Me hizo entrar educadamente y pasamos a un salón perfectamente amueblado, donde nos sentamos en un sofá conservado por los siglos de los siglos bajo una gruesa funda de plástico.

Sin darme tiempo a abrir la boca, me dio una tarjeta de visita donde figuraba como Icono Vecinal. Levanté la mirada y busqué en su semblante algún indicio de que aquello le causara gracia, de que aquello fuera lo que yo no podía concebir sino como una burla de sí misma. En su lugar, sirvió té para las dos y empezó a hablar.

La dinámica de poder era palpable. El té y los modales eran su modo de hacerme saber discretamente quién mandaba. Décadas de tabaquismo le habían dejado la voz cavernosa, pero durante las siguientes dos horas no dejó de hablar.

Sin apenas pausas, me contó la historia de su vida. Entendí que el propósito de ese monólogo era hacerme conocedora de su buena fe, de lo que había hecho por el barrio y por qué se la respetaba (y temía) tanto. Sin embargo, una profunda ironía desviaba mi atención: su vida estaba marcada por los ACE. Hice un recuento mental y, para cuando hubo acabado, su puntuación ACE era de siete u ocho.

Por fin tuve ocasión de explicarle por qué estaba ahí. Empecé a exponerle todo lo que había visto en los pacientes, por qué el trabajo era tan importante para mí, y mi convicción de que no sólo podíamos levantar Bayview, sino también muchos otros barrios del país y del mundo profundamente afectados por los ACE. Sin dejarme ir mucho más allá, me interrumpió y empezó a hablar al mismo tiempo. Estaba claro que yo estaba ahí para escuchar, no para hablar. La idea nunca había sido que aquello fuese una conversación bilateral. Respiré hondo y reflexioné sobre mis opciones. No parecía que la Hermana J fuese a cambiar de opinión con respecto a nuestro edificio, y yo en parte estaba deseando irme sin acabarme el té, pero opté por plantar cara y seguir intentándolo. Ella era quien se interponía entre mis niños y el sueño del Center for Youth Wellness. La dejé continuar unos minutos más, hasta llegar al final del relato de su activismo.

—Les dije que haría estallar ese edificio... pero a ti no te haría eso, cariño —dijo, rematándolo con una risita.

Sin más, se me llenaron los ojos de lágrimas que empezaron a derramárseme por las mejillas.

Mi disgusto no era por la amenaza velada ni por la decepcionante falta de diálogo; era por la absoluta inutilidad de los últimos meses que había dedicado a tratar de avanzar con ese grupo. Creo en el poder de la palabra, la conexión y la empatía a la hora de abordar problemas vecinales, pero había acabado enfrentándome a una situación en que aquello sencillamente no funcionaba. Ya podía ser yo el mismísimo Nelson Mandela, que a la Hermana J le daba igual; lo único que le importaba eran sus propios planes.

Tomó de nuevo la palabra, pero, por primera vez, fui yo quien la interrumpí.

—Creo que nuestros niños esperan más de nosotras —repuse, al tiempo que me levantaba.

La vi fruncir el ceño, pero, sin darle tiempo a pronunciar palabra, proseguí.

—Hermana J, nuestros niños merecen más.

Dicho esto, le estreché la mano y me fui.

* * *

Las siguientes dos noches no pegué ojo. Tenía un panfleto de los de *¡Detengan la matanza!* en la mesita de noche, junto a la cama, y al acostarme, cada noche se me aceleraba el pulso. ¿Cuántas personas habían visto aquel panfleto? Había muchos vecinos a los que aún no conocía. ¿De verdad alguien creía que yo estaba experimentando con niños? En barrios como Bayview, los rumores son como las termitas; se mueven rápido y hacen mucho daño. Y aún peor: ¿cómo se tomaría la comisión de urbanismo las alegaciones? No tenía ni idea. Empezaba a darme cuenta de que la falta de inversión externa en Bayview no sólo se debía a la falta de interés de los no residentes; incluso aquellos a quienes sí les interesaba debían lidiar con los obstáculos absurdos que les ponía un puñado de centinelas. No me costaba imaginar lo poco que le costaría tirar la toalla a cualquiera que intentara hacer algo bueno en Bayview.

Afortunadamente, pocas noches antes de la vista con la comisión de urbanismo, recibí una llamada del periodista y escritor Paul Tough. Antes del torbellino que precedió el arranque del CYW, había escrito para *The New Yorker* un artículo sobre el consultorio de Bayview y nuestra labor con los ACE y el estrés tóxico. Más acostumbrada a leer revistas médicas, no tenía ni idea de lo mucho que eso significaba, hasta que el semanario llegó a los kioscos. No es exagerado decir que el artículo lo cambió todo. Al llamar la atención sobre el tema, suscitó muchísimo interés entre colegas y nuevos simpatizantes, y convirtió nuestra labor en tema de actualidad. Paul y yo nos hicimos amigos en las semanas y meses que estuvo yendo conmigo al trabajo, siendo mi sombra en el consultorio, así que de vez en cuando me llamaba a ver qué tal iban las cosas. En esa ocasión me despaché a gusto hablando de la Hermana J. Cuando ya llevaba unos minutos contándole mi lacrimógeno relato, me tomé un respiro y oí una risa cómplice al otro lado del hilo.

—¿Pero de *qué* caray te ríes?

Paul me contó que Geoff Canada, fundador de la Children's Zone de Harlem y uno de mis héroes particulares, también había tenido tropiezos con los vecinos cuando su entidad construía una escuela y un centro vecinal en medio de un proyecto de viviendas de esa ciudad. Tough había escrito el libro dedicado al legendario educador y a la labor de su entidad para transformar los resultados académicos de los chavales de Harlem. Canada se encontró con que la oposición se esfumaba al ver la gente que la Children's Zone de Harlem estaba de su parte y que el edificio y la entidad eran algo bueno.

—Es un rito de iniciación —me tranquilizó Paul—. Lo superarás. Tómatelo como una medalla al honor.

\* \* \*

Charlar con Paul me permitió relajarme y tomar cierta perspectiva. Se me ocurrió que el trauma, endémico en poblaciones como la de Bayview, no sólo se hereda de padres a hijos y se halla codificado en el epigenoma; se transmite de persona a persona, hasta incrustarse en el ADN de la sociedad. Ése era exactamente el tipo de ciclo que queríamos romper con nuestra tarea en el CYW. Esa constatación me llevó a ver en aquel obstáculo el síntoma de un barrio plagado de traumas, en vez de una señal de que estaba abocada al fracaso. Paul también me recordó que me ciñera a lo que ya sabía: mis pacientes y sus padres apoyaban masivamente nuestro proyecto para el CYW. Padres y madres satisfechos continuamente nos recomendaban a parientes y amigos, y preguntaban cuándo contrataríamos a más médicos y psicoterapeutas. Habían visto en primera persona el bien que hacíamos en el barrio. Sabíamos que un grupo pequeño pero muy escandaloso de gente se opondría a nuestra solicitud cuando nos reuniéramos con la comisión de urbanismo, pero yo sabía también que muchísimas otras personas querían vernos abrir las puertas de unas instalaciones mayores y mejores. En vez de preocuparme por la oposición, lo que debía hacer era centrarme en aprovechar ese punto fuerte.

En los días posteriores a mi conversación con Paul, mi equipo y yo empezamos a hablar con los padres de nuestros chicos y otros vecinos. Les informamos de que el proyecto corría peligro y necesitábamos que acudieran al ayuntamiento. El día de la vista, los vecinos se repartieron en coches y conseguimos furgonetas para trasladar a los simpatizantes que no disponían de transporte. Muchos tuvieron que pedir el día libre en el trabajo. A cambio de su tiempo y esfuerzo, lo mejor que pudimos hacer fue invitarlos a almorzar: sándwiches de Subway. Conforme iban llegando, les dábamos unas pegatinas verdes para que se las pusieran, como símbolo de su apoyo al proyecto. Cuando empezó la reunión, la sala estaba llena hasta arriba, y la gente fue esparciéndose por el pasillo. Los miembros de la comisión de urbanismo fueron siguiendo el orden del día, hasta llegar a nosotros. Un grupo reducido de personas se levantó y se manifestó en contra del proyecto.

Y entonces nos tocó a nosotros.

Familia tras familia, fueron poniéndose en pie y dando testimonio. Había gente de todas las constituciones y tamaños, y de todos los colores del arcoíris. Algunos se habían llevado a los hijos, todos hablaron de lo que habíamos hecho por sus familias, de lo que para ellos significaba y de lo mucho que necesitaban más servicios. Con cada persona que hablaba, el cuerpo se me iba relajando y se me iba destensando el pecho. En un momento dado, levanté la mirada hacia mi equipo y me limité a asentir. Una cosa era oír esa clase de agradecimiento en la intimidad del consultorio; otra era oírlo proclamar públicamente y con tanto sentimiento. En ese momento, creció mi fe en lo que hacíamos. Tenía ante mí la fórmula de nuestro éxito: un colectivo de personas que lidiaba con un legado de ACE, frente a unos obstáculos agravados por ciclos históricos de marginación y violencia. Y, a pesar de todo, se unían para luchar por una vida mejor para sus criaturas. Aquellas familias declararon que estábamos haciendo algo eficaz y de gran calado por sus hijos. Se podía romper el ciclo. Los chavales se quedaban en la escuela en vez de andar por las calles. Los padres aprendían a hablar con sus hijos en vez de desentenderse. Tenía delante a un grupo que veía en el CYW una oportunidad para que sus familias y vecinos propiciaran la curación colectiva. Descubrí que el CYW ya contaba con el ingrediente más determinante para el éxito: la confianza y el apoyo de la gente a la que queríamos atender.

* * *

Cuando todo el mundo hubo hablado, la comisión de urbanismo pidió a los opositores al CYW que se levantaran.

Cuatro figuras solitarias se irguieron.

A continuación, la comisión pidió que cuantos habían venido a mostrar su apoyo se pusieran en pie.

Un mar de pegatinas verdes se levantó al unísono, una gran familia de más de doscientos simpatizantes: pacientes, padres y madres, empleados, amistades y parientes. Sobrecogida, me sorprendió una vez más cómo los habitantes de nuestro barrio cuidan unos de otros. Ese momento refleja lo que se ve y se siente cuando una está dentro de Bayview, y —tengo que decirlo— la sensación es una pasada.

Cuando la comisión de urbanismo votó unánimemente a nuestro favor, un estruendo de ovaciones recorrió la sala.

# CAPÍTULO 9

# El hombre más sexi del mundo

A la mayoría de la gente, oír el nombre del doctor Robert Guthrie no le provoca mariposas en el estómago. Sin embargo, como a mis hermanos les encanta recordarme, tal vez yo sea un caso especial. Para mí, el doctor Guthrie ocupa un trono junto a JFK Jr. e Idris Elba. Sin duda, tendría un lugar en mi reducida lista de «personas, vivas o muertas, con quienes más te gustaría cenar». No sé si la revista *People* ya existía en 1961, pero, de haber existido, la invención del cribado neonatal debió haberle valido al doctor Guthrie un hueco en la portada del número «El hombre más sexi del mundo».

La primera vez que oí hablar de él yo era una joven estudiante de medicina que descubría el cribado neonatal, un medio importante que permite a los médicos detectar una larga lista de enfermedades potencialmente mortales, como el hipotiroidismo y la anemia drepanocítica. Cualquiera que haya tenido un bebé recordará que, en un momento dado, al cabo de unas veinticuatro horas del parto, le pinchan en el talón y le sacan una gota de sangre, para que el laboratorio pueda llevar a cabo lo que se conoce como cribado neonatal. Mediante esa prueba, los médicos detectan trastornos (como el hipotiroidismo) mucho antes de que se produzcan síntomas, y pueden abordar el problema subyacente antes de que tenga consecuencias. Mejora en gran medida la evolución de los pacientes, y en la actualidad constituye el procedimiento diagnóstico habitual en todos los países desarrollados del planeta. Ahora bien, no siempre fue así.

\* \* \*

El doctor Guthrie empezó su trayectoria profesional investigando el cáncer, pero su vida cambió en 1947, cuando él y su mujer, Margaret, tuvieron a su segundo hijo, al que llamaron John. Poco después de nacer, se hizo evidente que tenía una discapacidad mental considerable, lo que en esa época se conocía como «retraso mental». Pese a llevarlo a un especialista tras otro, los Guthrie nunca llegaron a saber cuál era la causa de la discapacidad de John. Tras el nacimiento de su hijo, Guthrie se consagró a la prevención de las discapacidades intelectuales. En 1957 ya era vicepresidente de la división de Buffalo de la New York State Association for Retarded Children (Asociación de Niños Retrasados del Estado de Nueva York). Al año siguiente, la hermana de Margaret Guthrie, Mary Lou Doll, dio a luz a una niña a la que puso el nombre de Margaret, en honor a su querida hermana. Al principio, Margaret era la viva imagen de la felicidad infantil, sonreía y balbuceaba según lo previsto en todos los manuales. No obstante, la conducta de la pequeña Margaret cambió con el tiempo. Se volvió más silenciosa, interactuaba menos y, a los siete meses, empezó a retroceder en los hitos del desarrollo y adquirió el extraño hábito de dejar caer la cabeza. Mary Lou Doll, preocupada, la llevó al pediatra, quien concluyó que «las caídas de cabeza» de Margaret eran convulsiones, y que la niña era «algo retrasada». Aunque en aquel tiempo había una prueba de detección de la enfermedad genética rara denominada fenilcetonuria (FCU), no se la hicieron. En cambio, el pediatra sí recomendó un electroencefalograma,[19] aunque añadió que no había prisa, puesto que la paciente «era muy joven para obtener resultados precisos».

---

19. Koch, Jean (1997) *Robert Guthrie—the PKU Story: A Crusade Against Mental Retardation.* Pasadena, CA: Hope Publishing, 155-56.

Hasta que Margaret tuvo un año, Mary Lou no habló de su hija con su cuñado. Él le aconsejó que llevara al bebé a la Universidad de Minnesota, donde finalmente le hicieron la prueba y le diagnosticaron FCU. La fenilcetonuria se debe a una deficiencia enzimática que incapacita al organismo para producir fenilalalina, un aminoácido presente en casi todas las proteínas, incluida la leche materna y la leche de inicio. Con el tiempo, se genera en el organismo un producto residual de la fenilalanina que poco a poco intoxica el cerebro y el sistema nervioso en desarrollo. Los espasmos de Margaret Doll eran consecuencia de la concentración de ese producto residual de la fenilalanina. La FCU tiene tratamiento, pero hay truco: no se trata de un medicamento de un millón de dólares la dosis, ni de ningún sofisticado ingenio médico implantable. Para prevenir la neurotoxicidad de la FCU en un niño, basta con dejar de darle de comer todo cuanto contenga fenilalalina. Si alguna vez has leído la letra pequeña de la lata de un refresco *light*, tal vez te hayas preguntado por qué dice «Este producto contiene fenilalalina». Con esa información se pretende ayudar a quienes padecen FCU a mantener la dieta sin fenilalalina tan decisiva para su salud.

Margaret Doll empezó la dieta sin fenilalalina cuando tenía trece meses, y con el tiempo recuperó algunos hitos del desarrollo. A los dieciocho meses se incorporaba sola, y a los dos años y medio empezó a caminar. Sin embargo, siguió teniendo una grave discapacidad intelectual, con un CI de 25,[20] según los psicólogos.

Ante las desgracias de su hijo y de su sobrina, el doctor Robert Guthrie se propuso una misión. Sabía que si la FCU se descubría con suficiente antelación, la dieta sin fenilalalina impedía graves daños neurológicos. Por aquel entonces, la FCU se diagnosticaba mediante lo que se conocía como «la prueba del pañal», que consistía en comprobar si la orina contenía los productos residuales tóxicos de la fenilalanina. La prueba era precisa,[21] pero no lo suficientemente

20. *Ibid.*
21. Gonzalez, Jason y Willis, Monte S. (2009) «Robert Guthrie, MD, PhD»,

sensible para detectar el producto residual tóxico cuando ya había graves daños cerebrales.

Guthrie resolvió encontrar un mejor método de medir la fenila-lalina en sangre. Basándose en métodos sacados de su experiencia en la investigación del cáncer, pudo diseñar una prueba para la que bastaban unas gotas de sangre. Ésta se trasladaba a un filtro de papel, que a su vez se trasladaba a un cultivo de bacterias que sólo se reproducían si había fenilalalina. Si las bacterias se reproducían, es que había fenilalalina donde no debía.

En 1960, se hizo uno de los primeros ensayos de la prueba de Guthrie con niños de la Newark State School for the Mentally Retarded (Escuela de Retrasados Mentales del Estado de Newark). La prueba confirmó hasta el último de los casos de FCU conocidos, así como otros cuatro que no se habían detectado. Poco después, Guthrie montó un laboratorio cerca del Hospital Pediátrico de Buffalo, y en dos años les hizo la prueba de la FCU a más de cuatrocientos mil niños de veintinueve estados.[22] El nuevo método de cribado halló treinta y nueve casos de FCU en neonatos, y el tratamiento empezó a administrárseles con tiempo suficiente para impedir lesiones cerebrales. Además, la prueba no dejó de detectar ni un solo caso de FCU.

*  *  *

Durante los años posteriores a la invención de la prueba, Guthrie fue un firme defensor del cribado de FCU de todos los bebés antes del alta hospitalaria. Luchó codo con codo con entidades de ideas afines para exigir que la prueba fuera obligatoria por ley. Lo logró, y la prueba del cribado neonatal acabó llegando aún más lejos; en la actualidad permite determinar más de veintinueve dolencias que pueden ocasionar daños neurológicos prolongados. La prueba de Guthrie

---

*Laboratory Medicine* 40, n.º 12: 748-49. Extraído de http://labmed. oxfordjour-nals.org/content/40/12/748.
    22. *Ibid.*

se ha empleado en más de setenta países y, gracias a ella, puede ayudarse a innumerables niños a alcanzar el potencial que Dios les ha dado. Francamente, si eso no merece el reconocimiento al «Hombre más sexi del mundo», no sé qué otra cosa puede merecerlo.

En mi opinión, el legado de Guthrie consistió en sentar un precedente de cribado universal. Es algo que me viene a la cabeza siempre que veo una puntuación ACE en la historia de un paciente. Al igual que los bebés con FCU no nacen con signos externos de padecer esa alteración genética, los niños no acuden a mi consulta con un cartel colgado al cuello que diga TENGO ESTRÉS TÓXICO. De ahí que la universalidad sea tan relevante como el *cribado*. Una vez tras otra, me acuerdo de lo que Guthrie le demostró al mundo: que no hay que esperar a que nuestros pequeños se presenten con síntomas de daños neuronales pudiendo hacerse algo sencillo para prevenirlo.

\* \* \*

Tres años después de inaugurar el Center for Youth Wellness, empecé a visitar a una nueva paciente que volvía a ejemplificar la lección de Guthrie. Lila, de dos años y medio, era rubia, dicharachera y precoz. Un día del otoño de 2015 me encontraba sentada con mis colegas a la mesa de reuniones, bebiendo té y leyendo la historia de Lila. En el CYW se celebran sesiones multidisciplinarias semanales, donde comentamos los planes de tratamiento para los pacientes que, según el consultorio, son muy susceptibles de padecer estrés tóxico. Este enfoque asistencial había nacido en el consultorio de Bayview, fruto de la necesidad.

En los primeros días del consultorio de Bayview, estaba desbordada, no por la carga de trabajo (aunque aquello también tenía algo de locura), sino por las situaciones extremas en las que mis pacientes y sus familias se hallaban a menudo. Me habían enseñado a tratar el asma y las infecciones, pero mis pacientes necesitaban mucho más que recetas de inhaladores y antibióticos. A veces precisaban alojamiento, protección frente a unos padres maltratadores o hasta cosas tan sencillas como artículos básicos de higiene. Un día el padre de un paciente me contó que habían entrado en su casa y se lo habían quitado todo; el ladrón se había llevado hasta el papel higiénico. (Cuando alguien te quita el papel higiénico es que te han robado a base de bien). Ese mismo hombre había sellado las ventanas con tablones de madera para evitar otro robo. Poco después, sus tres hijos vinieron a verme el mismo día con graves crisis de asma, y el padre me preguntó, sin asomo de sarcasmo: «Oiga, doctora, ¿usted cree que es malo para sus pulmones que fumemos cristal en casa con todas las ventanas selladas?».

Esa misma semana me trajeron a una paciente de ocho años aquejada de cefaleas crónicas. Acababan de sacarla de casa de su tío, un estudio donde había presenciado cómo su tío abusaba sexualmente de su prima de quince años, su hija.

Por aquel entonces yo grababa las notas en una cinta. Ahora, al escucharlas, juro que mi corazón lo recuerda, y vuelve a llenarse de pesar por mis diminutos pacientes. Algunos días, al salir de la sala de reconocimiento, me encerraba en el despacho con la cara hundida en la mesa y me echaba a llorar. Y no era para nada la única. A la hora del almuerzo o al acabar la jornada, hablaba de mis pacientes con el doctor Clarke y con la trabajadora social, Cynthia Williams, en parte para desahogarnos, pero también porque charlar unos con otros ayudaba. Aunábamos esfuerzos para dar con modos de apoyar a los pacientes, lo que era bueno para ellos y para nosotros.

Acabé dándome cuenta de que lo que hacíamos en el consultorio era una versión informal de una práctica que había descubierto en la planta de oncología de Stanford, conocida como sesiones multidisciplinarias. En el servicio de oncología pediátrica, como es comprensible, hay pacientes con necesidades imperiosas. Cada semana se reunía un grupo formado por el director de oncología, el trabajador social, el psicoterapeuta, el especialista en atención emocional pediátrica (encargado de ayudar a los niños que se enfrentan a intervenciones dolorosas) y un nefrólogo (el médico de los riñones) o cualesquiera especialistas necesarios para ese caso en particular.

Era un ejemplo perfecto de divide y vencerás. Cuando atiendes a niños con cáncer, te enfrentas por definición a una situación tremendamente delicada y compleja; *ni que decir tiene* que nadie (sea o no sea médico) puede responder como es debido a todas esas necesidades. Al pensar en los pacientes del consultorio de Bayview, sus necesidades no se me antojaban muy distintas en cuanto a la complejidad de la atención que precisaban. Así que, en vez de lloriquear en la sala de descanso, Cynthia Williams, el doctor Clarke y yo empezamos a reunirnos semanalmente, frente a una pila de historias que repasar. Lo llamábamos, al estilo de Stanford, MDR (evaluación multidisciplinaria).

Nada más arrancar, nos dimos cuenta de que esa evaluación conjunta conllevaba un gran cambio. Me permitía desempeñar bien mi cometido sin tener que dividir mi energía ni adoptar múltiples roles. Al entrar en una sala de reconocimiento, sabía que tendría donde plantear todos los temas complicados con que mis pacientes lidiaban en casa y que afectaban su salud. No me hacía falta ser trabajadora social ni psicoterapeuta; bastaba con dejar que Williams y el doctor Clarke hicieran su trabajo de modo coordinado con mi labor en la sala de reconocimiento. Como resultado, los pacientes disponían de una mejor médica, y alguien con la formación adecuada para ello se ocupaba de sus otras necesidades.

En ese momento no lo sabíamos, pero nuestra estrategia se convertiría más adelante en una práctica óptima denominada asistencia en equipo. Las vidas de nuestros pacientes no se volvían menos complicadas, pero descubrimos que este nuevo modelo contribuía a que los pacientes mejoraran antes, y tenía la ventaja adicional de subir la moral de la plantilla (sobre todo la mía). Nos fue tan bien que, cuando inauguramos el CYW, una de las prioridades fue seguir con esa práctica.

Años más tarde, al pasear la mirada por la mesa en el CYW, me sentía orgullosa y confiada viendo a dos trabajadores sociales, un psicoterapeuta, un psicólogo clínico, un enfermero practicante y dos coordinadores de bienestar, cuya función era manejar el complejo entramado interdisciplinario de planes de tratamiento del paciente. Me disponía a ponerlos a todos al corriente de la situación de quien resultó ser mi paciente más inesperada en meses, sabiendo que juntos podríamos ayudarla.

\* \* \*

La primera vez que Lila entró en la sala de reconocimiento, sólo acompañaba a su hermano Jack, un bebé que acudía a una visita de seguimiento, tras haber estado en urgencias por una otitis y un fuerte catarro. Era la tercera otitis del pequeño de nueve meses, que también había tenido dos neumonías. Sus padres querían asegurarse de que ese catarro no «se convirtiera en» otra neumonía. Lila tenía la misma edad que mi hijo Kingston (sí, en medio de todo este jaleo me las había apañado para encontrar marido y tener un niño). Me eché a reír al ver a la niña corretear por la sala de reconocimiento haciendo preguntas impropias de su edad, como hacía Kingston cada mañana al vestirle.

La familia era nueva en el vecindario. Procedentes de Ohio, acababan de mudarse al Área de la Bahía. Una vez hube examinado el oído de Jack (lo tenía bien) y le ausculté los pulmones (sin detectar nada), programamos revisiones para ambos niños. La familia no podía ser más adorable. En mi oficio me encuentro con muchas familias lindas, pero esta se llevaba la palma. Molly y Ryan eran unos padres jóvenes, pero de lo más cariñosos y solícitos, y parecían tan unidos como los de *La casa de la pradera*. Durante el reconocimiento, el pequeño ensució el pañal (gajes del oficio) y Ryan corrió a cambiárselo, pidiendo mil perdones. Era una delicia ver a ambos progenitores tan dedicados a sus hijos.

Al cabo de dos semanas, al ver que tenía visita programada para hacer la revisión de ambos niños, sonreí al instante. Tenía ganas de volver a verlos. Entré en la consulta y comprobé todos los impresos habituales sobre medicación e historia clínica. Me alegré al ver que Jack no presentaba nuevos síntomas y observé que lo único que a

Molly le preocupaba era el crecimiento de Lila. Ryan no había podido asistir, así que le correspondió a Molly ponerme en antecedentes sobre su hija. Me contó que, al nacer, Lila se encontraba en el percentil 25 de altura y peso. No obstante, más o menos en los seis meses posteriores, había seguido una senda descendente, hasta quedarse en el percentil 3. Su anterior pediatra les había dado pautas de alimentación e incluso les había recomendado PediaSure (un complemento alimenticio), pero nada parecía surtir efecto. Molly no entendía por qué Lila era tan pequeña. Tanto ella como Ryan eran de estatura media, y la chiquilla nunca había tenido problemas de salud prolongados. Junto con la madre, acabé de leer atentamente la historia clínica de Lila y, al pasar a la puntuación ACE, casi tuve que leerla dos veces.

* * *

«¿Lo habrá entendido mal esta mamá? —pensé—. A lo mejor ha puesto su puntuación ACE, en vez de la de los niños». Según la documentación, Lila tenía una puntuación ACE de siete, y la de su hermano de nueve meses era de cinco.

Empecé a soltar mi discurso habitual, creyendo que Molly se daría cuenta de su error:

—Estudios recientes demuestran que la exposición de los niños a hechos estresantes o traumáticos puede aumentar el riesgo de padecer problemas de salud y de desarrollo, como el asma y las dificultades de aprendizaje. Por eso actualmente este consultorio comprueba si los pacientes han sufrido experiencias adversas en la niñez. Voy a ir leyendo esta lista de diez ítems; no hace falta que nos digas por cuáles ha pasado tu hijo, sólo por cuántos. Quisiera dedicar unos minutos a repasar tus respuestas.

Molly no dejó de asentir en ningún momento.

—No me cabe ninguna duda —dijo.

—Entonces, ¿ya habías oído hablar de los ACE? —pregunté, algo perpleja.

—No, pero al verlo por escrito en el papel, me ha parecido del todo lógico.

Confirmó que, efectivamente, las puntuaciones ACE de sus hijos eran siete y cinco.

«O sea, que no había rellenado mal el formulario».

Constatarlo fue un jarro de agua fría. Cada día me encuentro con pacientes con puntuaciones ACE elevadas, algunos incluso de muy corta edad, y siempre es duro. Sin embargo, la forma de actuar de Lila me recordaba tanto a mi propio hijo que su puntuación ACE me afectó de un modo inesperado. Mi parte profesional agradecía estar al tanto de lo que podía estar ocurriéndole a la salud de la niña; como madre, en cambio, me dejaba hecha polvo. Quería tomar a Lila entre mis brazos, estrecharla con fuerza contra el pecho y decirle que todo se arreglaría. Quería hacer desaparecer esos siete ACE igual que cuando a Kingston le curaba una pupa con un beso. Pero no podía. Y no era ése mi cometido. Lo que podía hacer era asegurarme de que los ACE de Lila no quedaran inscritos en su biología por el resto de su vida. Mi verdadera tarea era ésa.

La puntuación ACE de Lila me decía que corría un riesgo mucho mayor que otros niños de sufrir innumerables problemas de salud cuando fuera adulta. Ahora bien, ¿cómo se traducía esa información en mi labor diaria? Felitti y Anda habían comprobado los estados de salud de adultos, pero era improbable que Lila se enfrentase a casi ninguna de esas enfermedades en las décadas venideras. Afortunadamente, el equipo de investigación del CYW había avanzado notablemente en la respuesta a algunos de esos interrogantes.

Nuestro equipo había leído a conciencia más de dieciséis mil artículos de investigación sobre las repercusiones que la adversidad en la niñez tenía en la salud de *los niños*. Nos encontramos con que la adversidad en la niñez es compatible con diversas enfermedades y dolencias que pueden observarse hasta en chiquillos de muy corta edad. En los neonatos, la exposición a los ACE[23] está relacionada con

---

23. Johnson, Anna E. *et al.* (2011) «Growth Delay as an Index of Allostatic

retraso del crecimiento, retraso cognitivo y alteraciones del sueño. Los individuos en edad escolar[24] muestran mayores índices de asma y peor respuesta al tratamiento de rescate (con fármacos como el albuterol) y mayores tasas de infección (por ejemplo, infecciones víricas, otitis y neumonía), así como más dificultades de aprendizaje y problemas de comportamiento. En cuanto a los adolescentes, presentan índices superiores de obesidad, acoso escolar, violencia, tabaquismo, embarazo en adolescentes, paternidad en adolescentes y otras conductas de riesgo, como la actividad sexual precoz.

Me dispuse a orientar a Molly sobre lo que sospechaba que estaba ocurriendo con la salud de su hija.

Load in Young Children: Predictions to Disinhibited Social Approach and Diurnal Cortisol Activity», *Development and Psychopathology* 23, n.° 3: 859-71. Richards, Marcus y Wadsworth, M. E. J. (2004) «Long-Term Effects of Early Adversity on Cognitive Function», *Archives of Disease in Childhood* 89, n.° 10: 922-27. McPhie, Meghan L.; Weiss, Jonathan A. y Wekerle, Christine (2014) «Psychological Dis- tress as a Mediator of the Relationship Between Childhood Maltreatment and Sleep Quality in Adolescence: Results from the Maltreatment and Adolescent Pathways (MAP) Longitudinal Study», *Child Abuse & Neglect* 38, n.° 12: 2044-52.

24. Lanier, Paul *et al.* (2009) «Child Maltreatment and Pediatric Health Outcomes: A Longitudinal Study of Low-Income Children», *Journal of Pediatric Psychology* 35, n.° 5: 511-22. Kozyrskyj, Anita L. *et al.* (2008) «Continued Exposure to Maternal Distress in Early Life Is Associated with an Increased Risk of Child- hood Asthma», *American Journal of Respiratory and Critical Care Medicine* 177, n.° 2: 142-47. Wyman, Peter A. *et al.* (2007) «Association of Family Stress with Natural Killer Cell Activity and the Frequency of Illnesses in Children», *Archives of Pediatrics & Adolescent Medicine* 161, n.° 3: 228-34. Maclean, Miriam J.; Taylor, Catherine L. y O'Donnell, Melissa (2016) «Pre-Existing Adversity, Level of Child Protection Involvement, and School Attendance Predict Educational Outcomes in a Longitudinal Study», *Child Abuse & Neglect* 51: 120-31. Morris, Timothy T.; Northstone, Kate y Howe, Laura D. (2016) «Examining the Association Between Early Life Social Adversity and BMI Changes in Childhood: A Life Course Trajectory Analysis», *Pediatric Obesity* 11, n.° 4: 306-12. Miller, Gregory E. y Chen, Edith (2006) «Life Stress and Diminished Expression of Genes Encoding Glucocorticoid Receptor and B2-Adrenergic Receptor in Children with Asthma», *Proceedings of the National Academy of Sciences* 103, n.° 14: 5496-5501. J. Burke, Nadine *et al.* (2011) «The Impact of Adverse Childhood Experiences on an Urban Pediatric Population» *Child Abuse and Neglect* 35, n.° 6: 408-13.

—Creo que, debido a por lo que ha pasado, el organismo de Lila puede estar fabricando más hormonas del estrés de la cuenta, y eso puede estar alterando su crecimiento —afirmé.

Aquello pareció cuadrarle de inmediato.

—Sí. Con su anterior pediatra estuvimos mirando lo del peso. A veces su padre no estaba en casa, y parecía que, cuando él no estaba, subía un poco de peso, pero cuando él volvía adelgazaba otra vez. En casa ha habido mucho estrés, desde luego.

—Caray. ¿Se lo comentó alguna vez al médico que tenía?

—No —contestó—. Nunca me lo preguntó.

Si no llega a ser por las puntuaciones ACE, nadie hubiese imaginado que Lila y su hermano estuviesen tan expuestos a sufrir tantos problemas de salud y desarrollo. Seguramente alguien se habría fijado si los chiquillos hubiesen empezado a mostrar problemas de comportamiento en preescolar; no obstante, aun siendo así, es probable que les hubiesen diagnosticado TDAH y los hubiesen encauzado en la senda de la medicación. Si no hubiesen manifestado ningún síntoma conductual, lo más probable —aunque hubiesen contraído asma, una enfermedad autoinmune o cualesquiera otras consecuencias inmunitarias del estrés tóxico— es que el problema *subyacente* no se hubiese detectado ni tratado. Guthrie había demostrado que el único modo de decantar radicalmente la balanza del estado de salud del paciente es el cribado *universal*. De lo contrario, todo es cuestión de probabilidad: de la probabilidad de que los síntomas de Lila empeoraran los suficiente como para que su médico hiciera más preguntas. De la probabilidad de que ese médico en concreto hubiese oído hablar de los ACE y supiera hacer esas preguntas de entrada. ¿Cuánto daño podía producirse a la espera de que se hicieran las preguntas adecuadas, de que se practicaran las pruebas adecuadas? Guthrie lo sabía. Su cuñada lo sabía. Ellos habían visto qué ocurría cuando no se hacía de forma generalizada la prueba de la FCU, cuando se perdía la oportunidad de intervenir a tiempo. Por eso, más vale cribar que curar.

\* \* \*

En el caso de la FCU, está claro que hay que intervenir a tiempo para que el tratamiento de la enfermedad sea eficaz, pero ¿qué hay de los ACE y el estrés tóxico? Pues está igual de claro. Todos los datos científicos sobre el desarrollo del sistema neuro-endocrino-inmunitario nos remiten a lo mismo: intervenir antes es mejor (y quiero decir mucho, muchísimo mejor). Eso no significa que los niños de más edad y los adultos con ACE no vayan a beneficiarse de los tratamientos (luego volveremos sobre ello), pero cuanto más tardemos en actuar, más intensivo (y costoso) deberá ser el tratamiento y menos probabilidades tendrá de funcionar. La razón es que al empezar antes contamos con más herramientas de trabajo.

Los estudios neurocientíficos de las últimas décadas explican por qué la adversidad temprana tiene semejante efecto en el crecimiento infantil. La etapa prenatal y la de la primera infancia nos brindan un margen de oportunidad especial, puesto que suponen «etapas críticas y sensibles» del desarrollo. Una *etapa crítica* es un momento del desarrollo en el que la presencia o ausencia de una experiencia desencadena cambios irreversibles.[25] Gran parte de lo que sabemos sobre etapas críticas es fruto de la investigación sobre visión binocular (la capacidad de percibir la profundidad y generar imágenes en 3D a partir de las aportaciones de ambos ojos). Cuando un bebé nace con los ojos desalineados (con un ojo bizco o vago), al cerebro le cuesta generar una imagen en 3D coherente, y la percepción de la profundidad es deficiente. Ahora bien, si el defecto de alineación se detecta y corrige a los siete u ocho años, el niño podrá desarrollar una visión binocular normal. Pasados los ocho años, no obstante, el margen de oportunidad de adquirir una visión en 3D normal deja de estar ahí y se pierde para siempre. (O eso pensábamos: nuevos datos

---

25. Bhutta, Zulfiqar A.; Guerrant, Richard L. y Nelson, Charles A. (2017) «Neurodevelopment, Nutrition, and Inflammation: The Evolving Global Child Health Landscape», *Pediatrics* 139, suplemento 1: S12-S22.

sugieren que el margen para desarrollar la visión binocular puede ser más prolongado de lo que creíamos, y hay estudios fascinantes que pretenden averiguar si podemos volver a brindar oportunidades que antes considerábamos evaporadas). Desde el descubrimiento de la existencia de etapas críticas en la corteza visual cerebral, los científicos han hallado numerosos otros circuitos cerebrales que también presentan etapas críticas.

Una *etapa sensible* es un momento en la que el cerebro es especialmente reactivo a un estímulo ambiental. Sin embargo, a diferencia de lo que sucede con las etapas críticas, el margen de oportunidad no desaparece del todo; sólo se reduce en gran medida. El desarrollo del lenguaje es un ejemplo excelente de un circuito neuronal que presenta una etapa sensible. Es sabido que cuesta mucho menos aprender nuevos idiomas de pequeño que en la edad adulta. Tengo amigos europeos cuyos hijos hablan con fluidez cuatro lenguas —inglés, francés, alemán y español— con un acento impecable. En cambio, años y cientos de dólares después de la piedra Rosetta, mi francés es *très terrible*.

Las etapas críticas y sensibles son períodos de máxima neuroplasticidad (la capacidad del cerebro de reconfigurarse o reordenarse en respuesta a un estímulo). Este crecimiento y transformación de neuronas y sinapsis puede darse en respuesta a las lesiones, al ejercicio, a las hormonas, a la emoción, al aprendizaje y hasta al pensamiento. Nuestros cerebros siempre están cambiando a raíz de las experiencias y, en términos generales, eso es bueno.

Hay dos tipos de neuroplasticidad, la celular y la sináptica. La *plasticidad sináptica* es un cambio en la *fuerza* de la conexión entre una célula cerebral y la siguiente (la sinapsis). Es un poco como pasar del susurro al grito. La *plasticidad celular*, por su parte, es un cambio en el *número* de células cerebrales que hablan entre sí, la diferencia entre que grite una persona y que lo haga todo un estadio. Mientras que la plasticidad sináptica dura toda la vida (por eso un perro de edad avanzada aprende trucos nuevos), la plasticidad celular se da mucho más rápido en los primeros años de vida. Cerca del 90 % ya se ha producido cuando el niño cumple los siete años, pero el resto se prolonga hasta más o menos los veinticinco.

El cerebro se desarrolla como esos extraños arbustos ornamentales que crecen con forma de Mickey Mouse o de dinosaurio gigante (espera, no te vayas). Naturalmente, no crecen así por sí mismos, sin más; los podan. Los bebés nacen con un exceso de células cerebrales, y el cerebro también pasa por un procedimiento de podado. Las células cerebrales de los circuitos que *no* utilizamos se podan, y las de los circuitos que *sí* usamos crecen y aumentan. Nuestras experiencias, tanto las positivas como las nocivas, determinan qué vías cerebrales se activan y siguen consolidándose con los años. En ese sentido, las experiencias tempranas esculpen literalmente el cerebro.

Sabemos que la adversidad temprana activa las vías cerebrales asociadas al estado de alerta, al control deficiente de los impulsos, al aumento del temor y a la inhibición de la función ejecutiva. Ahora bien, si distinguimos con la suficiente antelación a los niños muy susceptibles de sufrir estrés tóxico, podemos intervenir a tiempo para aprovechar los niveles elevados de plasticidad sináptica y celular. Lo más eficaz para reprogramar el cerebro es llevar a cabo intervenciones tempranas que ayuden a prevenir la desregulación de la respuesta al estrés y que favorezcan prácticas que amortigüen la respuesta al estrés (como sucede con la psicoterapia paternofilial). Al hacerlo, le brindamos al cerebro su mayor oportunidad de renovar su desarrollo de un modo saludable.

¿Y qué hay de todos los que ya somos perros viejos? Bueno, si de lo que se trata es de aprender nuevos trucos, lo bueno es que los cambios hormonales que se dan en la adolescencia, el embarazo y al tener el primer hijo nos brindan márgenes de neuroplasticidad[26] que se cree que constituyen nuevas etapas sensibles. La testosterona (en los chicos), así como los estrógenos y la progesterona (en las chicas)

---

26.  Sisk, Cheryl L. y Zehr, Julia L. (2005) «Pubertal Hormones Organize the Adolescent Brain and Behavior», *Frontiers in Neuroendocrinology* 26, n.º 3: 163-74; Kim, Pilyoung (2016) «Human Maternal Brain Plasticity: Adaptation to Parenting», *New Directions for Child and Adolescent Development*, n.º 153: 47-58.

son hormonas sexuales que provocan todos los sinsabores vinculados a la adolescencia (acné, vello, pechos, ciclos menstruales). Otra hormona destacada es la oxitocina, una poderosa hormona afiliativa que la madre segrega en cantidades muy elevadas en el parto y en el inmediato puerperio. Todas estas hormonas[27] estimulan la plasticidad sináptica y favorecen bioquímicamente la capacidad de aprender y de adaptarse al entorno. Estas etapas son una oportunidad especial para sanar, momentos en los que las experiencias enriquecedoras tienen aún más posibilidades de «integrarse».

Más cosas buenas: hay actividades con las que uno mismo puede potenciar su plasticidad sináptica; el sueño, el ejercicio, la alimentación y la meditación favorecen el proceso. Dicho esto, un adulto necesitará algo más de paciencia y perseverancia, puesto que el cambio no será tan radical ni tan rápido como en los niños pequeños. Sabemos que, cuanto antes empecemos, más herramientas tendremos; los niños de corta edad son los más vulnerables a la adversidad, pero también cuentan con la mayor capacidad de sanar con un tratamiento precoz. Y también sabemos que nunca es tarde para recurrir a la biología cuando nos convenga para sanar.

* * *

Es bien sabido que Guthrie concibió en tres días el análisis de sangre simplificado para detectar la fenilalalina. Por desgracia para el consultorio, diseñar un protocolo de cribado rápido y sencillo de los ACE era cualquier cosa menos rápido y sencillo. En 2015, ya llevábamos trabajando en ello de un modo u otro desde 2008. En el consultorio de Bayview empezábamos con preguntar simplemente por los antecedentes de ACE de los pacientes y recoger la información en las historias médicas. El problema de ese método era que llevaba mucho tiempo y que a veces el médico que preguntaba debía enfrentarse a una carrera de graves obstáculos emocionales que la mayoría de los

---

27. *Ibid.*

facultativos de atención primaria no tienen ni el tiempo ni la formación para recorrer con esmero. Aunque nos ayudaba a atender mejor a los pacientes, no era ideal. Éramos conscientes de que, para que funcionara con el colectivo médico más allá de nuestro pequeño consultorio, le hacían falta retoques.

Lo mejor del CYW nace de los aciertos del consultorio de Bayview. Íbamos por buen camino en lo del cribado, y en cuanto el CYW dispuso de los medios, los equipos médico e investigador se pusieron juntos manos a la obra para afinar la herramienta de cribado y que pudiese irle bien a cualquier médico. Tenía que ser fácil de usar y contar con base empírica.

Y ahora demos un salto de unos cuantos años (por no hablar de unos cuantos sudores y lágrimas, sin que la sangre llegara al río, por suerte). La herramienta de cribado que la madre de Lila cumplimentó era muy distinta de la primera que había empleado con mis pacientes. Para empezar, la nueva era en papel (o tablet), y el padre o la madre podía rellenarla antes de que yo entrara en la sala de reconocimiento. En segundo lugar (y aquí residía la verdadera innovación), en la nueva se enumeraban los diez ACE y se indicaba explícitamente a los padres del paciente que no nos dijeran cuáles había padecido su hijo, sino sólo cuántos. Al final de la página, el cuidador escribía el número total, y esa era la puntuación ACE. Lo llamamos cribado «sin identificar», porque no identifica los ACE individuales. Además, resuelve en gran medida dos de las principales complicaciones: el tiempo (antes se tardaba mucho en descifrar un cribado positivo) y lo delicado de la información que requerimos. Como tanto el doctor Felitti como yo habíamos visto en primera persona, los médicos —más que los pacientes— dudan a la hora de hablar sobre episodios de maltrato o desatención del pasado. Les preocupa que los pacientes se incomoden, que no les digan la verdad o, aún peor, que les digan la verdad y la visita se tuerza por una avalancha de emociones o la obligación de presentar un informe a los servicios sociales. Con la herramienta de cribado sin identificar, todas estas inquietudes desaparecen de la ecuación.

El otro logro importante del cuestionario ACE del CYW fue tras-cender los criterios tradicionales elaborados por Felitti y Anda, al preguntar por más factores de riesgo de estrés tóxico. No los llama-mos ACE, porque no son del Estudio ACE y carecemos del amplio conjunto de datos demográfico del que extraer las probabilidades de enfermar. No obstante, la experiencia en Bayview nos revelaba que los pacientes se enfrentaban a otras adversidades que activaban rei-teradamente sus sistemas de respuesta al estrés. Nuestro equipo investigador trabajó asiduamente con la población (joven y adulta) para averiguar cuáles eran los mayores estresantes en su vida diaria. Partiendo de esas aportaciones, modificamos nuestra herramienta de cribado e incluimos otros factores que, en nuestra opinión, podían también incrementar el riesgo de estrés tóxico.

- Violencia vecinal
- Indigencia
- Discriminación
- Acogida temporal
- Acoso escolar
- Tratamiento médico reiterado o enfermedad potencialmente mortal
- Muerte del cuidador
- Pérdida del cuidador por deportación o emigración

En el cribado de adolescentes, también incluimos lo siguiente:

- Violencia verbal o física por parte de la pareja
- Encarcelamiento en la adolescencia

Estas categorías complementarias las contamos aparte, para seguir pudiendo aplicar los hallazgos de la literatura científica. Sé por el Estudio ACE que, si un paciente tiene una puntuación ACE de cua-tro o más según los criterios de Felitti y Anda, tiene el doble de pro-babilidades de contraer una cardiopatía y 4,5 más de sufrir depresión.

Los investigadores justo empiezan a examinar las categorías complementarias a gran escala, pero los datos preliminares indican que los estresantes presentes en el hogar (los ACE tradicionales) parecen repercutir más en la salud que los estresantes del lugar de residencia.[28] Eso sorprendió a muchos profesionales (yo incluida), pero los datos sugieren que quien pasa la infancia en un entorno vecinal estresante, pero dispone de un cuidador respaldador y sano, tiene muchas más probabilidades de permanecer en la zona del estrés tolerable, sin pasar a la del estrés tóxico.

Cuando examiné el cribado de Lila, sólo vi que tenía una puntuación de siete más cero (siete en la puntuación tradicional ACE y cero en nuestra puntuación suplementaria). Me bastaba con esa información para saber cuál era el siguiente paso. Si no quería, Molly no tenía por qué revelar los pormenores de lo que había acontecido en su familia. Y, en general, no quería. Se limitó a mencionar que Ryan había estado un tiempo en rehabilitación y que él también tenía antecedentes de ACE. Al mirar la puntuación ACE de Lila, parte de mí quería saber todo lo que había detrás. Quería saber cómo ese padre que con tanta alegría había corrido a cambiar un pañal podía causar algún daño. Quería saber de esa madre y de su historia. Sin embargo, para hacer bien mi trabajo, no era a mí a quien correspondía descifrarlo. Para asegurarme de que a los otros doce chicos que tenía en la agenda esa tarde también se les hiciera el cribado ACE, debía confiar el resto de la labor a mi equipo. El cribado sin identificar me permitió advertir que el retraso del crecimiento de Lila seguramente se debía al estrés tóxico. Lo único que necesitaba era conseguirle la asistencia adecuada, y hacerlo con la misma seguridad, agilidad y facilidad con que lo hacía con todos y cada uno de mis niños, sin quedarme cada día en el consultorio hasta medianoche.

---

28. Wade, Roy *et al.* (2016) «Household and Community-Level Adverse Childhood Experiences and Adult Health Outcomes in a Diverse Ur- ban Population», *Child Abuse and Neglect* 52: 135-45.

\* \* \*

Llevé el caso de Lila a las evaluaciones multidisciplinarias, con la recomendación de que hiciera psicoterapia paternofilial. A la larga, lo que mejor le iría a Molly sería abordar los pormenores de la puntuación ACE de su hija con el doctor Adam Moss, el último doctorado de Alicia Lieberman. Su tratamiento consistió en tres sencillos pasos. El primero y más decisivo fue sencillamente ayudar a Molly a entender mejor el problema y lo que podía hacer al respecto: profundizar en las repercusiones de las hormonas del estrés en el crecimiento y en como la propia Molly tenía la capacidad innata de amortiguar la respuesta al estrés de su hija. Para lograrlo, debimos ayudar a Molly a restaurar el buen funcionamiento de su propia respuesta al estrés. Más tarde le explicamos que contábamos con un especialista que le enseñaría a ser un sano amortiguador del estrés de su pequeña. El segundo paso consistió en enviar a madre e hija a psicoterapia paternofilial, y el tercero no fue más que el PediaSure de toda la vida, que en mi opinión sería más eficaz cuando ya nos hubiésemos ocupado del estrés tóxico subyacente. Al cabo de tres meses, Lila había vuelto a la curva del crecimiento.

Recuerdo los primeros días de Diego y lo agobiada que estaba antes de adoptar la estrategia de la asistencia en equipo y tener la certeza de que esa forma de trabajar era mejor para todo el mundo. Siete años después, parecía que siempre hubiese sido así. Es que era de lo más lógico.

Por desgracia, a veces lo más lógico no coincide con la realidad del ejercicio de la profesión. Otra de mis superheroínas médicas es Sue Sheridan. Aunque no es licenciada en Medicina, tiene, como Guthrie, un hijo que padece una grave discapacidad, lo que la llevó a trabajar incansablemente por el bien de familias como la suya. Casi todo el mundo ha tenido o conoce a algún bebé nacido con ictericia, una afección en que la piel y los ojos del neonato tienen una coloración amarilla. Tal vez habrás visto alguna foto del bebé de alguna amiga bajo los focos de la fototerapia, como en una versión infantil de las camas de bronceado.

Más del 60 % de los recién nacidos contraen algún grado de ictericia. La piel amarilla característica informa a los pediatras de que hay acumulación de una sustancia química llamada bilirrubina en el organismo del bebé. La bilirrubina se forma cuando el organismo descompone los glóbulos rojos. El hígado la procesa de forma natural y el cuerpo la excreta (y por eso el pipí es amarillo, por cierto). Sin embargo, cuando nacemos, al hígado le cuesta un poco ponerse en marcha y funcionar a pleno rendimiento, por lo que la bilirrubina puede acumularse. Normalmente, la bilirrubina es inofensiva, pero si los niveles suben en exceso, puede traspasar la barrera hematoencefálica y causar daños cerebrales. Cuando nació Cal, el hijo de Sue Sheridan, parecía el bebé más sano y hermoso del mundo. Sin embargo, en sus primeras veinticuatro horas de vida, la piel empezó a volvérsele amarilla. A Sue y a su marido les dijeron que no se preocuparan, porque la ictericia era bastante común en neonatos. No le hicieron ningún análisis de la bilirrubina. Por aquel entonces, el procedimiento diagnóstico habitual consistía en llevar a cabo un examen visual del paciente, esto es, el pediatra decidía a ojo si la ictericia parecía lo bastante grave como para aplicar un tratamiento. Había un análisis de sangre para saber los niveles de bilirrubina, pero habitualmente no se practicaba. Al día siguiente, la coloración amarilla de Cal seguía yendo a más y, a pesar de que el matrimonio Sheridan volvió a expresar su preocupación, tampoco se hizo ningún análisis. Cuando Cal, con treinta y seis horas de vida, recibió al alta, se especificó que presentaba ictericia de los pies a la cabeza. No obstante, al dejar el hospital, sus padres sólo recibieron un folleto que aconsejaba dejar al bebé cerca de una ventana donde le llegara la luz del sol. El folleto no decía en ningún momento que la ictericia pudiese ocasionar daños cerebrales.

El día después de llegar a casa, Cal entró en un estado apático y empezó a costarle mamar. Preocupada, Sheridan lo llevó al pediatra, pero tampoco le hicieron ninguna prueba, y volvieron a enviarlos a casa. Pasó un día más y Cal no hacía sino empeorar. Finalmente, le ingresaron en el hospital y empezaron a administrarle fototerapia.

No obstante, el tratamiento de la ictericia de Cal no arrancó hasta que ya fue demasiado tarde. En su sexto día de vida, estando en brazos de su madre, Cal se puso rígido, arqueó el cuello y emitió un llanto agudo. Más adelante Sheridan sabría que Cal había mostrado todos los signos clásicos de la ictericia nuclear, una dolencia que se produce cuando la bilirrubina sube demasiado y traspasa la barrera hematoencefálica, lo que desencadena graves daños cerebrales. Sheridan observó literalmente como el cerebro de su criatura caía presa de una neurotoxicidad que pudo haberse prevenido. Esa experiencia la atormentaría por el resto de sus días.[29]

A pesar de su escasa incidencia, la ictericia nuclear es terrible. Puede dar pie a múltiples daños neurológicos irreversibles. En el caso de Cal, la afección le provocó parálisis cerebral infantil, sordera parcial, bizquera y problemas del habla, entre otras anomalías, y necesitaría asistencia durante toda la vida. Por si aquello no fuera suficiente para una madre primeriza, lo que reconcomía a Sheridan es que no tenía por qué haber sido así. Debido a una serie de trágicos lapsus en la atención médica, lo urgente del cuadro clínico de Cal no se advirtió hasta que el daño ya estaba hecho.

Años más tarde, al nacer la hija de Sheridan con ictericia, enseguida le hicieron pruebas y le administraron fototerapia. Al ver lo fácil que hubiese sido ahorrar a Cal tantas discapacidades, Sheridan lloró, sintiéndose una vez más desolada por la suerte de su hijo. Pero luego se puso manos a la obra. Emprendió una gira para hacer campaña en pro del cribado universal de la bilirrubina, una práctica que podía incorporarse a la atención neonatal estándar por un precio aproximado de un dólar. Intervino en congresos, aportó su testimonio ante instituciones sanitarias y fundó una ONG con otras madres cuyos hijos tenían ictericia nuclear. Para casi todos quienes saben de la historia de Sheridan, la respuesta es obvia: haced la dichosa prueba. Que

29. AHRQ Patient Safety, *TeamSTEPPS: Sue Sheri- dan on Patient and Family Engagement*, vídeo en YouTube, publicado en abril de 2015, https://www.youtube.com/watch?v=Hgug-ShbqDs.

sea obligatoria. ¡Claro! Sin embargo, aunque Sheridan logró notables progresos con determinados comités y organismos sanitarios, el colectivo médico también le puso muchísimos palos en las ruedas.

A los médicos y presidentes de comités que redactan las directrices de los cribados médicos les molestaba que quisiera cambiar el modo de proceder por unas «historias emotivas». Según ellos, la ictericia nuclear era lo bastante poco común para que no fuera necesario inquietar a los padres primerizos, que ya tienen mucho de lo que preocuparse. Y no hay que cuestionar a los médicos. Sheridan, defensora de la seguridad del paciente, se enfrentó a varios obstáculos que parecían oponerse más a la modificación de la cultura médica que al conocimiento. En el caso de Sheridan y su hijo, basar la prevención y el tratamiento en algo tan subjetivo como la inspección visual había tenido consecuencias desastrosas, y estaba decidida a impedir que otros niños se vieran perjudicados por falta de una simple prueba de cribado. La campaña de Sheridan logró poner la ictericia nuclear en el punto de mira de los médicos. Consiguió que los Centros de Control de Enfermedades alertaran a los hospitales del aumento de casos. Asimismo, persuadió a la Hospital Corporation of America, una gran red de hospitales, de que exigiera la prueba antes de dar el alta a todos los neonatos. Gracias en parte a Sue[30] Sheridan, en 2004 la American Academy of Pediatrics recomendó oficialmente que todo niño pasara por un cribado de bilirrubina en las primeras veinticuatro horas de vida.

Al estar profundamente integrada en la cultura médica, sé que a menudo se opone mucha resistencia a cambiar las pautas del ejercicio de la profesión, y mucha de esa resistencia está justificada. De ahí que, antes de que el CYW empezara a dar a conocer nuestra herramienta de cribado, quisiéramos tantear el terreno y escuchar con atención. Tras hablar con colegas, adquirimos valiosa información sobre las posibles dificultades que entrañaba la implantación de un

---

30. Carr, Susan (2015) «Kernicterus: A Diagnosis Lost and Found», *Newsletter of the Society to Improve Diagnosis in Medicine* 2, n.º 2: 1-3.

protocolo de cribado de los ACE. Había varias inquietudes e interrogantes bien razonados, pero también algo de la clásica renuencia a introducir otro protocolo de cribado.

Entiendo que los médicos no pueden hacer pruebas de todo. Como la mayoría de mis colegas, quince minutos me parecen un tiempo irrisorio para llevar a cabo todo lo que un pediatra debe hacer en un reconocimiento preventivo. En ese cuarto de hora, debemos comprobar la altura y el peso, la visión y la audición, así como el crecimiento y el desarrollo. Asimismo, debemos preguntar por la alimentación, el sueño, el pipí, las cacas, el tiempo que están frente a una pantalla y docenas de peligros domésticos, desde el de arrancar pintura con plomo hasta el de las armas de fuego sin seguro. Y todo eso sin ni tan siquiera sacar el estetoscopio. Más o menos después del segundo paciente de la jornada, empiezo todas las visitas diciendo «Siento mucho la espera».

La respuesta de nuestro equipo a todas esas inquietudes era diseñar un protocolo que pudiese completarse en tres minutos o menos. Éramos conscientes de que lo importante no era sólo recomendar a los médicos hacer el cribado, sino también ayudarlos a comprender por qué y cómo hacerlo, y qué hacer si detectaban algún ACE. Así que decidimos redactar una guía de usuario que acompañase la herramienta de cribado y respondiera a todas esas preguntas.

En la época en que visitaba a Lila, publicamos el protocolo de cribado en internet para su consulta gratuita. Como sabíamos que era dificilísimo lograr que la gente hiciera las cosas de otro modo, nos marcamos el objetivo de lograr mil descargas en los tres años siguientes. Para mi sorpresa y para deleite de todo el equipo, en tan sólo un año más de mil doscientos consultorios y facultativos de quince países se descargaron la herramienta, una cifra muy por encima de nuestro objetivo. Cuando preguntamos a un grupo temático de médicos que habían empezado a aplicar el cribado ACE, todos dijeron que ya nunca dejarían de hacerlo. No había marcha atrás.

Aprovechando las respuestas positivas que había cosechado la puesta a disposición de los médicos de nuestra herramienta, fuimos un paso más allá. Montamos una red nacional de pediatras donde aprender juntos cómo cribar, qué hacer con un cribado positivo y cómo proporcionar *antes* la atención necesaria a niños con estrés tóxico. Confío en que el National Pediatric Practice Community (Gremio de la Asistencia Pediátrica Nacional) dedicado a los ACE nos acerque más al día en que el cribado ACE forme parte de la atención sanitaria universal. Creo de corazón que lo lograremos.

He visto hasta qué punto la identificación y la intervención precoces han sido determinantes para mis pacientes con ACE. Al igual que Robert Guthrie y Sue Sheridan, me he propuesto lograr que hasta el último niño del país tenga las mismas oportunidades de recibir un tratamiento eficaz. Tanto da cuál sea el detonante del cambio —un médico, un paciente, una madre, una tragedia—: lo importante es que los pacientes reciban una mejor atención. Debemos seguir perfeccionando los protocolos, localizar los problemas a tiempo y poner toda la carne en el asador a la hora de atender a los pacientes más vulnerables.

# CAPÍTULO 10

## Amortiguación de máxima potencia

Recuerdo que, de niña, iba de visita a San Francisco desde mi ciudad, Palo Alto, que se halla a sólo cuarenta kilómetros al sur. Cuando íbamos, hacíamos todo lo que se hace en San Francisco: subir al teleférico, cruzar a pie el puente de Golden Gate Bridge y recorrer en coche la carretera más sinuosa del mundo, hasta la cima de las famosas colinas sanfranciscanas. No faltan urbanizaciones pijas en las cumbres de San Francisco, pero Pacific Heights es seguramente la que se lleva la palma.

Pac Heights, a veces apodada Specific Whites («Sólo para blancos», por razones obvias), era del todo ajeno al mundo donde yo había crecido. En Palo Alto conocíamos a gente bastante acomodada, pero aquí jugaban en otra liga. A mi madre le encantaba pasar por delante de las imponentes mansiones con el coche atestado de críos que pegábamos la cara a las ventanillas. Nunca nos atrevimos a bajar del vehículo.

Recuerdo lo silenciosas que parecían siempre esas casas. No había niños jugando al fútbol en la calle, como hacíamos mis hermanos y yo los fines de semana; ningún vecino lavando el coche en la entrada de casa. No salía música a todo volumen de las ventanas y, desde luego, nadie depositaba muebles en la acera el último día del mes para quien quisiera recogerlos. De pequeña, me imaginaba que quienes vivían en esas casas de ensueño debían ser guapísimos, poderosos y del todo distintos a quienes conocía.

Tras un salto de unas décadas (no hace falta decir cuántas), me encuentro como el Príncipe de Bel Air recién llegado a la urbanización. Me había casado con un emprendedor de éxito y mi trabajo consistía en dedicar cada vez más tiempo a recaudar fondos para el CYW. Ambas cosas me proporcionaron de repente acceso a esos mismos lugares y personas que en el pasado se me habían antojado tan misteriosos.

Kathleen Kelly Janus era una de ellas. La conocí cuando vino a visitarme al consultorio de Bayview, en 2012. Había oído hablar bien de la labor que desempeñábamos en el barrio. Ella y su marido, Ted, que había hecho fortuna gestionando fondos de cobertura, querían saber más. Kathleen había trabajado varios años en uno de los grandes bufetes legales de San Francisco, pero dedicaba tanto tiempo al voluntariado jurídico que había acabado dejando el bufete y montando su propia organización no lucrativa. Era una defensora apasionada de los derechos humanos, y acabó impartiendo clases de derecho e iniciativa social en Stanford. Cuando nos conocimos, enseguida vi que ambas cojeábamos del mismo pie. Yo estaba embarazada de treinta y tres semanas; Kathleen sólo de unas pocas más. Nos sentamos una frente a la otra en mi despacho abarrotado del consultorio de Bayview, rascándonos nuestras enormes y doloridas barrigas.

Durante los siguientes años, mientras el CYW empezaba a tomar forma, Kathleen y Ted se convirtieron en generosos simpatizantes, no sólo con nuestra labor, sino también con mi persona. Descubrí que estar en compañía de personas con grandes sueños alimentaba mi determinación de hacer algo de similar calado con los ACE. Notaba que empezaba a emerger una nueva responsabilidad para con mis pacientes. Me encontraba en estancias donde la mayoría de mis pacientes nunca habían tenido oportunidad de entrar. Era consciente de la oportunidad de llevar los intereses de esa gente a esos lugares con sólo hallar el modo de que personas influyentes se preocuparan por ellos. Así que, cuando Kathleen me contó que había estado asistiendo a cenas con otras mujeres que hacían cosas increíbles y me invitó a asistir, acepté al momento.

La noche de la cena llegué tarde. Mis últimos dos pacientes de la jornada habían necesitado algo de tiempo extra, y estuve dando vueltas por la calle de Kathleen, en busca de aparcamiento, tras recorrer la ciudad durante cuarenta minutos desde Bayview. Tuve la sensación de que, por mucho que la ciudad fuera la misma, me encontraba en un mundo completamente distinto.

Por fin encontré un hueco, que esperaba que no bloqueara el acceso a la calle de Danielle Steel. La de Kathleen no era la mayor casa de la manzana, pero igualmente era bastante impresionante. Tras cruzar la puerta, llegué a la sala de estar, donde todas las presentes bebían vino o agua con gas y contemplaban la vista espectacular de la bahía y de Alcatraz que sólo se aprecia desde esa parte de la ciudad. Era claramente la última en llegar, pero a nadie pareció molestarle en absoluto. En un momento dado, Kathleen nos acompañó al comedor para tomar asiento.

Tras las presentaciones, supe de inmediato que todas esas mujeres eran triunfadoras consumadas. Una de ellas era una inversora providencial y otra había trabajado en el Departamento de Estado antes de fundar su propia consultora, nada menos que con la antigua secretaria de Estado, Condoleezza Rice, y con el antiguo secretario de Defensa, Robert Gates. Y, como estábamos en San Francisco, también había algunas emprendedoras exitosas del sector de la tecnología, además de unas cuantas que, como yo, querían cambiar el mundo montando entidades sin ánimo de lucro. Antes de cenar, Kathleen había repartido un artículo sobre una de las invitadas, Caroline, que acababa de salir en la revista *Time*. Ay, y no olvidemos el detalle de que todas y cada una de ellas tenía una imagen de portada de *Vogue*. Aparte de mí, sólo había una que no llevara el pelo de algún tono rubio. Era el tipo de gente al que te costaría poco cogerle manía, de tan exageradamente perfectas que parecían.

Sin embargo, en cuanto empezamos a charlar tuve claro que aquello no era una cena de mujeres perfectas. Aquellas mujeres eran pioneras, y lo llevaban escrito en el rostro. Hablamos de las dificultades de llevar adelante una entidad y obtener fondos; nos lamentamos de lo que puede llegar a costar «financiar el siguiente paso» para hacer realidad una idea en la que crees firmemente. Reímos, gritamos, nos interrumpimos unas a otras, aporreamos la mesa. Pusimos en común trucos útiles, pequeños consejos sobre cómo ser directoras generales, líderes internacionales, abogadas dinámicas, sin dejar de ser buenas madres y esposas, y sin que se nos fuera la cabeza. La velada acabó con abrazos y conversaciones pendientes.

Para mi satisfacción, las cenas se convirtieron en una costumbre. Cada vez se encargaba del lugar y del orden del día una participante. Meses después, cuando me tocó a mí ser la anfitriona, me emocionaba concentrar toda esa materia gris en un caso.

En general, el trabajo me iba bien. Acababa de impartir una charla TED que, aunque me había dado un miedo atroz, había sido un éxito. Había permitido al centro despertar la conciencia y lograr el apoyo que precisábamos para ampliar nuestras actividades. Yo me había recorrido el país, sin dejarme ningún lugar por visitar, desde la Clínica Mayo hasta la universidad Johns Hopkins, y había hablado del estrés tóxico y de la necesidad del cribado ACE. El mensaje calaba, desde luego, pero seguía habiendo un problema que me molestaba especialmente: los medios de comunicación siempre presentaban el estrés tóxico como algo que sólo se daba en barrios pobres. Había creado una alerta de Google para resultados de *estrés tóxico*, y en los títulos de todos los artículos que me llegaban aparecía «el estrés tóxico de la pobreza» o algo por el estilo. Me sacaba de mis casillas. Sabía muy bien que las poblaciones pobres padecían mayores dosis de adversidad y contaban con menos recursos para afrontarla, pero me preocupaba que se le colgara al problema la etiqueta de «problema de los pobres» o de «problema de los negros y latinos». No dejaba de repetir los datos demográficos del doctor Felitti: 70 % con estudios superiores y 70 % caucásicos. Pero la gente no se quedaba con eso.

La noche de la cena en nuestra casa, mi marido, Arno, me ayudó a preparar un manjar. En este caso, «ayudar» significa que troceé ingredientes exactamente como él me indicó, y que Arno los dispuso formando algo parecido a una portada de la revista *Bon Appétit*. Mientras él le daba a la batidora, le conté mi plan. Pensaba compartir mi frustración con el grupo, a ver si se les ocurría alguna idea.

Había sopa fría de tomate y pepino, pollo asado al punto y ensalada veraniega. Cuando empezó a correr el Pinot Noir, planteé mi problema al grupo. Les dije que estábamos dando en el clavo con el mensaje, pero que parecía que a la gente se le escapara que el estrés tóxico es algo inherente a la biología humana básica, y que la adversidad está presente en todas partes, en todas las razas y geografías. Les confesé mi temor a que aquello se convirtiera en un problema-de-la-pobre-gente-de-color y perdiéramos la oportunidad de ayudar a todos los niños. Les pregunté si se les ocurría cómo podía hacer entender a mis colegas que era importante hacer cribados ACE a *todo el mundo*, no sólo a gente de bajos ingresos o poblaciones vulnerables.

Se hizo un silencio que duró varios segundos. Pero antes de empezar a preocuparme por si no sabían de qué les estaba hablando o, aún peor, que la sopa fuese un desastre, todas empezaron a hablar a la vez. Había hecho la pregunta a un grupo de mujeres estrella, pero me contestaron como madres, esposas e hijas.

Kara, la inversora providencial, tomó la palabra.

—Yo creo que el problema es que en otros barrios el problema está muy soterrado. Es decir, mi padre era alcohólico, algo del todo horrible. Pero, como era capaz de conservar un trabajo, nadie lo sabía.

Varias cabezas asintieron.

Según las comensales fueron tomando la palabra, nada menos que la mitad narraron sus propias historias de ACE significativos. Mucho de lo que contaron era muy parecido a lo que me habían explicado los pacientes en Bayview: enfermedad mental o adicción maternal o parental, agresión sexual, maltrato físico o emocional, violencia doméstica... Lo que me sorprendió, sin embargo, fue hasta qué punto había permanecido oculto. Al mirar a esas mujeres, con todo lo que habían conseguido y la vida que se habían forjado, nadie hubiera adivinado que la mitad había pasado por alguna adversidad destacable en la niñez. Al final, Kara recapituló.

—Supongo que la gran pregunta es qué puedes hacer si sabes que tienes una puntuación ACE. Es decir, ¿tan determinante va a ser saberlo?

Antes de darme tiempo a embarcarme en mi respuesta estándar, oí a Caroline suspirar y dejar la cuchara en el plato. Para mí, lo que más destaca de Caroline, incluso por encima de su imagen de supermodelo nórdica, es su modo de actuar. Tal vez sea la persona más analítica que he conocido en mi vida. Su cerebro es como un ordenador. Sea cual sea la pregunta, cuando Caroline contesta da la impresión de haber calculado todas las opciones y responder con una solución que tiene al menos un 99,4 % de posibilidades de funcionar. Y, sin embargo, algo cambió de repente en su semblante, en su mismísimo porte. Todas nos volvimos hacia ella.

—Ay, chicas —dijo, sacudiendo la cabeza—. No puede ser más determinante.

Mientras servíamos la ensalada, Caroline nos contó su historia.

Había conocido a su marido en la escuela de posgrado, en Stanford. Apasionada tanto del arte como de las ciencias, se había graduado en Bellas Artes y en Informática, y la fascinaba la simbiosis del hombre y la máquina. Naturalmente, estaba en perfecta sintonía con aquéllos cuya vida laboral en los noventa consistía en buscar patrones dentro de los descomunales conjuntos de datos que generaba esa novedad llamada internet. Caroline tuvo claro que se requería una herramienta visual, así que arrancó el desarrollo de *software* que ayudaba a los investigadores a visualizar la información de un modo que les facilitaba la comparación de tendencias en los datos.

El *software* fue todo un éxito y dio alas a la carrera de Caroline. Dejó la universidad de Stanford y fundó una empresa de desarrollo y concesión de licencias del *software*. Fue por medio de ese trabajo como conoció a un hombre llamado Nick, alto, atractivo y apasionadísimo.

La atraía el entusiasmo de Nick por la política y la ciencia, y le encantaba que él fuera capaz de pasarse horas filosofando sobre lo que consideraba inevitable en el futuro, que la inteligencia artificial salvara el mundo. Todo fue muy deprisa, y en cuestión de meses ya vivían juntos. No tardaron en casarse y, en general, todo iba sobre ruedas. Sin embargo, al cabo de unos años, Caroline sentía que algo no marchaba, que algo no acababa de encajar, pero no alcanzaba a identificarlo.

Por eso, cuando supo que estaba en estado, no reaccionó ante la noticia como siempre había imaginado que lo haría. Ni empezó a chillar de emoción ni corrió a contárselo a Nick. De hecho, se planteó no decirle nada; incluso se le cruzó por la mente marcharse antes de que empezara a notársele el embarazo, romper con Nick e irse a vivir a otro sitio. Ese impulso le parecía una traición y a la vez se le antojaba lo correcto. Aún no había cumplido los treinta y ya había montado una empresa e iba camino de cosechar grandes éxitos. En ese punto estaba su vida. Además, de verdad amaba a Nick. Cuando todo iba de maravilla, estaban *realmente* de maravilla juntos. Sólo que últimamente a Caroline no le parecía que todo fuera tan de maravilla.

Cuando le habló del bebé, Nick fue todo ternura y entusiasmo. Durante el embarazo, le acariciaba la tripa estando ambos en la cama y decía «Imagínate, un niñito con quien fabricaré robots». La ayudaba a levantar el barrigón de las sillas y le llevaba agua para que nunca le faltara hidratación.

No obstante, todo cambió al nacer Karl. A Nick no tardó en fastidiarle que su esposa dedicara toda su energía y atención al pequeño. Como saben casi todas las madres, un recién nacido es casi un pozo sin fondo que ocupa el centro del mundo. Todo lo demás pasa a segundo, tercer o ningún lugar. Caroline comprendía que a su marido debía de costarle ese cambio de régimen. Le habían destronado en poco tiempo. Adiós a aquella época en que ella le alborotaba el pelo al pasar junto al sofá, camino de la cocina para improvisar algo de cenar. Ahora Caroline estaba rendida y desbordada, y, demasiado a menudo para el gusto de la joven mamá, era como si Nick se interpusiera en su camino y complicara su papel de madre más de lo necesario. Las cosas más insignificantes no tardaron en convertirse en enormes peleas.

La afición de Nick a la bebida aumentó espectacularmente tras el nacimiento del niño. Siempre le había gustado la fiesta, pero, con la llegada de Karl, la cosa se desmadró. No tardó en tener problemas en el trabajo y le despidieron de varios empleos seguidos. Según pasaban los meses, Caroline tenía la sensación de pasarse más tiempo pensando en cómo evitar discutir con Nick que disfrutando de su compañía. A su marido todo le sacaba de quicio. Como se negaba a cuidar de Karl, cuando ella se reincorporó al trabajo contrataron a una niñera a tiempo completo. Le molestaba que su mujer hablara con su padre por teléfono y, cuando ella por fin conseguía un rato libre para salir a comer con una amiga, Nick se enojaba.

A pesar de lo enfadado que estaba constantemente con ella, Nick no quería tener a Caroline demasiado lejos. Al principio, cuando ella quedaba a solas con amigos y familiares, sólo le entraban bajones, pero no tardó mucho en darle ultimátums («¡O ellos o yo!»). Al final, Caroline decidió que se complicaría menos la vida si evitaba tanto drama y se quedaba en casa a mirar la tele con Nick. Por lo menos así él parecía algo más feliz. Caroline acabó inventándose excusas para no salir con sus amigas.

Una noche, cuando Karl tendría unos seis meses, Caroline y Nick estaban haciendo la cena en la cocina cuando sucedió algo que le hizo saltar. Como una colilla que provoca un incendio, fue una pequeña transgresión con grandes consecuencias. Años después, ella ya ni recordaría lo que fue, pero nunca olvidaría los gritos ensordecedores de Nick, mientras cerraba a portazos los armarios. Caroline se quedó callada. Como sabía que no le convenía discutir, cuando él paró de chillar, toda la cocina se sumió en el silencio. Y entonces, sentado en la barra del desayuno, Karl profirió un gemido. Al volver la mirada hacia su hijo, Caroline vio que tenía la cara roja como un tomate y era presa de los aullidos y sollozos entrecortados que a cualquier madre le parten el corazón. Aún inmóvil, Caroline se dijo a sí misma que nunca le había oído llorar así. En ese preciso instante, la niñera entró como una exhalación, tomó a Karl en brazos y se lo llevó a la otra estancia.

Caroline no entendía cómo diablos había llegado a ese punto. Visto desde fuera, todo parecía ir bien. Le habían comprado la empresa y ella se había incorporado a la directiva de una de las mayores firmas de Silicon Valley. En casa, en cambio, todo iba fatal. Al oír abrirse la puerta del garaje, anunciando la llegada de Nick, el corazón se le aceleraba, y al oír el tintineo de las llaves de él en la puerta, se preparaba para lo que pudiese pasar a continuación. Era una mujer inteligente. Al fin y al cabo, cada día estaba al mando de cientos de ingenieros e informáticos. Tenía que haber un modo de manejar esa situación. Pero aún no lo había encontrado.

En los escasos momentos de conexión y ternura que compartía con Nick, le preguntaba con tacto por qué peleaban tanto. «Esto no es normal, ¿no?». Siempre que ella planteaba la posibilidad de que algo estuviese fallando, Nick podía tener dos reacciones. Si había mal humor latente, el hombre le salía con un discurso sobre lo en contra de él que estaban todos los amigos de ella. Decía que no era más que envidia, porque él y Caroline se querían muchísimo, mientras que sus matrimonios eran aburridos y faltos de pasión. Si estaba de buenas, la pinchaba diciéndole que era la «típica mujer». La adulaba, comentando que ella era demasiado lista como para dejarse llevar por el invento de la relación perfecta, propio de las comedias románticas. La llamaba ricura y añadía que así era cómo funcionaba el amor en el mundo real; a veces reías y a veces llorabas. En cualquier caso, sabiendo que la otra persona te quería, tragabas y punto.

Poco después de que Karl cumpliera tres años, la familia dejó el centro de la ciudad y se instaló en un nuevo hogar, una gran casa tan aislada como preciosa. La niñera interna que había cuidado de Karl desde su nacimiento no pudo acompañarlos. Hasta entonces, Karl había sido un niño feliz y confiado. Al ir por la calle, se acercaba corriendo a los extraños y gritaba, eufórico, «¡Hola, me llamo Karl!». Después del traslado, Caroline observó que Karl se volvía retraído y tímido. No tardaron en empezar a llamarles de la guardería. Sus maestros se quejaban de que había empezado a pegar a compañeros de clase. Al cumplir los cuatro años, la guardería dijo basta. Insistieron en que Caroline y Nick consultaran a un especialista si el niño tenía TDAH.

Caroline estaba preocupada. Además del mal genio que mostraba en la guardería, había observado que en casa Karl lloraba y tenía rabietas a la más mínima. Y lo más preocupante era que estaba continuamente enfermo. Siempre había sido un niño sano (desde siempre le había dado el pecho), pero últimamente, cuando no tenía un resfriado, le dolía la tripa o la cabeza. Caroline se planteaba si no habría demasiada humedad en la nueva casa.

El pediatra los derivó a uno de los mejores consultorios de evaluación de TDAH, donde un facultativo experimentado examinó a Karl. Primero evaluó al niño y a sus padres juntos, y luego se quedó un rato a solas con Karl. Mientras el chiquillo jugaba tímidamente con uno de los auxiliares, el médico les dijo a Caroline y Nick lo que había observado.

—Miren, lo que les voy a decir no será de su agrado, pero su hijo carece de las protecciones que corresponde a la niñez —afirmó.

—¿Qué significa eso? —preguntó Caroline.

—Está expuesto a traumas psicológicos. Necesita un entorno más tranquilo, menos estresante. Creemos que eso tiene que ver con su TDAH.

La parte de la conversación que luego perseguiría a Caroline era también la parte que Nick fue incapaz de aceptar. *Expuesto a traumas psicológicos.* Era lo que había dicho el médico, pero Nick hizo caso omiso de todo, salvo del término *TDAH;* y, aunque puso todo su empeño en que Karl se tomara el metilfenidato, le dijo a su mujer que el resto de lo que el médico había comentado eran chorradas.

Algunos de los maestros de Karl se alegraron de que el pequeño mostrara un comportamiento más razonable, pero a Caroline la inquietaba que su hijo pareciera «ir completamente zombi». Le habían cambiado a su chiquillo tan lleno de vida y decidido por un crío de ojos vidriosos que no podía probar bocado, porque la medicina le daba dolor de estómago. Tras probar con otro par de fármacos, Karl acabó tomando Adderall, pero el niño seguía llevándolo muy mal. Si bien en la escuela estaba más tranquilo, a su madre le preocupaba que no estuviese aprendiendo.

Cuando Caroline comenzó a sufrir lo que ella creyó que eran ataques de pánico en plena noche, empezó a plantearse si no sería ella el problema. Quizás el insomnio y las palpitaciones no eran por Nick ni por su relación; quizá fuera sólo cosa de ella. ¿Y si trabajaba demasiado? ¿Y si tenía alguna enfermedad? No lo sabía, pero de lo que estaba segura era de que debía ponerle remedio, así que fue a terapia para intentar averiguarlo. El médico al que acudió le prescribió que hiciera ejercicio y se dedicara tiempo a sí misma. *Sí, claro*. Se echó a reír. Por aquel entonces, estaba al frente de una empresa y asesoraba a otra. Sin embargo, el médico lo decía muy en serio; le aconsejó que se programara «tiempo para Caroline», igual que lo haría con una reunión de *marketing*. Añadió que debería rendirle cuentas de ese tiempo, que le preguntaría si se había reunido o no consigo misma. Lo intentó por un tiempo, incluyéndolo obedientemente en la agenda, pero no funcionó. Robaba ese tiempo para acabar proyectos que sencillamente no podían esperar. Así fueron pasando los meses, hasta que por fin intervino su jefe.

—¿Por qué no acudes a mi entrenador personal? —sugirió—. Insisto.

Al ver el semblante de su jefe, se dio cuenta de que a lo mejor no había disimulado su estrés personal tan bien como creía. Caroline fue lo bastante lista como para aceptar el consejo.

Con el apoyo de su jefe, descubrió que intercalar algo de yoga entre reunión y reunión no era tan difícil como pensaba. En algún momento entre la postura del árbol y la del perro boca abajo, empezó a notar que las oleadas de estrés iban desapareciendo poco a poco. Durante un tiempo, fue despertándose cada vez menos en mitad de la noche. Sin embargo, ese tiempo para sí misma no tardó en molestar a Nick y en desencadenar una discusión brutal por el egoísmo de ella. A él tanto le daba que ella se dejara la piel siendo el único sostén de la familia; opinaba que debía dedicar menos tiempo al trabajo y más a Karl y a él, y que de ningún modo, *de ningún modo*, debía escatimar tiempo a la familia para intentar *mejorar su aspecto*. Empezó a publicar en línea lo que pensaba de ella.

Caroline se sentía como en un callejón sin salida. Nada de lo que dijera o hiciera lograba cambiar la actitud de Nick. Era consciente de que la ira de su marido le hacía muchísimo daño a Karl, pero se decía que, de todos modos, Nick nunca había pegado a Karl; ni a ella, ya puestos. Resolvió no dejar nunca a Karl sólo al cuidado de Nick. El divorcio implicaría custodia compartida, y la aterraba la idea de no estar presente cuando Karl estuviera con su padre. ¿Y si se emborrachaba y conducía llevando a Karl consigo? ¿Y si Nick perdía los papeles y le vociferaba al niño? Por muy desgraciada que se sintiera, lo importante no era ella. Su hijo necesitaba contar con ella, así que aguantaría, contra viento y marea. O sea que todo siguió igual. Y tal vez aún hubiera seguido así, si no llega a ser por el inimaginable coraje de su hijo de siete años.

Un día, durante una de las típicas broncas, en vez de retirarse a su habitación como solía hacer cuando sus padres discutían, Karl se quedó en el umbral viendo a su padre faltar a su madre. Cuando se acabó y su padre se hubo marchado, el chico se acercó a su madre y le tomó la cara entre las manos.

—Mamá —dijo, mirándola a los ojos—, tenemos que irnos.

\* \* \*

Dos años más tarde, Caroline se encontraba en una habitación en penumbra, mirando un vídeo, sentada en compañía de otras seis mujeres. No conocía a ninguna de ellas, otras madres que también habían pedido órdenes de alejamiento, otras mujeres que suponía que debían estar igual de sorprendidas que ella al verse reflejadas en un vídeo de bajo presupuesto, producto de un mandato judicial. Sin embargo, las protagonistas del vídeo no eran las mujeres, sino sus hijos. Una pareja discute en una habitación del piso de arriba, mientras una niña mira la tele con expresión ausente. Un niño permanece impasible ante las preguntas de su profesor de la escuela. Otro arremete contra su hermana y le pega igual que ha visto a su padre pegar a su madre. Caroline recordaba que, al ver el vídeo, pensó que el mensaje era el esperado: que presenciar maltrato físico era obviamente malo para los críos, como todo el mundo sabe. No obstante, lo que la hizo agarrarse al borde de la silla hasta perder la sensibilidad en las manos fue lo que el vídeo revelaba del maltrato verbal y emocional.

Era igual de malo para los niños y, en algunos sentidos, peor.

En el vídeo salían criaturas con síntomas como los de Karl. Sin embargo, al salir un bebé echándose a llorar mientras sus padres peleaban, fue cuando Caroline recordó a Karl gimiendo en la trona.

Empezaron a caerle las lágrimas.

* * *

Años después, en la mesa de mi comedor, las lágrimas de Caroline ya no estaban, pero su asombro seguía ahí.

—Quince años estuve viviendo así —dijo, sacudiendo la cabeza—, y pensaba que era normal. Me culpaba a mí misma. Durante todos esos años creí que yo fallaba en algo. Ojalá alguien me hubiese enseñado ese vídeo cuando iba al instituto.

Cuando Caroline acabó de contar su historia, en la cara de las presentes se dibujó una mezcla de empatía, solidaridad y la más pura incredulidad. Aunque muchas de las comensales de esa noche conocían a Caroline desde hacía años, nunca habían sabido de aquella historia.

Nos contó que, hasta que su abogado lo dijo, ella ni siquiera se había planteado que lo que había ocurrido pudiese considerarse maltrato emocional. Los gritos, la intimidación y el comportamiento controlador..., de repente, lo vio como lo que era.

—¿Y qué tal está ahora Karl? —preguntó Kathleen.

—Mucho mejor —contestó Caroline.

Nos explicó que, poco después de que se fueran de casa, empezó a detectar cambios. Karl no se enfadaba con tanta facilidad y, en general, se le veía más tranquilo. Lo llevó de vuelta al psicólogo, y entonces ella y Karl acudían a terapia, juntos y por separado. Sin embargo, curiosamente, lo que más pareció repercutir en el niño fueron los cambios que ella introdujo en *su propia vida*. Caroline sacó más tiempo para su hijo y para sí misma. Recuperó su amor por el dibujo, la pintura y el *ballet*. Descubrió que era capaz de bajar el ritmo y abrirse. Nos contó que se sentía más serena y en paz. Karl se nutría por completo de la energía de su madre. Se aficionaron juntos a la escalada en roca y empezaron a practicar posturas de yoga en el salón de su nuevo piso. Al final decidieron que el niño dejara la medicación del TDAH.

Al principio, cuando Karl dejó la medicación, volvieron algunas de sus actitudes problemáticas. Era muy susceptible y enseguida se enfadaba. Caroline estuvo ayudando a sus maestros a aprender cómo trabajar con él. Se aseguraban de que de verdad apuntara las cosas, de que dejara deliberadamente una tarea para ocuparse de la siguiente, para luego volver al punto de partida. Al haber pasado años tan contenido, no había adquirido esas competencias básicas. Desde ese momento, cuando regresaron los comportamientos difíciles, Caroline, los maestros de Karl y su terapeuta pudieron abordarlos y resolverlos codo a codo.

—La verdad es que todo apunta a que Karl padecía estrés tóxico —apunté—. Es de lo más lógico que luego mejorara tanto, porque lo que pusiste en práctica *es* exactamente el tratamiento del estrés tóxico. Primero, reducir la dosis de adversidad; segundo, potenciar la capacidad del cuidador de ejercer de sano amortiguador. Desde luego, mejorar tu salud fue un componente importantísimo. Es como cuando un auxiliar de vuelo te dice que te pongas la máscara de oxígeno antes de ponérsela a tu hijo. No es cosa de broma. Tenías desregulada la respuesta al estrés, y eso te impedía ayudarle a él a regular la suya. Ése es el mecanismo que es tan importante entender. Salir y cuidarte no era egoísta: era justo lo que había que hacer por Karl.

Caroline asintió.

—Me he dado cuenta de que, cuanto más me ocupo de mí misma, mejor se enfrenta él a las cosas.

—Es alucinante lo resilientes que pueden llegar a ser los niños cuando cuentan con un amortiguador fuerte —añadí.

—Es verdad. ¿Sabes? Cuando vuelve de una visita supervisada con su padre y ha pasado algo que le ha alterado, puede que por un par de días tenga peor genio, pero al cabo de unos cuantos más siguiendo nuestra rutina, vuelve a encarrilarse. Lo único que me pesa es haber tardado tanto en saberlo —repuso Caroline, sacudiendo la cabeza—. Me hubiese ido mucho antes.

—Eso me lo encuentro cada día con los pacientes y vaya si es duro. Siento mucho que tuvieras que pasar por ello —dije——. Es justamente por situaciones como la tuya por lo que debemos hacer cribados a *todo el mundo*. Porque la mayoría de los pediatras, si te vieran entrar en la sala de reconocimiento a ti, una mujer de portada de la revista *Times*, no preguntarían si en tu casa hay alguna adversidad. Tal vez temerían ofenderte o darían por hecho que, siendo tan estilosa, es imposible que nada de eso suceda en tu hogar. En cambio, si el protocolo que llevan a cabo por norma incluye el cribado, podrán detectar lo que está sucediendo.

Janet, una *crack* que dirige una exitosa tienda en línea, intervino desde el otro extremo de la mesa:

—Vale, ¿y si tocamos con los pies en el suelo? Está clara la necesidad de hacer cribados de todos los niños, pero ¿qué hacer si eres un adulto que sufrió ACE de pequeño? ¿Hay tratamiento? La verdad es que ahora mismo estoy pensando en mi marido, Josh.

—Por supuesto —contesté—. Nunca es tarde para empezar a reconfigurar la respuesta al estrés. El efecto de las intervenciones frente al estrés tóxico quizás no sea tan espectacular en los adultos como en los niños, pero igualmente puede suponer un gran cambio. Por simple que parezca, nunca me cansaré de decirlo: *lo más importante es empezar por reconocer cuál es el problema*.

Les conté que había observado que muchas personas con una respuesta al estrés hiperactiva no saben lo que sucede en su organismo, así que se dedican exclusivamente a perseguir los síntomas, en vez de ir a la raíz del problema. Una vez que comprenden lo que está pasando, ya han dado el primer paso para sanar. Luego les expliqué que las seis cosas que recomiendo a los pacientes con estrés tóxico —sueño, ejercicio, alimentación, mindfulness, salud mental y relaciones sanas— eran igual de importantes para los adultos. Un buen punto de partida es pasar revista a esos seis apartados y comentarlo con el médico. Si es necesario, podemos pedir que nos deriven a un especialista del sueño, un nutricionista o un profesional de salud mental.

Otra cosa importante que mencioné fue que los adultos con un número elevado de ACE están más expuestos a sufrir problemas de salud; de ahí la importancia de que pregunten al médico si sabe del Estudio ACE. Un médico puede ayudarnos a entender en qué medida nuestra puntuación ACE e historia familiar influyen en el riesgo de padecer determinadas enfermedades. Juntos, podemos diseñar un plan de prevención y detección precoz. Lo mejor es[31] que ahora hay un dominio, denominado medicina integrativa, que tiene en cuenta a la persona en su totalidad y se sirve de los últimos conocimientos científicos para mejorar la salud y el bienestar. Lo fantástico de la medicina integrativa es que es interdisciplinar, al igual que nuestro equipo del CYW.

Hay muchísimas formas de combatir el estrés tóxico. Si el yoga y la escalada en roca no te van, igual te da por correr o nadar. No hay problema, mientras hagas algún tipo de ejercicio con regularidad, más o menos una hora al día; eso es lo que cuenta. Asimismo, hay muchos tratamientos de salud mental que funcionan, pero lo más importante es asegurarse de que se centren en el trauma. Lo ideal es maximizar las seis cosas, sobre todo los adultos, porque ya no tenemos el cerebro tan plástico como el de niños. En cualquier caso, la idea es que, cuanto más practiquemos las seis cosas, más reduciremos las hormonas del estrés y la inflamación, más favoreceremos la neuroplasticidad y más retrasaremos el envejecimiento celular.

---

31. Academy of Integrative Health and Medicine, «What Is Integrative Medicine?». Extraído de https://www.aihm.org/about/what-is-integrative-medicine/.

—Naturalmente, también es bueno dejar todo lo que acelera la inflamación y el envejecimiento celular, como el tabaco, y minimizar el consumo de neurotoxinas, como el alcohol —añadí, repiqueteando mi copa.

—Todo lo divertido, diría Josh —repuso Janet, sonriendo.

—Bueno, siempre puedes decirle que si bebe menos cerveza habrá más relaciones íntimas, y así igual ya no le importa tanto —sugerí.

—¿Eso puede considerarse ejercicio? —preguntó Janet.

Me eché a reír.

—Eso también, pero tiene más que ver con el tema de las relaciones sanas. A veces tengo la sensación de que la gente está esperando que aparezca una pastilla milagrosa, sin darse cuenta de que los humanos tenemos un gran poder para sanarnos a nosotros y a los demás. Fijaos: según los estudios, el *estrés tóxico* infantil consiste en cambios a largo plazo, en el cerebro y en el cuerpo, por la ausencia de un cuidador amortiguador. Pensad en la otra cara de la moneda, en el caso de nosotros, los adultos. Podemos perjudicarnos mutuamente la salud al activar repetidamente la respuesta al estrés, pero también tenemos la capacidad de curarnos biológicamente, a nosotros y al prójimo. Os daré un ejemplo: ¿alguna de vosotras tomó Pitocin para dar a luz?

Varias cabezas asintieron.

—Pues esa misma sustancia, la oxitocina, ya la produce de modo natural el organismo. Se secreta en enormes cantidades durante el parto, y no sólo ayuda a contraer el útero para sacar al bebé; también es una hormona afiliativa tremendamente potente, que hace que, al nacer el niño, te parezca la cosa más bonita del mundo y estés dispuesta a morir por esa cucada. Y la oxitocina no sólo se secreta durante el parto, sino también con el sexo, los abrazos, los arrumacos y las relaciones sanas. Y amortigua la respuesta al estrés[32] al inhibir

---

32. Neumann, I. D. *et al.* (2000) «Brain Oxytocin Inhibits Basal and Stress-Induced Activity of the Hypothalamo-Pituitary-Adrenal Axis in Male and Female Rats: Partial Action Within the Paraventricular Nucleus», *Journal of Neuroendocrinology* 12, n.º 3: 235-44. Hostinar, Camelia E. y Gunnar, Megan R. (2015) «Social Support Can Buffer Against Stress and Shape Brain Activity», *AJOB Neuroscience* 6, n.º 3: 34-42.

el eje HHA: los circuitos mentales y corporales de respuesta al estrés. Es más, ha demostrado tener efectos antidepresivos. Estamos literalmente dotados de la capacidad de cambiar nuestra biología y la de los demás. No tenemos por qué esperar ninguna pastilla. Francamente, creo que ahora mismo contamos con herramientas muy eficaces para poner freno al ciclo intergeneracional de los ACE.

—¿Crees que tu exmarido tenía algún ACE, Caroline? —inquirió Kathleen.

—Desde luego.

Entonces nos contó que Nick había pasado la infancia en un barrio acomodado de Connecticut. Su padre era médico y su madre una ingeniera reputada. Sin embargo, el hogar de Nick no se parecía mucho al de *La hora de Bill Cosby* que había visto en la tele de niño; recordaba más a una escena del efímero *reality show* de Whitney Houston y Bobby Brown. El padre de Nick tenía un problema considerable con la cocaína y la marihuana. Los padres de Nick se divorciaron cuando él tenía diez años, y se las vio con varias madrastras, a cuál más cocainómana. Por lo general, el problema del padre de Nick pasaba desapercibido, pudiendo ejercer de facultativo durante años, sin ningún incidente importante. En casa, no obstante, las cosas eran muy distintas. El padre y las diversas madrastras de Nick se enzarzaban en encendidas trifulcas, provocadas por las drogas. Cuando hablaba de la casa de su padre, Nick siempre usaba la misma palabra: *demencial*.

—Madre mía, qué pena —dije—. Lo que peor me sabe es que sabemos que casi todos los ACE se transmiten de generación en generación. Si Nick llega a saber que lo que había vivido eran ACE y que probablemente tenía desregulada la respuesta al estrés y debía hacer algo al respecto... ¿te imaginas cuán diferentes os podrían haber salido las cosas a ti y a Karl?

—Es incomprensible que no lo sepa *todo el mundo*. ¿Cómo lograr que se tenga en cuenta como algo que afecta a las personas que queremos, lo sepan o no? —preguntó Janet.

—¡Contaba con que vosotras *me* lo dijerais!

—Bueno, de entrada, creo que Caroline tendría que llamar a la revista *Time* y decirles que ya tienen su próxima noticia de portada —terció Kathleen.

Seguidamente, todo el mundo empezó a hablar a la vez. La conversación pasó de girar en torno a lo que para todas se consideraba «normal» en la niñez a la lluvia de ideas sobre cómo cambiar el *statu quo* potenciando el conocimiento y la formación con respecto a los ACE. La velada fue un éxito absoluto, pero no necesariamente porque yo obtuviera algunas estrategias prácticas para «hacer correr la voz» (aunque sin duda fue así). Esa cena me demostró la capacidad del entramado de los ACE para dar pie a un diálogo sobre temas que en nuestra sociedad son en gran medida un tabú. Por estadística, sabía que probablemente estaba rodeada de gente con ACE, pero hasta esa noche nunca había hablado abiertamente de los ACE fuera del consultorio de Bayview.

Muchas veces comento, sólo medio en broma, que la mayor diferencia entre Bayview y Pacific Heights es que en Bayview se sabe quién es el pariente acosador. Y no es que el código postal 94115 contenga un campo mágico de fuerza que excluya a cualquiera que pueda perjudicar de algún modo a un chiquillo, o que sufra una adicción o una enfermedad mental. Lo que pasa es que de esas cosas no se habla.

Más tarde, al preguntar a Caroline por qué, a su entender, había tanto secretismo en los círculos más adinerados, respondió que creía que era porque el riesgo de perder reputación era elevadísimo.

—Se espera que seamos perfectos. Representa que lo tenemos todo bajo control. Se oculta tanto porque revelarlo puede costarle a la gente su carrera. Sólo con esconderlo ya lo perpetuamos.

\* \* \*

Después de aquella cena, tuve claro que esos ACE ocultos no sólo iban en detrimento de quienes los padecían, sino también del movimiento que el CYW pretendía catalizar prolongando el mito de que la adversidad era un problema exclusivo de determinadas poblaciones. La valentía de Caroline al compartir su historia me conmovió profundamente. Los ACE y el estrés tóxico se alimentan del secretismo y la vergüenza, tanto en el plano individual como en el social. No podemos curar lo que nos negamos a ver. Al hacer el cribado ACE, los médicos reconocen su existencia. Al sincerarse con respecto a los ACE con amigos y familia, la gente normaliza la adversidad como parte de la historia humana y el estrés tóxico como una parte de nuestra biología en la que podemos intervenir.

El estrés tóxico es producto de una alteración en la respuesta al estrés. Se trata de un mecanismo biológico fundamental, no de un problema de dinero, de lugar de residencia ni de carácter. Eso significa que podemos vernos unos a otros de otro modo. Podemos vernos unos a otros como humanos con distintas vivencias que han desencadenado *la misma respuesta fisiológica*. Podemos dejar atrás la culpa y la vergüenza y limitarnos a atajar el problema como lo haríamos con cualquier otra afección. Podemos ver este problema como lo que realmente es, una crisis de salud pública tan indiscriminada como la gripe o el zika.

Cuando se fue mi última invitada, cerré la puerta y me senté frente a la mesa donde poco antes nos habíamos congregado todas. Me di cuenta de que acababa de suceder algo importante. Tras años ejerciendo de detective involuntaria en Bayview, Pacific Heights y un montón de sitios más, por fin sabía qué debía hacer para transformar radicalmente la lucha contra los ACE y el estrés tóxico. Había indagado en todos los pozos de todas las ciudades, y me había encontrado con que no sólo eran más profundos de lo que jamás hubiese imaginado, sino que —y esto era lo más importante— *estaban todos conectados.*

# CUARTA PARTE

# REVOLUCIÓN

# CAPÍTULO 11

## Cuando la marea sube

La cena con Caroline pareció arrancar una racha increíblemente buena en mi campaña de proclamación a los cuatro vientos de las repercusiones y tratamientos de los ACE. La Academia Estadounidense de Pediatría me invitó a dar el discurso inaugural en su primer congreso nacional dedicado al estrés tóxico. Hasta acudí a la Casa Blanca a impartir una sesión informativa a los responsables de ocho organismos gubernamentales. Era realmente de esos momentos en los que tienes que pellizcarte para saber que no estás soñando.

Y no era la única que hablaba de los ACE. Cada vez oía más voces destacadas apelando a la necesidad de detectar y abordar los efectos del estrés tóxico. Cuando tuve ocasión de visitar los Institutos Nacionales de Salud, el doctor Alan Guttmacher, responsable del Instituto Nacional de Salud Infantil y Desarrollo Humano, comentó que había visto mi charla TED y me confió su certeza de que «los orígenes de la enfermedad en el desarrollo son el futuro de la medicina». Reaccioné de un modo de lo más extraño en mí: me quedé del todo sin palabras. De pronto, la influencia de los ACE en la biología era un tema de debate, incluso en círculos donde antes no tenía lugar esa clase de conversaciones.

Así que, al empezar mi discurso sobre la necesidad del cribado ACE en un congreso en Nueva York en el verano de 2016, estaba convencida de que aquel grupo intersectorial de científicos, activistas, educadores y expertos en política serían los socios perfectos para intercambiar ideas sobre cómo hacer realidad el cribado ACE universal para todos los niños. El único inconveniente era que, habiendo dado a luz recientemente a mi hijo pequeño, mi cuerpo se había transformado en una especie de géiser lácteo. Después de mi turno, durante toda la jornada había habido otras charlas a las que no podía faltar; así que, cuando el moderador dio por acabado el debate de cierre, yo era una doliente mamá. Tuve que correr a la salita de lactancia a usar el sacaleches.

Al cabo de casi una hora, por fin estaba de vuelta, con doscientos mililitros de oro líquido para el pequeño Gray (o Grayboo, como había decidido llamarle en cuanto nos conocimos). Confiaba en pillar al menos parte del turno de palabra final, pero la mujer que me había precedido en la salita de lactancia se había tomado su tiempo. Al colarme al fondo de la sala de conferencias, sorteando butacas y musitando disculpas, noté un ambiente raro. Todo lo impregnaba esa sensación que te invade cuando algo se ha torcido... y tenía el funesto presentimiento de que tal vez yo tuviese algo que ver. Había entrado cuando alguien acababa su comentario, y sólo había alcanzado a percibir el tono, que era indudablemente tenso. A continuación, el organizador del congreso se levantó, dio las gracias a todos y clausuró la jornada.

*¿Qué diantres me había perdido?*

Recogí mis cosas y, cuando me dirigía al refrigerio incluido el programa, Jeannette Pai-Espinosa me detuvo. Aunque de estatura menuda, Jeannette tiene una gran presencia. Pasó la niñez en Kansas City, es hija de inmigrantes surcoreanos y tiene esa seguridad de quien ha pasado por muchas tormentas y, por consiguiente, sabe ir por el mundo más que la mayoría. Se me había acercado con una expresión en el semblante que decía *No te preocupes, amiga, yo te apoyo.* Aunque nunca nos habíamos presentado, sabía de la reputación de Jeannette. Presidía la National Crittenton Foundation, una entidad que trabaja en treinta y un estados y en el Distrito de Columbia, en pro del empoderamiento de las jóvenes y las niñas. La National Crittenton Foundation me había llamado la atención porque habían adoptado un mandato para atajar las causas fundamentales de la salud precaria de las chicas y, con ello, situaban los ACE en el centro de su labor. Sabía que su enfoque, bien fundado en los ACE, de ruptura de los ciclos intergeneracionales de pobreza, mala salud y violencia estaba arrojando resultados contundentes. Jeannette era, como yo, una soldado de a pie que presenciaba, día tras día, las verdaderas repercusiones de la adversidad en la infancia.

Jeannette se saltó el apretón de manos y me envolvió en un abrazo.

—¡Bueno, *eso* ha sido interesante! —dijo al separarse.

—Acabo de salir de sacarme leche... ¿qué diantres ha pasado? —pregunté.

—Hay malestar. Han hablado mucho sobre lo arriesgado de hacer cribados ACE, porque se usaría para calificar a los niños de color y bajos ingresos de «mentalmente perjudicados» —respondió Jeannette, sacudiendo la cabeza—. Lo que resulta flipante, porque la verdad es que nadie de los que han planteado ese problema hace cribados ACE.

—¿Pero cómo? —me sentía abatida—. ¿Es que no me han oído cuando he dicho que sucede en todas las poblaciones? Es por pura biología.

—Hay mucho desconocimiento —dijo una voz a nuestras espaldas. Me volví y reconocí a Nancy Mannix, la presidenta de la fundación que se ocupa de los ACE en Alberta, Canadá. Nancy era la estampa clásica de la patrona de una fundación: vestía un traje de color crema impecablemente tallado y llevaba un corte de pelo bob castaño oscuro que me recordaba a Jackie Onassis. Durante aquella jornada, yo ya había visto a Nancy tomar la palabra y compartir su experiencia trasladando el conocimiento del cerebro y el cribado ACE a autoridades y facultativos de toda la provincia. Al escuchar a Nancy, me habían calado hondo sus reflexiones sobre el trabajo en el terreno. Estaba claro que no le daba ningún miedo arremangarse y mancharse las manos. Me había propuesto entablar relación con ella, así que me encantó que se nos acercara a Jeannette y a mí.

—Cuando quisimos introducir el cribado ACE en Alberta nos pasó lo mismo. El mayor rechazo proviene de quienes carecen del conocimiento científico y no practican el cribado. Nunca he oído a nadie decir «Probé el cribado, pero no funcionó» o «Tuvimos que dejarlo».

En pocos minutos Nancy y Jeannette me pusieron al corriente de lo sucedido. Resultó que, en el marco del resumen de las charlas de la jornada, había surgido mi llamamiento en pro del cribado ACE universal, y había cosechado duras críticas una vez abierto el turno de palabra. La resistencia más enconada procedía de unos cuantos que creían que yo «medicalizaba» la adversidad, cuando ellos, como activistas comunitarios, habían dedicado mucho tiempo a intentar resolver las desigualdades que la motivaban. Incluso había llegado a mencionarse el término *determinismo biológico*, cargado de connotaciones.

Esas críticas dolían por varias razones, pero principalmente porque yo había dedicado toda mi trayectoria a trabajar codo con codo con interlocutores del vecindario para mejorar la salud de los niños vulnerables. Eso era lo que en un principio me había llevado a comprender los ACE y el estrés tóxico. Por alguna razón, todo aquello lo pasaban por alto, y se me retrataba como «esa médica de San Francisco que nos dice que nuestros niños sufren daños cerebrales». Estaba igual de confundida y desorientada que la primera vez que oí a la Hermana J. alertar del «polvo tóxico» de nuestro emplazamiento.

—De verdad que entiendo el miedo a las etiquetas, pero es que no es así —aseveró Jeannette.

Ella había conocido de primera mano lo que podía ocurrir al implantar el cribado ACE a gran escala. En las diversas instituciones que apoyaba su fundación, ya fuera un organismo de bienestar infantil, una entidad dedicada a la justicia de menores o un grupo que atendiera a madres jóvenes o que hubieran sido víctimas del tráfico sexual, Jeannette había visto que la información sobre los ACE capacitaba y transformaba realmente a las jóvenes; no las etiquetaba.

Nos habló de un viaje reciente con dieciocho mujeres y chicas de varios programas de la Crittenton, procedentes de dieciocho estados. Habían acudido a Washington D. C. a instruir a las instancias normativas sobre el cribado ACE. Mientras presentaba los datos, nos contó Jeannette, había una mujer sentada justo delante de ella, que bajó la cabeza y empezó a sollozar. Jeannette recordaba que pensó «Es la primera vez que alguien reacciona ante esto». Jamás en su vida lo había visto. Interrumpió la reunión, les dijo a todos los presentes que se tomaran una pausa y se acercó a sentarse con la joven

—¿Está bien? —le preguntó amablemente.

La mujer sacudió la cabeza.

—Oh, no. No son... No estoy molesta. Usted no me ha molestado.

Jeannette, confundida, se inclinó hacia ella.

La joven prosiguió:

—Son lágrimas de pura y auténtica alegría.

—¿Por qué de alegría? —inquirió Jeannette.

—Porque ahora sé por qué soy así. Ahora sé por qué mis hermanos y hermanas son así. Sé por qué mi madre nos educó de esa manera. Sé que puedo romper este ciclo por mis hijos y sé que no soy una víctima, soy una superviviente.

A partir de aquel día, nos dijo Jeannette, esa joven había empezado a leer cuanto podía sobre los ACE y el estrés tóxico. Y, pese a saber que sería una larga lucha, aseguraba: «Comprendo que he llegado hasta aquí, que mi familia ha llegado hasta aquí, de generación en generación. Y me llevará un tiempo procesarlo todo por entero. Pero sé que puedo tomar mejores decisiones. Y no sólo por mí. Puedo impedir que mis hijos tengan una puntuación de ocho, nueve o diez». La mujer tenía diez sobre diez en el cribado ACE.

Con los años, la puntuación ACE se ha convertido en una de las principales herramientas de empoderamiento y promoción de la National Crittenton Foundation. Una vez que la información llega a las mujeres a las que asisten, éstas pueden ver con otros ojos el contexto de su vida. Y ya no se sienten culpables ni tontas, ni creen que fallan en algo. Una vez que comprenden hasta qué punto lo que sucedió en el *pasado* puede determinar lo que sienten en la actualidad, su imagen de sí mismas y su proceso de sanación se transforma. Son conscientes de que su organismo ha tenido una reacción normal ante unas circunstancias anormales que se han dado a lo largo de su vida. En muchas ocasiones, llaman a sus hermanos y exclaman: «¡Eso es, eso es lo que nos ha estado pasando!». Las chicas de más edad de la fundación empezaron a hablar con las más jóvenes de los ACE y de cómo las afectaban por la sencilla razón de que hubiesen querido que alguien se lo contara a ellas.

*  *  *

Al ahondar en la conversación, Nancy Mannix se extendió más sobre su experiencia en Canadá. Había confrontado las críticas en torno a la sobremedicalización. Algunos se oponían de entrada a la idea de que el estrés tóxico fuera un problema fisiológico. Sugerían que los ACE y sus repercusiones no eran más que problemas humanos o culturales que no tenía sentido atajar con un diagnóstico médico, así que, ¿por qué no dejar los problemas de aprendizaje al profesorado y los problemas de comportamiento a los psicoterapeutas? Se declaraban preocupados por «un exceso de confianza en la neurociencia».

Sus vivencias en Alberta habían convertido a Nancy en una firme creyente en la ciencia del estrés tóxico y el cribado ACE sistemático como parte fundamental de la asistencia médica corriente. En 2005, cuando trataba de entender la implicación del trauma infantil en el tratamiento de las adicciones, había descubierto el trabajo de Felitti y Anda. En esa misma época, también había conocido la labor del Centro para el Desarrollo del Niño de la Universidad de Harvard, lo que le había aportado la base científica para el uso de los ACE en la evaluación del estrés tóxico. Por aquel entonces, su cometido consistía en encontrar a particulares e instituciones que llevaran a cabo una labor destacada en los ámbitos del desarrollo infantil, la salud mental y las adicciones. La primera vez que leyó el Estudio ACE, comprendió súbitamente lo estrechamente relacionados que estaban los campos que la apasionaban.

En ese tiempo, Mannix y su equipo advirtieron que casi todos los tratamientos contra las adicciones partían de la premisa de que la actividad clínica debía centrarse en el futuro del paciente, lo que significaba que a los facultativos no les interesaba dedicar demasiado tiempo al pasado de los pacientes. Las actuaciones, dispares, se basaban en diagnósticos individuales. Los sistemas que en teoría debían ayudar a los pacientes a curarse estaban fragmentados. Mannix recordaba el caso de una joven de diecisiete años con un trastorno de la conducta alimentaria, adicta a la cocaína, con una conducta sexual desmandada. Nadie se planteaba si todos esos comportamientos podían ser síntomas de una misma causa subyacente. Por consiguiente, la mandaron a rehabilitación por su problema con las drogas, a otra clínica por el trastorno alimentario, y la «asesoraron» sobre los peligros de la conducta sexual arriesgada. Nadie se daba cuenta de que las graves adversidades que la joven había padecido en la niñez pudiesen provocar esos síntomas, y ninguno de los tratamientos fue especialmente eficaz. Mannix y su equipo se pusieron manos a la obra para transformarlo todo.

Empezaron por reunir a un grupo de profesionales del tratamiento de las adicciones con los pacientes, para debatir cómo el sistema podía prestar un mejor servicio a los clientes. Algunos profesionales se mostraron receptivos, pero otros se pusieron a la defensiva, insistiendo en que ellos eran los expertos y que la atención que ellos prestaban era excelente..., que lo que pasaba era que esos pacientes no respondían al tratamiento.

En consecuencia, Mannix se propuso hacer llegar a Alberta el conocimiento de los ACE. Organizó lo que dio en llamar una «convocatoria catalizadora» inicial en el municipio de Red Deer, a la que invitó a facultativos, profesores universitarios, autoridades políticas y expertos en educación. Confió a los mayores especialistas en estrés tóxico la tarea de exponer los últimos hallazgos científicos y elaborar un discurso directo y comprensible que explicara los efectos de la adversidad temprana en el desarrollo cerebral. De esa convocatoria nació una estrategia multianual que aunara a las instancias normativas, los facultativos y los científicos en el conocimiento de los ACE y el incipiente saber resultante.

En el marco de esa iniciativa, científicos de la Universidad de Calgary arrancaron un estudio, en el que participaron más de cuatro mil pacientes de centros de asistencia primaria, donde se preguntaba por los ACE, así como por el estado de salud y el cuidado de la salud mental. Al igual que en el Estudio ACE original, el 83 % de la población era de raza blanca, y el 82 % tenía estudios universitarios. Los investigadores se encontraron con que las cifras, con pocos puntos porcentuales de diferencia, coincidían con los resultados de Felitti y Anda, lo que venía a demostrar que Alberta[1] estaba tan afectada por los ACE como cualquier otro lugar. Quienes tenían muchos ACE demostraban (una vez más) correr un riesgo muy superior de sufrir depresión y ansiedad, además de estar más expuestos a padecer asma, enfermedades autoinmunitarias, alergias alimentarias, cardiopatías, enfermedad pulmonar obstructiva crónica (EPOC), migrañas, fibromialgia, enfermedad del reflujo, bronquitis crónica, úlceras estomacales.... la lista es interminable.[2]

La gente se quedaba estupefacta al ver los profundos efectos de los ACE que hasta entonces habían pasado desapercibidos en sus comunidades. Una vez recuperados del *shock*, se unieron en la búsqueda de soluciones. Por medio de médicos y programas sanitarios, se empezaron a hacer asiduamente cribados ACE, tanto en los servicios de consultas externas como en los hospitales. Asimismo, las instancias normativas impusieron requisitos contractuales a las instituciones receptoras de financiación pública, que debían ser competentes en ciencias del cerebro. La Alberta Family Wellness Initiative (Iniciativa por el bienestar familiar de Alberta), como acabaría llamándose, dejó su impronta en Canadá al convertir «lo que sabemos» de la adversidad temprana y la salud en «lo que hacemos» en

1. Dobson, Keith S. y Pusch, Dennis, «The ACEs Alberta Program: Phase Two Results – A Primary Care Study of ACEs and Their Impact on Adult Health» [comunicación, noviembre de 2015].

2. *Ibid.*

la práctica y la prestación de servicios. De modo que ese día, Nancy Mannix tenía ganas de rebatir el sesgo del «exceso de confianza en la neurociencia», ganas de abogar por el conocimiento científico y el cribado ACE sistemático y ganas de seguir movilizando a las autoridades que apoyaran la mejora de los sistemas en pro de la mejora de la sanidad.

Jeannette, Nancy y yo habíamos recorrido distintos caminos, pero habíamos llegado al mismo punto y nos interesaba el mismo origen del problema. A su lado, sentía que empezaba a cobrar forma el germen de una verdadera respuesta de la sanidad pública.

*  *  *

Sin embargo, la polémica conversación de esa jornada había puesto sobre la mesa otro foco más de resistencia. Yo había expresado mi opinión de que los centros de atención primaria eran ideales para llevar a cabo los cribados ACE; pero también había dicho que, con la cantidad de alumnos que me habían mandado al consultorio los maestros, en busca de un diagnóstico de TDAH y medicación, tenía claro que un conocimiento fundamental del estrés tóxico no sólo era necesario en la consulta del médico. Esta afirmación abrió la caja de los truenos: una mujer en concreto se planteó, como supe más tarde, si introducir el cribado ACE en las escuelas no serviría para etiquetar a los niños de bajos ingresos y estigmatizarlos más aún.

Siempre que tenía alguna duda sobre los ACE y la educación, sabía a quién acudir: a la doctora Pamela Cantor, colega médica y precursora de los ACE. Su entidad Turnaround for Children lideraba la introducción de la ciencia de los ACE y el estrés tóxico en los centros escolares.

Turnaround desempeña esa labor desde hace más de una década, pero la propia doctora Cantor lleva mucho más tiempo trabajando con pequeños afectados por los ACE. Psiquiatra de formación, se especializó en salud mental infantil y se inclinó por la atención a los niños expuestos a traumas. Había establecido lo que ella denominaba una consulta a lo Robin Hood: era miembro del cuerpo docente de la Facultad de Medicina de Cornell, y ejercía la medicina en la parte alta de Manhattan y en el sur del Bronx. Cubría gastos con el trabajo en uno de los consultorios, con lo que podía trabajar en el otro. No es de extrañar (para mí, en cualquier caso) que el denominador común que observaba en su labor en ambos vecindarios fuera la exposición a los ACE. Con los años, fue dedicándose más y más a investigar y dar a conocer las alteraciones del desarrollo derivadas de los traumas. Y por eso el 11 de septiembre de 2001, el día en que los Estados Unidos sufrieron su peor trauma desde Pearl Harbor, la alcaldía de Nueva York acudió a ella.

Le pidieron que copresidiera una iniciativa encargada por la concejalía de educación y ayudara a poner en marcha un estudio sobre los efectos traumáticos del 11 de septiembre en el alumnado de los colegios públicos neoyorkinos. La iniciativa contaba con investigadores de la Mailman School of Public Health de la Universidad de Columbia, y juntos llevaron a cabo el que en su momento fue el mayor estudio epidemiológico de un sistema de educación pública urbano desde la perspectiva de la salud mental. La hipótesis lógica de la que partía el estudio era que los alumnos de las escuelas más cercanas a la Zona Cero serían los más afectados y quienes naturalmente necesitarían más ayuda.

Los datos consistían en planos, trazados en enormes hojas de papel de calco que el equipo investigador podía superponer para ver la correspondencia entre los síntomas del trauma y los distintos barrios próximos a la Zona Cero. Al ir superponiendo unas hojas sobre otras, el equipo se encontró con que los datos revelaban un marco completamente distinto del que ninguno de ellos esperaba. La distribución de los síntomas del trauma no se aglutinaba en torno a la Zona Cero, donde la mayoría de las poblaciones eran de clase media. Sorprendentemente, las mayores concentraciones de síntomas del trauma correspondían a los barrios sumidos en la más profunda miseria. La siguiente página del plano mostraba que las zonas más afectadas eran también los vecindarios con menos recursos.

La doctora Cantor respondió a esa información acudiendo a las escuelas y conociendo a los niños representados por aquellos puntos del plano. La primera a la que acudió fue una escuela de primaria de Washington Heights, una barriada situada en el límite de Harlem.

Al entrar en el centro, la doctora Cantor advirtió que el vestíbulo que daba entrada al grandioso y amenazante edificio estaba a oscuras. Allí había una madre con su hijita agarrada de la mano. No había rastro de material hecho por los niños, ni dibujos de familias ni caras sonrientes hechas con macarrones pegadas en platos de papel. Lo que había era una sensación de miedo y caos. Era como si nadie estuviera al mando. Los pasillos estaban repletos de criaturas corriendo y chillando. En el vestíbulo había un grupo de chicos peleando..., chicos mayores. La primera vez que la doctora Cantor lo vio, fue un *shock*; pero, según fue visitando más y más escuelas, supo que era habitual que esa clase de escuelas albergara a chavales en edad de secundaria que se habían quedado atrás. Los había de doce, trece y catorce años, chicos mayores que se peleaban en los pasillos, justo al lado de las aulas de educación infantil. No se sacaba de la cabeza lo que debían sentir los niños pequeños al circular cada día por los pasillos de esa escuela.

Cuando por fin acompañaron a la doctora Cantor a un aula, se encontró con críos que hacían aviones de papel y perdiendo el tiempo, bajo la supervisión de unos profesores que parecían del todo incapaces de manejar al alumnado ni lo que sucedía a su alrededor. Daba la impresión de que ahí se aprendía poco o nada.

Cuando finalmente acabó el estudio, al cabo de muchas visitas a escuelas de toda la ciudad y horas de conversaciones, quien mejor lo ilustró fue uno de los participantes más jóvenes. Se le indicó a un niño de cinco años de Harlem que dibujara los sentimientos que le inspiraba el 11 de septiembre. Cuando se lo entregó, lo primero que la doctora Cantor buscó fue lo que esperaba: dos icónicas torres humeantes. Estaban el dibujo, pero no eran más que dos diminutas estructuras a lo lejos. En primer plano, y mucho mayores, estaban las figuras de palo de dos críos apuntándose con armas.

Esa imagen demostraba con una claridad aplastante que, para los niños que mostraban más signos de trauma, el 11 de septiembre no había sido más que un detonante: dos volutas de humo en el horizonte. El origen de sus síntomas no residía en la fuerte conmoción del 11 de septiembre: era el claro peligro presente en sus vidas diarias; el estrés de ir por la mañana al colegio atravesando un barrio atestado de delincuencia, para luego sentirse desprotegidos todo el día en la escuela, implicaba que los niños inmersos en la más extrema pobreza vivían en un estado de alerta permanente.

La experiencia de la doctora Cantor trabajando con chiquillos de ambos lados de la ciudad la llevó a descubrir algo determinante. Las poblaciones cercanas a la Zona Cero contaban con más recursos, lo que significaba que los adultos tenían mucha más capacidad de ejercer de amortiguadores eficaces para mantener el estrés de los chicos dentro de lo tolerable, por debajo de la zona tóxica. Ya fuera gracias a un profesor, una autoridad religiosa, un abuelo o abuela o un entrenador, los niños más cercanos a la Zona Cero contaban con muchos más recursos amortiguadores que pudiesen ayudarles a estabilizarse en momentos de trauma agudo, aunque fuera grave.

El estudio reveló a la doctora Cantor que la propia pobreza reduce las herramientas disponibles para que los padres y madres, aunque afectuosos y entregados, ejerzan de amortiguadores eficaces para sus hijos. Los niños en situación de pobreza no sólo presentaban una mayor incidencia de traumas, sino que también tenían más probabilidades de padecer estrés tóxico, porque su medio de amortiguación se veía limitado por las presiones del día a día que afectaban a las familias. Eso era lo que perjudicaba su capacidad de desarrollarse y aprender en la escuela. Y fue ese descubrimiento lo que llevó a la doctora Cantor a dejar de ejercer la medicina y consagrarse a la elaboración de soluciones que pudiesen ayudar a los chicos más vulnerables.

La primera vez la doctora Cantor pisó la escuela primaria de Washington Heights, su reacción inmediata fue la más profunda indignación. Siendo psiquiatra, reconoció síntomas de trauma por doquier.

No se trataba de uno o dos chicos, sino de *toda la escuela*. Cuando la gente oye la palabra *trauma*, tiende a pensar que representa a un porcentaje reducido de niños que requieren asistencia en el típico entorno escolar muy necesitado, aproximadamente entre el 10 y el 15 % del alumnado. Así lo creyó una vez la doctora Cantor. Lo que aprendió después de visitar muchas escuelas con grandes necesidades fue que, si bien el porcentaje de niños que precisaban atención a la salud mental individualizada tal vez fuera relativamente reducido, el alumnado que requería *algo* que trascendiera el entorno educativo tradicional para estar preparados y dispuestos a aprender era muy superior.

Turnaround for Children nació después del 11 de septiembre, sabiendo que, aunque casi todas las escuelas reconocen intrínsecamente la importancia de movilizar recursos para responder a traumas *agudos*, simplemente no están preparadas para atajar las formas traicioneras en las que los embates diarios de la adversidad crónica minan el aprendizaje. Primero la institución tenía que instruir sobre la relación existente entre adversidad y rendimiento académico. A pesar de todos los estudios científicos al respecto, la doctora Cantor y su equipo advertían que aún no era algo intuitivo para un gran número de educadores. A continuación, Turnaround debía hallar el modo de ayudar a las escuelas a concebir prácticas e intervenciones que sirvieran al alumnado objeto de estrés a mejorar sus resultados de aprendizaje. No era tarea fácil.

Como facultativa, la doctora Cantor acometió el problema a través de la neurobiología de la adversidad. Para poder prestar atención y atender en clase, un alumno necesitaba activar el córtex prefrontal (el director), lo que conllevaba que la alarma de la amígdala debía permanecer en silencio. La seguridad y la estabilidad serían componentes fundamentales de la solución. Ahora bien, ¿cómo iba Turnaround a generar seguridad y estabilidad en el aula, cuando los chavales llevaban las experiencias estresantes de casa y del barrio a la clase, con los consiguientes problemas y retos para docentes y compañeros? La doctora y su equipo sabían que la alarma de la amígdala de muchos de los niños a los que estaban atendiendo siempre estaba en alerta máxima, y que tenían el termostato del cortisol sobrecalentado. También sabían que el antídoto natural para el estrés tóxico —contar con un cuidador bien regulado que pudiese amortiguar la respuesta al estrés— era a menudo muy escaso.

La entidad empezó por basar las prácticas y políticas escolares en los conocimientos científicos. Introdujeron a profesionales de la salud mental y trabajadores sociales en los colegios, para dotarlos de sistemas de apoyo a los que las familias pudiesen recurrir con facilidad. Turnaround invirtió en la formación de todos los adultos del entorno escolar, desde la dirección y el personal orientador hasta el último docente, porque tenían claro que los efectos traumáticos de la adversidad se hacían notar en todo el centro escolar. Observaron que la presencia en un aula de un chico con dificultades de atención y comportamiento alteraba a menudo la clase, pero *treinta* chicos con esa clase de impedimentos pueden suponer un polvorín que impida el aprendizaje de todos.

En muchas escuelas, uno de los mayores retos era la disciplina, cómo casar la seguridad de la comunidad educativa con las necesidades de cada alumno. El modelo tradicional de disciplina escolar era reactivo y punitivo (si haces X, la consecuencia es la expulsión temporal o permanente), por lo que muchos chicos perdían un tiempo valioso en el aula. Turnaround diseñó estrategias destinadas a trabajar *con* la biología del alumnado, no contra ella: primero atajaban la respuesta al estrés desregulada y luego se ocupaban del problema en cuestión. Podía ser mediante algo tan simple como ofrecer al estudiante una mejor opción para enfrentarse a un momento estresante, como retirarse a un espacio reservado para la reflexión en silencio o darle una señal no verbal para que contara hasta diez y respirara hondo.

Su enfoque tuvo profundas repercusiones en la cultura escolar. En las escuelas con las que trabajó Turnaround entre 2011 y 2014, las expulsiones temporales se redujeron a la mitad. El ambiente en el aula, la productividad y la participación mejoraron más del 20 %, y los incidentes graves disminuyeron un 42 %. La doctora Cantor y su equipo trasladaron Turnaround a más ciudades, llevándose el modelo desde Nueva York hasta Washington D. C. y luego a Newark.

No obstante, seguían viéndoselas con un desafío especialmente frustrante. Todo el saber científico sugería que los buenos resultados que presenciaban deberían preparar el terreno para un mejor aprendizaje. Sin embargo, a pesar de todo lo cosechado en cultura y ambiente escolar, las puntuaciones en los exámenes se empeñaban sorprendentemente en permanecer invariables. Se estrujaron el cerebro en busca de lo que se les estuviera pasando por alto. Se reunieron con responsables escolares, comprobaron sus datos y asistieron a congresos de educación para aprender de las mejores prácticas de otros profesionales.

Desde el punto de vista de la doctora Cantor, el progreso acabó llegando cuando cambiaron *el modo* de plantearse las soluciones. Se dio cuenta de que, para los educadores, *la* solución al problema consistía a menudo en mejorar una práctica. Tras trabajar en el medio educativo quince años, la doctora había visto hasta qué punto lo que contaba era la rendición de cuentas y la cuantificación de resultados, hasta qué punto *lo que contaba* eran las expectativas, hasta qué punto *lo que contaba* era la presencia de un profesor estupendo en cada aula.

Se percató de que en medicina no le habían enseñado a preguntar qué era lo que contaba. Su formación la llevaba a preguntarse *¿qué es lo que explica los síntomas que observamos?* Y normalmente la respuesta era más compleja, no se reducía a una sola cosa. Entendió que Turnaround debía aplicar intervenciones basadas en un conocimiento exhaustivo del problema. Era de vital importancia que el alumnado fuera a un colegio donde se sintiera a salvo física y emocionalmente. *Oído.* También era importantísimo que en los chavales surgiera la predisposición a aprender, porque el estar expuestos a la adversidad afectaba las competencias implicadas en la predisposición a aprender. *Oído, eso también hay que hacerlo.*

Muchos sistemas escolares estaban profundamente influenciados por la conciencia de que, cuando hablamos de éxito estudiantil, enseñar cosas como la resiliencia y la determinación puede ser igual de importante que enseñar Matemáticas y Ciencias Naturales. La doctora Cantor y su equipo fueron un paso más allá. La neurociencia del desarrollo sugería que, antes de aprender determinación y resiliencia —o Matemáticas y Ciencias Naturales, ya puestos— necesitaban unos fundamentos básicos de apego sano, manejo del estrés y autorregulación. El apego sano era lo que la doctora Lieberman y el doctor Renschler habían trabajado con tanto ahínco con Charlene y Nia. Cuando sale bien, el apego seguro empieza al nacer y constituye la base desde la que todos aprendemos a confiar y a relacionarnos unos con otros. Para muchos niños que crecen inmersos en la pobreza, en familias estresadas por la inseguridad económica y de otra naturaleza, era mucho más complicado disponer de un apego sano y unas experiencias nutricias estables. Ya fuera el caos en el hogar, la violencia en el barrio, el peso aplastante de la pobreza o la niebla de las drogas, el alcohol y la enfermedad mental, las familias se enfrentaban a menudo a retos abrumadores a la hora de dar protección y seguridad a sus hijos.

La doctora Cantor fue consciente de que habían creado un modelo basado en unos fundamentos de los que muchos de sus alumnos siempre carecían, y por eso su modelo sólo era eficaz en parte. Cayeron en la cuenta de que, para unos buenos resultados educativos, la clave era no limitarse a aportar los ingredientes correctos; al igual que con los renacuajos de Tyrone, el *momento*, la *secuenciación* y la *dosis* en los que se administraban esos ingredientes eran decisivos.

Así que Turnaround concibió un marco, bautizado como Building Blocks for Learning (Componentes del aprendizaje), cuyo propósito era desarrollar en los niños las destrezas fundamentales del apego, el manejo del estrés y la autorregulación, para luego sumarles el resto de las destrezas del aprendizaje. Al garantizar el desarrollo de estas destrezas en un orden acorde con la biología de los alumnos, Turnaround ponía en práctica lo que la neurociencia llevaba décadas diciéndonos, que no basta con «pisar el acelerador» aportando entornos enriquecidos que favorecieran el aprendizaje entre los pequeños. También hay que soltar el «freno» (el efecto inhibidor de la amígdala en la función cognitiva), propiciando el apego, el manejo del estrés y la autorregulación. Actuando de ese modo, a lo mejor Turnaround puede por fin resolver el tan conocido problema de las calificaciones en los exámenes del alumnado que convive con la adversidad. Sus escuelas asociadas del Bronx están empezando a observar claros beneficios en las notas de Matemáticas y Lengua, que superan los de otros centros escolares del distrito.

Lejos de estigmatizar y señalar a los chavales con ACE, Turnaround adopta un método que se limita a detectar en qué punto del desarrollo se halla el alumno, y se sirve de la ciencia del estrés tóxico para ayudar a reconducir al chico. Saber si el desarrollo de un niño está atascado debido a la exposición a los ACE es fundamental para resolver por dónde arrancar en el aula.

Lo que la doctora Cantor exponía sobre sus escuelas encajaba con todo lo que yo sabía del estrés tóxico. Pensé en mis chicos de Bayview, en aquéllos cuyos problemas de aprendizaje y comportamiento en clase eran tantas veces graves. Caí en la cuenta de que los ACE no sólo eran la raíz de una crisis de salud pública en los EE. UU.; también eran la raíz de una crisis de educación pública.

Estaba claro que, aunque los ACE representen una crisis sanitaria en cuya raíz reside un problema médico, sus repercusiones van mucho más allá de la biología. El estrés tóxico afecta el modo de aprender, el modo de criar, el modo de reaccionar en casa y en el trabajo y lo que generamos en los vecindarios. Influye en nuestros hijos, en nuestro potencial adquisitivo y hasta en lo que nos creemos capaces de hacer. Lo que parte de la conexión de una célula cerebral con otra acaba afectando todas las células de la sociedad, desde las familias hasta los colegios, los lugares de trabajo y las cárceles.

Nancy Mannix, Jeannette Pai-Espinosa y Pam Cantor estaban adoptando estos nuevos conocimientos e integrándolos en su labor, abriendo nuevos caminos en las poblaciones a las que atendían. Pese a los obstáculos y a los detractores, aquellas mujeres estaban a la vanguardia del movimiento; sin prisa pero sin pausa, estaban potenciando las estrategias basadas en los ACE.

Me propuse no perder el contacto con esas mujeres, aprender de sus éxitos (y fracasos) y apoyarlas y animarlas en todo cuanto pudiera. Me reconfortaba ver que el movimiento prosperaba más allá de la pediatría y expandía los albores de un verdadero movimiento de salud pública. Aun así, estaba intranquila. Me desconcertaba lo poco que había tardado en torcerse el debate en el congreso. Lo que de verdad necesitaba tener claro de ese congreso era *el porqué de tanta oposición.*

\* \* \*

Al cabo de pocas semanas, volvía a meter en la maleta el sacaleches. Iba a asistir a otro congreso que no podía perderme de ninguna manera. Éste, organizado por la Casa Blanca y la Fundación Gates, se celebraba en la Universidad de California, San Francisco, así que al menos no tenía que desplazarme muy lejos. Cuando salí por la puerta tras darle a mi marido un beso y dejarle en brazos a Grayboo, me descubrí ilusionada por ese congreso como no lo había estado con casi ningún otro que recordara recientemente. No era de las oradoras, lo que se me antojaba un pequeño lujo. Podría estar relajada y empaparme de todos los emocionantes nuevos estudios y suculentos datos.

La idea de la cumbre Precision Public Health Summit era reunir a todo el mundo para hablar de cómo emplear la medicina de precisión en salud pública para establecer condiciones de igualdad en los críticos mil primeros días de vida de una persona. Vamos, que estaría en mi elemento. El debate era amplio, pero uno de los temas omnipresentes era la importancia de las colaboraciones entre los científicos y las poblaciones a las que trataban de ayudar. Una de las conferenciantes que hablaba en nombre de esas poblaciones era Jenee Johnson, directora del Black Infant Health Program (BIH) de San Francisco.

La entidad tiene como misión mejorar la salud maternoinfantil en las poblaciones afroamericanas, por lo que obviamente ya habíamos coincidido. Incluso antes de abrir el consultorio de Bayview, Jenee me había puesto al frente de una clase sobre problemas de salud habituales en neonatos que el BIH organizaba en el YMCA de Bayview. Al cabo de todos esos años, me alegré de que el sensacional trabajo del BIH contara con representación en la cumbre.

Sin embargo, al estar bastante versada tanto en ciencia como en población, se reveló ante mis ojos una tensión natural. Los investigadores y estadísticos que había junto a Jenee hablaban de biomarcadores y conjuntos de datos, de las dificultades que entrañaban la recogida de datos y la confidencialidad. Jenee, en cambio, hablaba con pasión de las madres y los bebés con quienes trabajaba, así como de la realidad cotidiana de la pobreza y la adversidad social en la población. Hablaba de respeto por las mujeres negras, dando palmadas al tiempo que repetía «Respeto, respeto, respeto», remarcando cada sílaba y alzando la voz con cada palmada. Para el científico investigador, los números son personas. Para quien atiende a familias vulnerables, los números distraen de la auténtica vivencia.

Cuando empezó a dirigirse al público, la emoción que transmitía su voz empequeñeció a los más de trescientos científicos presentes. Contó el caso de una madre que una noche se les había presentado con todas sus pertenencias en una maleta y un bebé en la cadera porque no tenía donde pasar la noche. En un tono elevado por la pena y la rabia, Jenee comentó que la ciencia estaba fallándoles a las personas con quienes ella trabajaba, al no centrar en ellas su trabajo.

—¿Cuál es la fórmula para ayudar a un barrio a permanecer unido sin que lo desmantelen? Tengo familias que ahora acuden al programa desde Antioch... que está a setenta kilómetros. ¿Cuál es la fórmula para remediarlo? El doctor Martin Luther King nos dijo que a los EE. UU. no les costaba nada que yo bebiera de la misma fuente que ustedes. A los EE. UU. no les cuesta nada que yo me siente en la parte delantera del autobús. Pero *algo* les va a costar asegurarse de que haya igualdad en la educación, equidad en el empleo, en la vivienda. Y aquí estamos reunidos, y es una reunión estupenda, pero estamos pasando por alto a un grupo completamente distinto de personas. Porque para manejar el estrés, el estrés con el que llegan los clientes a mi despacho, no tengo ninguna fórmula, no hay ninguna pastilla, no hay ningún tema de investigación que me ayude a ayudarlos. Seguimos hablando del *estrés, estrés, estrés,* y de que vamos a *estudiar, estudiar, estudiar,* cuando la axiología de la población negra es la *relación.* Todos lo sabemos. Hay que asignarles un puesto destacado en el orden del día y hacer hueco para otras personas. Especialmente para las personas en las que esto repercute. He asistido a quinientas reuniones, tío, y esas personas siguen sin estar aquí.

Por unos instantes, el silencio se adueñó de la sala, y en ese breve intervalo me invadió una ola de emociones encontradas. Sentí la rabia de Jenee por la ausencia de diversidad en el debate y su angustia por la joven madre que no tenía adónde ir. Suscribía gran parte de lo que había dicho, pero su afirmación de que las personas afectadas por el estrés no estaban ahí era del todo incorrecta. Lo sabía a ciencia cierta. Por una décima de segundo, me vino a la cabeza el rostro de mi marido. La expresión tensa por la inquietud, la mandíbula apretada... jamás había tenido un aspecto tan amenazante.

\* \* \*

Era 2014, Grayboo aún no había nacido. Estábamos con los niños en el lago Tahoe, en Nevada, esperando que nos dieran mesa en un restaurante. Al doblar la esquina volviendo del baño, vislumbré a mi marido. Daba miedo verle. Asimilé hasta el último detalle de la escena, como si fuera en cámara lenta. Tenía el cuerpo tieso como una escoba, cargado de un potencial de energía que parecía que de un momento a otro sería cinética. Abría y cerraba los puños. Las venas, gruesas como dedos, se le marcaban en los antebrazos. Sus ojos iban de un lado a otro, sin apartarse de tres chicos negros revoltosos que jugaban, distraídos como siempre, en el banco de delante del restaurante. Kingston, que por aquel entonces sólo tenía dos años, trataba de echar del banco a mis dos hijastros gemelos de once, Petros y Paulos. Los empujaba sin parar de reír, y ellos no dejaban de provocarle para que hiciera gala de toda su fuerza. Entonces, siguiendo los ojos de Arno, mi mirada se posó justo al lado de los chicos, en dos hombres fornidos de raza blanca con la cabeza rapada, botas de puntera de hierro y serpenteantes tatuajes de color gris oscuro hasta el cuello. Contemplaban amenazadoramente a nuestros hijos. Enseguida vi que Arno estaba todo él en modo de lucha o huida y, por un segundo, creí que se me paraba el corazón.

En aquel preciso instante, la camarera nos llamó, dándonos así una buena razón para alejarnos de los dos osos humanos del bosque. Sin embargo, la imagen de mi marido en ese momento, con los puños apretados y listo para entrar en combate mientras contemplaba a esos hombres fulminar con la mirada a sus hijos, se me quedó grabada en la memoria por dos motivos. Uno es que, al ser padre de niños negros, Arno cuenta con un factor añadido de estrés. Quien es de piel negra u oscura y vive en los Estados Unidos tiene más amenazas y estresantes inherentes a su existencia; dicho de otro modo, vive en una parte del bosque donde hay muchos más osos. Nunca es fácil hablar de la raza, pero la exposición es la exposición: ése era un aspecto relevante de lo que Jenee había expuesto, y tenía razón.

No obstante, el otro motivo por el que nunca olvidaré ese día es lo que hubiese querido compartir con Jenee: aunque tiene hijos negros, mi marido es blanco. De hecho, mi cariñito, Blanquito McBlanco, alcalde de Caucasia (como le llamo cariñosamente), es blanco y un eficaz director ejecutivo. Está en la cúspide de la cadena alimentaria socioeconómica. Si una buscaras *el Hombre* en la enciclopedia, te encontrarías con una foto de mi marido. Mis dos hijastros son adoptados; tienen la tez más oscura que la mía, y Kingston la tiene de color caramelo. Sin duda, los dos hombres que les gruñían a nuestros hijos no tenían ni idea de que estaban a pocos metros de su padre. Pero en aquel momento, Arno era sencillamente un padre cuyos hijos estaban siendo amenazados. Lo que vi aquel día fue un claro ejemplo de la confluencia de biología y sociedad. Todos tenemos integrado el mecanismo de la respuesta al estrés. Amenaza igual a reacción, y tanto da si la amenaza tiene forma de tatuaje de la bandera confederada o de robusto oso pardo; el mecanismo biológico que se activa es el mismo.

Para mí, lo que Jenee no veía era que, si mis hijos y los suyos viven experiencias desencadenantes de estrés debido a su raza, los niños blancos residentes en los Apalaches también tienen las suyas. Imagínatelo de este modo: todos vivimos en un bosque donde hay varios tipos de osos. Hay un gran grupo de osos que habitan una parte del bosque llamada Pobreza; quien vive ahí verá muchísimos plantígrados. Hay otra parte del bosque llamada Raza, por donde se deja caer un grupo diferente de osos. Y hay otro vecindario osuno llamado Violencia. Quien reside cerca de alguna de estas oseras, verá afectado su sistema de respuesta al estrés. Pero ahora viene lo importante: se verá afectada *por igual*, independientemente de con qué oso le toque bailar. Por desgracia, muchas personas (como mis pacientes) viven en un lugar del bosque donde las comunidades Pobreza, Raza y Violencia se solapan; en su caso, hay osos de punta a punta. Ahora bien, también hay muchos osos que habitan en las comunidades Enfermedad mental paterna, Divorcio y Adicción. De ahí mi reacción enérgica al oír la última parte de la declaración de Jenee. Algunas de «las personas en las que esto repercute» *estaban* en la sala.

Por eso necesitamos recoger amplias franjas de datos, porque las soluciones a escala de la salud pública exigen identificar y cuantificar el estrés tóxico de todo el mundo, no sólo de un grupo de personas. Si generamos soluciones sólo para una población, no estaremos afrontando el problema.

De pronto, mientras escuchaba a Jenee, algo cambió en mi interior. Fue como si alguien le hubiese dado a un interruptor. ¡Era eso! Ése era precisamente el origen de gran parte del bloqueo emocional en torno a los ACE con el que me había encontrado. Eso explicaba por qué esa gente de Nueva York se había sulfurado tanto enseguida ante la idea de que el cribado estigmatizara a sus hijos. Y en ese mismo instante, la ansiedad y la congoja se plasmaban en el rostro de Jenee. *¿Y nosotros qué?*, parecía decir. *¿De qué sirve todo esto frente al dolor y el sufri-*

*miento de mi gente?* Ese sentimiento es del todo comprensible (el dolor y el sufrimiento de la población afroamericana es una de las heridas abiertas más profundas de nuestro país), y es a la vez exactamente por lo que seguiremos haciendo camino en los próximos años.

Me puse en pie, estremecida.

Con el silencio reinante en la sala, no me hizo falta micrófono.

Al hablar, notaba como me temblaba la voz. Aunque ese día estuviera dirigiéndome a Jenee y al resto de los presentes, tenía más la sensación de estar vociferando al borde de un abismo, esperando que el eco recorriera kilómetros.

—Creo que todos estamos en esta sala porque queremos hallar las soluciones para *toda* la población. En parte, se trata de que la atención a la salud mental esté cubierta, para que los padres de mis pacientes con trastornos mentales puedan recibir una buena asistencia, conservar un puesto de trabajo y dar una vivienda a sus hijos. Creo que, cuando sólo asociamos la adversidad a las personas a las que ustedes ven y yo veo a diario, nuestro relato es insuficiente. Hay que relacionar lo que contamos con los conocimientos científicos y los datos.

Empecé a hablar más alto. Noté que hacía las *tes* más agudas, que hacía las *aes* más abiertas y que añadía *íes* a algunas palabras, con la cadencia del dialecto de mi infancia socavando mi intento de no perder la compostura. Se me llenaron los ojos de lágrimas que empezaron a derramárseme por las mejillas.

—No es sólo que a los EE. UU. no les cueste nada que bebamos de la misma fuente. ¡Debemos *demostrar* que a los EE. UU. les cuesta *miles de millones* de dólares en enfermedades cardiovasculares, cáncer y educación el que bebamos de fuentes distintas!

La sala irrumpió en aplausos.

—¡Hay que esgrimir ese argumento! Hay que explicarle a todo el mundo que, si viven en los Apalaches, si viven en el centro del país, si viven en Kentucky y creen que lo tienen crudo... Hay que asegurarse de que todas y cada una de las personas sepan que pueden conseguir soluciones contundentes: para los pobres blancos y para la mamá que os fue con el hijo y la maleta. Que estamos unidos en una lucha contra los efectos de la adversidad en el cerebro y el cuerpo en desarrollo de los niños. Y que, cuando *todos* respaldemos esa lucha, ¡tendremos soluciones que igualen a todo el mundo!

Me senté, temblando de emoción. Cuando el doctor Clarke me había pasado el artículo del doctor Felitti, casi diez años antes, había sido capaz de juntar las piezas y saber lo que en realidad les pasaba a mis pacientes. En aquel momento, en la UCSF, con el corazón aún desbocado, me di cuenta de que acababa de tener una segunda (y muy pública) epifanía. ¿Por qué la gente se resistía tanto a la ciencia de la adversidad y a darle un nombre y una cifra a un hecho básico de nuestra biología? Pues porque, al reducirlo al nivel celular, al nivel de los mecanismos biológicos, nos concierne a todos. Todos somos igual de susceptibles y estamos igual de necesitados de ayuda cuando llega la adversidad. Y eso es lo que muchos *no* quieren oír. Algunos quieren tomar distancia y hacer como si sólo fuera un problema de los pobres. Otros se adueñan con orgullo del problema y dicen «Esto está matando a mi gente», pero lo que también quieren decir es *está matando a mi gente más que a la vuestra.*

Las poblaciones blancas rurales hablan de la pérdida de empleos con salarios dignos y de los efectos del consumo de drogas desenfrenado. En los barrios de inmigrantes, se habla de discriminación y del miedo a verse apartado de los seres queridos en cualquier momento. En los vecindarios afroamericanos, del legado de siglos de trato inhumano, que aún sigue ahí: del peligro que corren unos chicos al jugar en un banco o al volver a casa de la tienda llevando una capucha. En las poblaciones amerindias, de la destrucción de la tierra y la cultura, y de la herencia del desarraigo. Sin embargo, en el fondo, todos están diciendo lo mismo: «Estoy sufriendo».

Es fácil quedarse anclado en el sufrimiento propio, porque, como es natural, es el que más le afecta a uno, pero ésa es precisamente la mentalidad que está matando a los negros, a los blancos y a todo el mundo. Perpetúa el problema, al plantearlo en términos de *nosotros* frente a *ellos*. O salimos adelante *nosotros* o salen adelante *ellos*. Eso enseguida desemboca en una lucha por los recursos que divide los esfuerzos por resolver el mismo puñetero problema.

Lo que trataba de transmitir a Jenee y a todos los de la sala era que por ese instinto tan humano de tribalismo necesitábamos la ciencia. Que por eso necesitábamos a todos los investigadores, expertos en datos y científicos presentes. Porque la ciencia nos muestra que no somos *nosotros* contra *ellos*. De hecho, todos tenemos un enemigo común, y ese enemigo común es la adversidad en la niñez. El enfoque terapéutico ante el niño sin hogar y su madre plantados con las maletas en una reunión del Black Infant Health Program es el mismo que se adopta ante una familia de Pensilvania cuyo padre lleva cinco días en el paro porque la fábrica cerró, ante la niña de la China rural que su madre tuvo que abandonar para buscar trabajo en Pekín y ante las familias de Montenegro y Serbia que vivieron la guerra civil... El enfoque terapéutico fundamental es el *mismo* para *todos* y cada uno de nosotros. Cuando empecemos a entenderlo, tal vez nuestra respuesta al problema no estará tan balcanizada y podremos aportar soluciones eficaces para todo el mundo. Porque, como decía mi padre en su dialecto jamaicano, «Cuando la marea sube flotan *todos* los barcos, tío».

# CAPÍTULO 12

## Listerine

Era la 1 de la tarde clavada cuando irrumpí en el consultorio, con los últimos bocados del almuerzo en una caja compostable para llevar de color marrón. Creía que aún me quedaban unos minutos antes del primer paciente de la tarde. Sin embargo, al pasar por el mostrador de recepción, el enfermero Mark me hizo parar con un gesto.

—Tu primer paciente ya ha llegado y está listo —dijo, al tiempo que me alargaba las notas impresas de la visita anterior, junto que el papeleo que mi paciente había completado para la visita de aquel día—. Como han llegado antes de hora, los he dejado en la sala de las mariposas.

—Entendido —contesté, corriendo a la sala de los médicos a ponerme en un pis pas la bata blanca y coger el estetoscopio.

No pude menos que sonreír para mis adentros. Habían pasado diez años desde que inauguramos el Bayview Child Health Center. Allá por 2007 no me imaginaba que en 2017 seguiríamos en Bayview..., que yo seguiría aquí. Y, desde luego, jamás se me hubiera pasado por la cabeza que el consultorio de Bayview inspiraría la apertura del Center for Youth Wellness, ni que ambas instituciones trabajarían codo a codo, no sólo para hacer cribados ACE de todos los niños y proporcionar una atención integral, sino también para hacer llegar nuestras herramientas, modelos y conocimientos clínicos a médicos de todo el mundo. En esa evolución, la única constante había sido el carácter entregado y atento del personal. Al sumarse al equipo, el enfermero Mark se había hecho cargo de la gestión diaria del consultorio, lo que significaba que, aunque yo fuera la médica fundadora, era él quien llevaba la batuta. Yo recibía órdenes de él.

Minutos después, tras mi «toc, toc» habitual, entré en la sala de las mariposas, para abordar el que seguía siendo, con mucho, mi momento preferido de la semana: el de ver a los pacientes. La sala debe su nombre a los cientos de pequeños vinilos de mariposas que decoran las paredes, colocadas con la intención de que parezca que vuelan al encuentro de preciosas flores invisibles en el pasillo. Cuando el consultorio de Bayview se trasladó al edificio del Center for Youth Wellness en 2013, el equipo había hecho todo lo posible por que nuestro nuevo espacio fuera tan acogedor y agradable para los niños como el anterior. En todas las salas había docenas de vinilos, cada uno de distintos motivos de animales; estaba la sala de la selva, la sala de los dinosaurios, la sala del safari, la sala del fondo del mar y la sala de la granja. Pero mi favorita era, sin duda, la sala de las mariposas. Al verla por primera vez me había quedado muda. Casi todas las mariposas eran vinilos planos pegados en la pared, pero había unas cuantas, en el rincón de encima del lavamanos, en 3D, con las alas rosas y lilas sobresaliendo, como diciendo «¡Somos de verdad!».

Mi paciente de dieciséis años estaba sentado en la camilla de exploración, con los ojos pegados al móvil. Andaba mirando un mensaje, o navegando por Instagram, o por Snapchat, o lo que sea que hacen los chicos de dieciséis años con el móvil hoy en día. Su madre estaba sentada en la silla del lado del lavamanos, agarrando firmemente un pequeño papel con unas notas manuscritas.

—¡Hola, chicos! ¿Cómo estáis?

Mi paciente levantó la vista y me regaló la misma sonrisa tierna que conocía desde hacía casi diez años. Ya cerca de convertirse en un hombre, era esbelto y fornido, con una línea de pelusilla apenas perceptible sobre el labio superior. Lucía, como siempre, un aspecto pulcro: pantalones caqui recién planchados y camisa blanca por dentro. Normalmente rapado, se había dejado crecer un poco el pelo en la frente, y advertí un flequillo engominado hábilmente peinado hacia arriba que no le había visto antes.

Su respuesta fue la típica expresión monosílaba propia de la comunicación adolescente:

—Hey.

Sonreí para mis adentros, marcando mentalmente la primera de muchas casillas: *¿Lenguaje apropiado al desarrollo? ¡Visto!*

Me senté en el pequeño taburete con ruedas en frente del ordenador y repasé su información más reciente. A esas alturas, tenía la impresión de saberme su historia clínica de memoria. Contenía una puntuación ACE de siete, síntomas de estrés tóxico, un historial de tratamientos eficaces a lo largo de los años cuando las cosas empeoraban y todos los últimos análisis. La última vez que había venido, hacía más o menos un año, estaba estupendo tanto física como mentalmente. Tenía el asma y el eczema controlados, y en la escuela le iba bien; incluso estaba forjando su primera relación incipiente con una chica. Las amplias sonrisas y la risa de la infancia habían dado paso a unas sonrisas reticentes (aunque todavía infantiles) y a una voz de barítono. Casi podía ver las hormonas recorriéndole el cuerpo.

A pesar de la sonrisa refleja con que me había recibido al entrar, cuando miré a su madre supe que algo la preocupaba. Ese día la expresión de su rostro valía más que cualquier contenido de la historia clínica. En su ceño se dibujaba la misma mezcla de inquietud y esperanza que con el transcurso de los años yo había acabado por conocer. Algo ocurría.

Por suerte, a esas alturas Diego ya sabía lo que tocaba.

Era hora de un rapapolvo.

Al igual que muchos de nuestros pacientes con ACE, desde su primera visita había pasado por un período de terapia intensiva y otros tratamientos médicos. Habíamos logrado controlarle el asma y el eczema, y había retomado un ritmo normal de crecimiento, aunque nunca llegó a compensar del todo los años de desarrollo que había perdido. Al ser su principal asistencia primaria, estábamos pendientes de la aparición de cualquier chichón o rasguño. Los efectos de la adversidad temprana son crónicos y duraderos, por lo que son inevitables los altibajos. Era algo que Diego y su madre habían aprendido a tomarse con calma; comprendían que su sistema de respuesta al estrés necesitaría de vez en cuando unos cuantos mimos y cuidados. Al ser su médica, mi papel consistía en ayudarle a transitar por los servicios y tratamientos médicos que precisara.

Cuando le pregunté qué tal, Diego ya sabía que lo que en realidad le estaba diciendo era «Si algo está activándote la respuesta al estrés, hay que atajarlo a tiempo. ¿Está pasando algo en lo que podamos ayudar?».

Después de un profundo suspiro, el pequeño Diego, que ya no era tan pequeño, me miró.

—Um, no sé —murmuró, y se volvió hacia su madre.

—Doctora —empezó Rosa, al tiempo que alisaba el papel arrugado—, necesita su ayuda. Se le ve deprimido. Se está saltando clases. Ha bajado en las notas y está sacando insuficientes y muy deficientes. Yo sé que mi hijo se esfuerza. Necesita ayuda.

Miré a Diego.

—¿Es así?

Asintió tímidamente.

Le pedí a Rosa que fuera a la sala de espera y acerqué el taburete a Diego, dejando la mano apoyada en el borde de la camilla de reconocimiento.

—¿Quieres contarme lo que ocurre?

Ocurría que a la chica con la que salía desde hacía un año tampoco le faltaban problemas. En su familia habían pasado cosas que estaban afectando la relación de los dos adolescentes. Con ella, todo eran subidas y bajadas, o todo o nada. O bien su relación era alucinante, lo mejor de su vida, lo que la salvaba de todo lo demás, o era horrorosa y no iba a funcionar de ninguna manera. Cuando llevaban poco saliendo, Diego descubrió que ella se cortaba. Ella no quiso que él le diera demasiada importancia: sólo era algo que hacía cuando las cosas la superaban. Sin embargo, Diego no lo podía soportar. Quería protegerla, de su familia y de sí misma. Quería ser el cuidador incondicionalmente tolerante que la verdadera familia de ella no era. Así que había empezado a pasar por casa de ella cada día un rato, al salir de clase. Pero la casa de esa chica no era un sitio agradable donde estar: Diego no quería estar ahí, pero tampoco podía dejarla sola. Los gritos y los dramas no tardaron en llevar al chico de vuelta a un lugar sombrío que ya conocía.

Ya antes de la adolescencia, Diego había tenido épocas de tendencias suicidas. Una noche, cuando él tenía ocho años, su padre se emborrachó y atacó a su madre. Temiendo por ella, el niño llamó al 091. La policía acudió y detuvo a su padre. Al estar indocumentado, no tardaron en deportarle a México.

Diego se sentía terriblemente culpable por haber denunciado a su padre a la policía. Lo único que quería era proteger a su madre, pero entonces su padre se había ido, justo lo que siempre habían temido. Todo se volvió más difícil. Su madre cogió otro trabajo para cubrir gastos, pero no fue suficiente. Diego, su madre y su hermanita se mudaron a un piso más pequeño para ahorrar, pero aun así a veces pasaban hambre. Diego echaba muchísimo de menos a su padre y mantuvo un contacto estrecho con él, escribiéndole y llamándole cuando podía. En todas las cartas y en todas las llamadas le preguntaba lo mismo: «¿Cuándo vuelves a casa?».

Y entonces dejaron de llegar cartas de su padre. El teléfono enmudeció. Pasaron las semanas... y nada. Diego temía que su padre estuviese enfadado con él por haber llamado a la policía. Se preguntaba si no habría formado una nueva familia en México y él ya no le importaba. Preguntaba a su madre si sabía dónde podía estar su padre, pero sus preguntas no parecían lograr más que entristecerla, y su madre no tenía ninguna respuesta. Por fin, al cabo de meses, Rosa tuvo noticias de uno de sus primos. El padre de Diego era un *desaparecido*: uno de los muchos que se esfumaban tras resistirse a los cárteles de la droga mexicanos.

Al poco de recibir esas noticias, el equipo de respuesta de emergencias infantiles de San Francisco llamó a Rosa al trabajo. No se sabía cómo, Diego se había encaramado al tejado del edificio de la escuela y estaba de pie cerca del borde, llorando tan descontroladamente que le temblaba todo el cuerpo, diciendo que ya no quería vivir. Se pasó una hora allí sollozando, a menos de treinta centímetros del borde del tejado. Al final, la trabajadora de emergencias infantiles le convenció de dejarse tomar entre sus brazos y lo bajó sano y salvo.

Su madre lo llevó enseguida al consultorio, y pudimos reengancharlo a terapia con el mismo médico que le visitaba antes, alguien a quien conocía y en quien confiaba. Lidiar con esas etapas había sido duro, pero con el tiempo, Diego había aprendido a generar cada vez más estrategias que le ayudaran a aplacar sus síntomas cuando había altibajos. Como médicos suyos, advertimos que, con la lente de los ACE, a su equipo de atención médica le resultaba relativamente fácil coordinarse con sus equipos de salud mental y bienestar.

Así que, al cabo de unos años, cuando Diego tenía doce y se presentó con el peor ataque de asma que había tenido jamás, nuestro equipo multidisciplinar estaba ahí para ayudarle. En su esfuerzo por llegar a fin de mes, Rosa se había llevado a la familia a un viejo piso destartalado. Aunque no era gran cosa, los mantenía cerca de los amigos, las escuelas y la atención médica que ayudaban a sus hijos a no perder el rumbo. Una noche, un cortocircuito desató un incendio en la cocina. Al enterarme del incendio, di por hecho que el agravamiento del asma de Diego se debía a la inhalación de humo. No obstante, en la visita de seguimiento, seguía teniendo síntomas graves, pese a la fuerte medicación que recibía, y tuve claro que había que preguntar si ahí había algo más. Resultó que Rosa había sacado a los críos del piso enseguida. Diego no había estado expuesto prácticamente a nada de humo. Sin embargo, el incendio que había devorado el piso los había dejado sin hogar, y él y su familia llevaban tres días sin comer. Diego se había erigido en el hombre de la familia, para proteger y mantener a su madre y a su hermana. Sin embargo, con doce años de edad, estaba muerto de miedo. Por muy fuerte que quisiera ser por su familia, las noches pasadas en la calle estaban afectando su biología. Hasta que nuestra trabajadora social les encontró un alojamiento de emergencia no pude reducirle por fin la dosis elevada de medicación para el asma.

Así que, cuando Diego me habló de su novia y de la familia de ésta, sentí un gran pesar por ese nuevo episodio de tristeza y dolor en su vida, pero también confiaba en que pudiésemos ayudarle a sobrellevarlo. Para entonces ya teníamos una idea de lo que parecía funcionar mejor con él. Rosa sabía de qué cambios en su hijo había que estar pendiente, y él sabía que, cuando se sintiese muy mal, nuestro equipo no se movería de su lado hasta que volviese a estar mejor. Como siempre hacía, aquel día Diego me dio un abrazo al salir de la sala de reconocimiento, y esa vez me aseguré de corresponderle con un achuchón extra.

En las semanas siguientes, nuestro equipo trabajó con Diego, evaluando cómo le iba en los seis apartados esenciales de sueño, ejercicio, alimentación, mindfulness, salud mental y relaciones sanas. Sabíamos que lo que mejor le iría al chico sería una pauta intensa, que incluía ver a Claire, que llevaba largo tiempo siendo su psicoterapeuta en el CYW. También seleccionamos a una persona de su escuela a quien pudiese ir a ver periódicamente. Le animé a retomar los partidos callejeros espontáneos de fútbol y a vincularse más con sus fuentes de apoyo, incluida su madre. No tardamos en apreciar mejoras. Al final, la relación entre Diego y su novia se acabó, y, con el tiempo, volvió a sacar notables y sobresalientes. Llegó incluso a estar en el cuadro de honor de la escuela. Decidió que tal vez le gustaría ser abogado, y consiguió una pasantía en la oficina del fiscal del distrito, lo que le entusiasmó. Luego adoptó una cachorrita, y se le iluminaba la cara al contarme sus travesuras. Le encantaba cuidar de ella y, cuando le rascaba las orejas, ella le lamía la cara.

Meses después, en una visita de seguimiento, me embargó la más profunda satisfacción al ver los progresos que había hecho mi paciente. El sistema funcionaba exactamente como debía. Diego volvía a ir por la buena senda.

Si esto fuera una película, ahora mismo saldrían los créditos y todos nos sentiríamos la mar de bien con nosotros mismos. Diego lo había «conseguido».

Sin embargo, la vida no es así. La historia no se acaba aquí.

En la vida real, Diego vive en un barrio peligroso, y no dejan de pasar cosas.

Un par de meses más tarde, visité a su hermana pequeña, que acudió al consultorio para una revisión. Todavía llevaba pañal cuando había empezado a atenderlos a ella y a Diego, y ahora ya tenía casi once años. Rosa acudió con su hija y, mientras entraban, le pregunté qué tal le iba a Diego.

Para entonces yo ya conocía bastante bien los suspiros de Rosa. Estaba el suspiro larguísimo, que significaba que estaba agotada, y luego estaba el corto, exasperado, que soltaba cuando se sentía frustrada o perdida. El de aquel día fue profundo y, al espirar, cerró los ojos y se llevó la mano al pecho. Esos ademanes me recordaron al día que nos conocimos, antes de que me contase la historia de Diego, que en esa época tenía siete años.

—¡Ay, doctora! —exclamó—. Conozco muy bien a mi hijo, doctora. Estoy pendiente hasta del último detalle. Sé cómo reacciona ante todo. Soy como una detective, le vigilo, pero sin estar demasiado encima. No es fácil.

—¿Ha pasado algo? —inquirí.

—Hará un par de semanas, supe que algo no marchaba bien. Me daba cuenta de que estaba a punto de caer en una depresión, así que empecé a preguntarle «¿Estás bien?». Él sólo contestaba «Sí, mamá». Pero seguí observando lo que hacía, sabiendo que algo fallaba, así que le dije: «Mi amor, veo cómo actúas. No haces más que dormir, no quieres bañarte, no comes. Me doy cuenta de que estás sufriendo. Dime, ¿ha pasado algo?». Pero él me contestaba: «No, mamá. Estoy bien». Era sábado por la tarde, y yo tenía que ir a misa, así que le pregunté: «¿Por qué no me acompañas?». Y me dijo: «No, mamá, quiero quedarme». Casi dejo de ir a misa. No estaba tranquila, porque sabía que a mi hijo le ocurría algo, así que fui a su habitación y le pregunté: «Hijo, ¿estás triste?». Pero me contestó: «No, mamá, estoy bien, vete tranquila». Y me fui. Estando en misa me envió un mensaje diciendo «Lo siento». No entendí el resto, porque estaba en inglés, así que se lo enseñé a una de mis amigas, que estaba sentada a mi lado, que habla bien inglés, y le pedí que me lo leyera. Decía: «Mamá, perdóname por lo que voy a hacer». Créame, doctora, estaba sentada en esa iglesia de Oakland y me entró una ansiedad tremenda. En ese momento, si hubiese tenido una varita mágica, me hubiese esfumado y aparecido en casa. Me entró el pánico. Me imaginé volviendo a casa en tres cuartos de hora para encontrarme a mi hijo muerto. Tenía que encontrar el modo de volver a San Francisco. Le pedí por favor a mi amiga que tiene coche que me llevara enseguida a casa. Ésos fueron los instantes en los que peor lo pasé.

A Rosa le falló la voz. Se le llenaron los ojos de lágrimas.

—Le llamé, pero no contestaba. Le envié mensajes y seguía sin contestar. Hasta le pedí prestado el móvil a mi amiga para poder llamarle desde un número que no fuese el mío, pero tampoco contestó. El teléfono sonaba y sonaba, pero él no lo cogía.

»Tengo una amiga, Magdalena, que vive cerca. No contaba con que estuviese en casa, porque normalmente los sábados sale a bailar con su novio, pero, gracias a Dios, estaba en casa. Le dije que fuese a mi casa, que la vida de mi hijo estaba en sus manos y que necesitaba que me ayudara a salvarlo. Se lo supliqué, le dije: «Magdalena, ve a mi puerta, llama y no dejes de llamar hasta que conteste». Ella sabe que Diego tiene depresiones, así que le dije que llamara a la policía si no contestaba.

»Doctora, en mi barrio no llamamos a la policía por nadie, pero se lo dije, se lo supliqué: si no contesta, tienes que llamar a la policía. Me dijo que estuviese tranquila, que lo haría. Cada minuto que esperé sentí que Diego se me iba escurriendo entre los dedos. Lloraba de angustia. Le llamé sin parar.

»Cuando estábamos a medio camino de casa, por fin cogió el teléfono y le pregunté: «Mi amor, ¿estás bien?». Pero no quería hablar conmigo, así que mi amiga cogió el teléfono y le preguntó si estaba bien. Le dijo: «¡Tu madre está preocupada! ¡No se merece pasarlo mal, contéstale! ¡Contéstale!». Pero él no decía nada, así que mi amiga le dijo que Magdalena estaba de camino y que la policía derribaría la puerta si no abría. Llegué a casa temblando. Cuando lo encontré, estaba tendido en el suelo; pensé que tal vez había tomado pastillas. Gracias a Dios, no lo había hecho. Llevaba una buena borrachera…, estaba muy bebido. ¡Y ya está! Se había bebido una botella de Bacardi Silver, estaba muy borracho y se encontraba fatal. Así me enteré de que su amigo había muerto.

—¡Dios mío! —exclamé, con la voz entrecortada.

—¡Sí, doctora! Un buen amigo de Diego. Acababa de graduarse y, cuando iba por la calle con otro amigo, alguien le pegó un tiro. Era buen chico. Muy estudioso. Nunca se había metido en líos. La bala no era para él, pero fue él quien murió.

—Cuánto lo siento —dije.

—Gracias, pero Diego está bien. Le hice llamar a su psicoterapeuta ese mismo día, y le está ayudando. Ahora lo lleva mejor, pero, doctora, ya le digo que no es fácil.

\* \* \*

Aquel día hablé con el psicoterapeuta de Diego para estar segura de que el chico recibía la ayuda que precisaba, pero igualmente me sentía triste, enfadada y frustrada, todo a la vez. Sólo unos meses antes, lo había pasado mal con su novia y había salido reforzado. La última vez que habíamos hablado, había bromeado sobre su pasantía en el despacho del fiscal del distrito, y yo le había preguntado a qué universidad quería ir. Y entonces, en un instante, un chico como él, alguien a quien Diego quiere y por quien se preocupa, pasea por la calle, se encuentra en el lugar equivocado en el momento equivocado y se va para siempre.

Noto una sensación desagradable en la boca del estómago al saber que, sin lugar a duda, esto volverá a pasar. No el mismo incidente, pero, desde luego, uno con efectos similares. Algo por lo que Diego se verá expuesto a un nivel de estrés que hace saltar su ya sensible sistema de respuesta al estrés. Pese a todos los progresos que ha hecho, es probable que ese algo le revolucione. Deberá tratar de mantener la cabeza en su sitio en la medida de lo que pueda, reconocer lo que sucede en el plano biológico y armarse de sus recursos. Por ahora, cuenta con su madre para echarle una mano en ello, y ella cuenta con el consultorio para echarles una mano a los dos. Y eso es lo bueno. Ésa es la razón por la que abrimos de entrada el CYW. Es lo que podemos hacer. No podemos borrar el trauma del pasado de Diego, ni fabricarle una burbuja protectora desde la que vaya flotando por la vida, pero podemos emplear lo que sabemos de su biología para mitigar los efectos del estrés tóxico que siempre formarán parte de su mundo.

Le estábamos proporcionando a Diego una asistencia de vanguardia. El problema es que la vanguardia es una mierda. Frente a lo que *conocemos* del mecanismo del estrés tóxico, lo que hacemos sigue siendo bastante primitivo. Ojalá dispusiésemos de mejores pruebas diagnósticas para saber con exactitud qué vías están más alteradas, y así poder dirigir los tratamientos con mayor eficacia. Mi deseo era poder limpiar los efectos del estrés tóxico del ADN de Diego como Michael Meaney lo había hecho con sus ratas adultas: limpiar la huella de la adversidad, limpiar el riesgo de asma, suicidio, cardiopatía y cáncer.

Pensé en mis días en Stanford, en el servicio de oncología pediátrica. Deseé poder hacer por Diego lo que habíamos hecho por los pacientes con leucemia. En Stanford, cuando se atendía a un paciente con cáncer, todo se hacía según un protocolo. El protocolo POG n.º 9906 era el de la leucemia linfocítica aguda de alto riesgo que había alcanzado el sistema nervioso central. Si no estaban afectados ni el cerebro ni la médula espinal, y el cáncer era menos agresivo (un número de leucocitos inferior a 50 000), podía aplicarse el protocolo POG n.º 9201. Las tres letras POG que preceden todos los números del protocolo eran algo que en aquella época no me planteaba mucho. No fue hasta que Diego y otros como él me embarcaron en mi búsqueda de conocimiento y tratamiento del estrés tóxico que me detuve a preguntarme «¿Cómo diantre sabían qué tratamientos emplear?».

En 1958, la tasa de supervivencia de los cánceres infantiles era del 10 %; el 90 % de los pequeños a quienes se diagnosticaba cáncer fallecía. En 2008 la tasa de supervivencia había crecido hasta casi el 80 %. Los pacientes con leucemia linfocítica aguda pasaron de una mediana de supervivencia de seis meses (es decir, que sólo la mitad de los pacientes sobrevivían seis meses después del diagnóstico) a un índice de curación total del 85 %. ¿Cómo se las ingenió nuestra sociedad, Dios mío de mi vida, para conseguirlo?

Pues, casualmente, la respuesta a la pregunta reside en las tres letras que preceden todos los números de protocolo. POG son las siglas en inglés de Grupo Oncológico Pediátrico. Se trataba de uno de nuestros grupos de ensayos clínicos pediátricos dedicados a tratar el cáncer infantil; todos los grupos de fusionaron en 2000 para constituir lo que en la actualidad es el Grupo de Oncología Infantil (COG, por sus siglas en inglés). En la actualidad el COG cuenta entre sus filas[3] con más de cinco mil especialistas en cáncer pediátrico, pertenecientes a unos 230 centros médicos de los Estados Unidos, Canadá, Suiza, los Países Bajos, Australia y Nueva Zelanda. En las instituciones del COG, equipos multidisciplinares formados por facultativos, científicos generales, enfermeros, psicólogos, farmacéuticos y otros especialistas ponen sus habilidades al servicio de la investigación, el diagnóstico y el tratamiento del cáncer infantil.

Esta colaboración revolucionaria dio como fruto un buen modelo multidisciplinar asistencial, tratamientos oncológicos más eficaces y protocolos asistenciales perfeccionados al detalle, para ayudar a los pacientes a restablecerse antes y mejor. Lo que decisivo no fueron uno o dos laboratorios dedicados a la investigación de vanguardia. Lo que marcó la diferencia no fue la invención de una pastilla. Fue el empuje y la colaboración a lo largo y ancho de los Estados Unidos y, en realidad, del planeta. Los especialistas en cáncer compartían un

3. Maura O'Leary *et al.* (2008) «Progress in Childhood Cancer: 50 Years of Research Collaboration, a Report from the Children's Oncology Group» *Seminars in Oncology* 35, n.º 5: 484-93.

mismo objetivo, pero también algo igual de importante, teniendo en cuenta lo enormemente competitiva y escasa de recursos que puede llegar a ser la medicina académica: compartían datos de pacientes, ideas e investigación.

Ahora bien, los investigadores no colaboraban únicamente movidos por el deseo de curar el cáncer pediátrico (aunque estoy segura de que eso los motivaba). En 1955, el National Cancer Institute[4] (NCI) decidió que el estudio de la leucemia podría avanzar con mayor agilidad si los investigadores se juntaban en «grupos colaborativos». La institución diseñó el programa inspirándose en una iniciativa eficaz de la Veterans Administration, que incentivaba la colaboración entre investigadores dedicados a mejorar el tratamiento de la tuberculosis. En 1955, el Congreso de los EE. UU. asignó al NCI cinco millones de dólares,[5] lo que acabó culminando con la creación de diecisiete proyectos de investigación colaborativos que transformaron la práctica clínica y mejoraron espectacularmente la evolución de los pacientes de cáncer infantil. Cuando yo estaba de residente en la planta de oncología pediátrica de Stanford, podía decirles a los padres que, aunque el diagnóstico de leucemia infantil diese mucho miedo, la enfermedad era claramente tratable.

Comparado con el del cáncer infantil, el tratamiento del estrés tóxico es aún incipiente: apenas empezamos a responder. Si la crisis global de adversidad en la infancia fuese un libro, iríamos por el segundo capítulo. En muchos sentidos, este libro es la historia de ese primer capítulo: el descubrimiento de los mecanismos biológicos. Aún no hemos perfeccionado nuestra respuesta, pero estamos en ello. CYW ha dado los primeros pasos en el diseño del tipo de cola-

---

4. «SWOG: History», SWOG. Extraído de http://swog.org/visitors/history.asp.

5. Piana, Ronald «The Evolution of U.S. Cooperative Group Trials: Publicly Funded Cancer Research at a Crossroads», *ASCO Post*, 15 de marzo de 2014. Extraído de http://www.ascopost.com/issues/march-15-2014/the-evolution-of-us-cooperative-group-trials-publicly-funded-cancer-research-at-a-crossroads/.

boraciones en investigación que innovan la atención al paciente. Al trabajar con varias instituciones investigadoras de gran calado, nuestros equipos llevan a cabo el tipo de ensayos controlados aleatorizados que se requieren para responder a grandes interrogantes, como «¿Pueden hallarse marcadores biológicos del estrés tóxico que puedan medirse de forma fiable?».

¿Cómo pasamos de tener la primera pieza del rompecabezas —saber que la adversidad acaba perjudicando la respuesta al estrés, lo que genera estrés tóxico, que a su vez da lugar a multitud de repercusiones biológicas negativas y cuadros clínicos— al tipo de iluminación para la salud pública sobre el que había leído en la escuela de posgrado? Para mí, este cambio de paradigma es de la misma magnitud que la aceptación por parte del colectivo médico de la teoría microbiana; de hecho, la historia de la medicina nos brinda una fascinante hoja de ruta para el futuro.

* * *

En aquel entonces, antes de que la medicina supiera que los microbios causaban las infecciones, se creía que se debían al aire viciado. Por ridículo que nos parezca ahora, en la Inglaterra del siglo XIX este dato lo corroboraba la observación de que, cuantos más orinales se vaciaban en la calle cada mañana, más probabilidades había de que se desatara una epidemia de cólera. Asimismo, cuando los cirujanos trataban a un paciente con una herida muy infectada, la prueba olfativa constituía una importante información diagnóstica. Cuanto más oliera a pútrido la herida, más probabilidades tenía el paciente de morir. Los científicos de esa época tenían debates acalorados sobre las causas de epidemias como el cólera y la peste negra (peste bubónica), pero la creencia más extendida era la de la teoría del miasma, según la cual la materia en descomposición desprendía vapores venenosos que enfermaban a la población.

Hasta finales del siglo XIX (y, de hecho, hasta principios del siglo XX), médicos y científicos creían que el mejor modo de prevenir la infección era acabar con los malos olores. Y en parte tenían razón, por lo que su tratamiento era en parte eficaz. En efecto, minimizar el vertido de aguas residuales en calles y suministros de agua reducía el riesgo de cólera. En cambio, poner flores en las mascarillas quirúrgicas de los médicos y junto a los lechos de los pacientes no reducía en absoluto el riesgo de morir (si bien lo segundo aún sigue haciéndose en la actualidad).

Uno de los grandes problemas de la teoría del miasma era que, si algo no olía especialmente mal, se creía que no podía ser la causa de la enfermedad. Es lo que ocurrió con el pozo de Broad Street que investigó el doctor John Snow. Como el agua del pozo no apestaba, la gente tomó a Snow por loco cuando pidió a los funcionarios de salud pública que quitaran el mango de la bomba. Pero Snow era uno de los pocos científicos de su tiempo que no creía en la teoría del miasma. Basaba su teoría en la idea de que las «excreciones de los enfermos» contenían material tóxico que, por medio del agua contaminada, se transmitía de humano a humano, crecía, se multiplicaba y provocaba la enfermedad. La teoría suscrita por Snow, y que le llevó a exigir a las autoridades que retiraran el mango de la bomba, es lo que hoy damos por hecho que es la verdadera base de la infección: la teoría microbiana. No obstante, en aquellos días, Snow estaba en minoría.

Partiendo de la premisa de que cuanto peor oliera un paciente, más urgente era su caso, médicos y cirujanos priorizaban el abordar sin tardanza la siguiente intervención. Cosas como lavarse las manos entre uno y otro paciente o cambiarse la bata quirúrgica no hacían más que robar tiempo, así que los cirujanos más abnegados pasaban de un paciente a otro lo más rápido que ponían, cubiertos de sangre y vísceras. Para contrarrestar infecciones, ordenaban a los enfermeros que abrieran las ventanas del quirófano y así ventilasen el ambiente.

En la época en que John Snow retiraba el mango de la bomba, otro médico pionero experimentaba hasta qué punto la teoría microbiana podía transformar su práctica clínica. El doctor Joseph Lister, cirujano, había leído los escritos del químico Louis Pasteur sobre cómo los microbios picaban el vino. El doctor Lister aplicó esos conceptos en su ejercicio de la cirugía e insistió en que su personal quirúrgico empleara técnicas antisépticas como el lavado de manos, la limpieza de instrumentos y la higiene de la piel y las heridas del paciente. Al cabo de tres años de la introducción de esas prácticas por el doctor Lister, la tasa de mortalidad por infección posterior a sus intervenciones se redujo del 46 % al 15 %.[6] Así que, cuando vuelvas a coger un frasco de Listerine, que sepas que no sólo debemos estar agradecidos al doctor Lister por librarnos de la maldición del mal aliento, sino también por hacer posible que salgamos del quirófano con buenas perspectivas de sobrevivir.

Pese a lo que aparentemente eran unos resultados espectaculares, llevó largo tiempo pasar del descubrimiento de la teoría microbiana a la institución del lavado de manos universal, el uso de instrumental quirúrgico estéril y la invención de los antibióticos. Y aún más llegar a contar con los medios actuales: los antibióticos de cuarta generación y el instrumental quirúrgico esterilizado por radiación. ¿Qué ocurrió entre esa época y el presente?

Naturalmente, hay innumerables pequeñas respuestas, pero todas se agrupan en una de estas dos categorías generales: la respuesta médica y la respuesta de la sanidad pública. La respuesta médica abarcaba los cambios en el ejercicio de la asistencia médica, como las técnicas quirúrgicas de Lister y el descubrimiento de vacunas y antibióticos. La respuesta de la sanidad pública eran todas las novedades que esa información conllevaba fuera de los hospitales y consultorios, incluyendo la introducción de prácticas como la limpieza y recogida de basuras municipales y la pasteurización de la leche.

Todo ese conjunto de iniciativas se basaba en un simple cambio de paradigma: la exposición a los microbios, y no el aire viciado, es lo que provoca la enfermedad y la muerte. Una vez aceptada esa idea,

---

6. Trueman, C. N., «Joseph Lister», History Learning Site. Extraído de www.historylearningsite.co.uk.

ya podían empezar a idearse formas de limitar la exposición y la transmisión y, en última instancia, de curar las infecciones que sí se producían. Ahora bien, eran tan importantes las acciones individuales como la consciencia de que se requerían ambos enfoques para lograr cambios transformadores. Ya podemos usar todos los antibióticos del mundo, que el problema no se resolverá mientras se sigan arrojando aguas residuales donde nos abastecemos de agua. Análogamente, aun con las prácticas de saneamiento más avanzadas, hay quien todavía cae enfermo, por lo que necesitamos modos de curar las infecciones.

A menudo estoy con gente que pregunta «¿Qué tienen que ver conmigo los ACE y el estrés tóxico?». Mis colegas de profesión dicen «¿No es un problema social?». Y las autoridades se plantean «¿Cómo vamos a hablar del estrés tóxico si no tenemos cura?». La respuesta a los tres interrogantes es que comprender el mecanismo por el que los ACE conducen al estrés tóxico nos brinda una herramienta poderosa con que modelar la respuesta médica *tanto como* la respuesta de la sanidad pública. Y ahí todo el mundo tiene un papel que desempeñar.

Creo que estamos en la antesala de una *nueva* revolución, y es tan determinante como la que desató el descubrimiento de los microbios por Pasteur. Lo emocionante es que el movimiento ya ha arrancado. La labor que Jeannette Pai-Espinosa y la doctora Pam Cantor desempeñan en barrios y escuelas es parte de la respuesta de la sanidad pública a los ACE. La tarea que llevan a cabo Nancy Mannix y el CYW son parte de la respuesta médica. Ahora mismo estamos en la etapa del lavado de manos. Aún nos falta desarrollar antibióticos de cuarta generación para combatir el estrés tóxico, pero podemos aplicar lo que sabemos sobre cómo la respuesta al estrés provoca problemas de salud para instaurar algo de higiene básica: cribado, asistencia con conocimiento del trauma y tratamiento. Sueño, ejercicio, alimentación, mindfulness, salud mental y relaciones sanas. Es el equivalente a cuando Lister sumergía el instrumental en fenol y exigía a los estudiantes de cirugía que se lavaran las manos.

Cuando tengamos claro que el origen de muchos de los problemas de la sociedad es la exposición a la adversidad en la infancia, las soluciones serán tan sencillas como reducir la dosis de adversidad en niños y potenciar la capacidad de los cuidadores de ejercer de amortiguadores. A partir de ahí, hay que seguir avanzando, convirtiendo ese saber en la creación de cosas como planes de estudio más eficaces y análisis de sangre que detecten biomarcadores del estrés tóxico..., cosas que desembocarán en un amplio abanico de soluciones e innovaciones, que reducirán el daño, primero paso a paso, y luego a zancadas. No hace falta erradicar por completo la causa del daño, ya sean los microbios o la adversidad en la niñez. La revolución consiste en la aplicación creativa del conocimiento para aliviar el daño siempre que aparezca. Porque, cuando conocemos el mecanismo, podemos emplear ese conocimiento de innumerables formas para mejorar drásticamente la condición humana. Así es como se desata una revolución. Se cambia de paradigma, se adopta un nuevo prisma y, de pronto, el mundo se nos revela *y nada vuelve a ser igual.*

# CAPÍTULO 13

## Al mirar atrás

Eran las 6 de la mañana de un sábado cuando sonó el móvil de mi marido. Estábamos de escapada de fin de semana en los viñedos de California, así que ese despertar temprano fue tan inesperado como inoportuno. Arno, desorientado y aturdido, se dio la vuelta en la cama y se tapó la cabeza con el edredón.

—Cariño —dije, dándole un codazo—. Cariño, es tu teléfono. ¿Quién diantres te llama?

Arno tanteó la mesilla de noche con la mano. Encontró primero las gafas y luego el móvil.

—¿Sí? —graznó.

Tardó un instante en incorporarse y en empezar a hablar deprisa, ya del todo despierto.

—Sí, sí, está aquí. Espera —Me alargó el móvil—. Es Sarah. Evan ha tenido un ictus.

*¿Pero qué...?* Al ser médica, estoy acostumbrada a recibir llamadas de familiares y amigos a horas intempestivas. A veces es algo importante (el bebé de una amiga que respira con dificultad) y presto asesoramiento sustantivo («¡Ve corriendo a urgencias!»). Sin embargo, en más ocasiones, tengo la sensación de atender un servicio de consulta para padres y madres sufridores («Mi hija de dos años ha comido caca de gato, ¿qué hago?», me pregunta una prima. «No le dejes comer más caca de gato», le digo). Así que, cuando Arno me

pasó el teléfono, la pregunta que dominaba mis pensamientos era «¿A qué caray se refiere con lo de ictus?». Me imaginaba a mi hermano durmiéndose con todo el peso encima de una extremidad y despertándose con una sensación de hormigueo, o con parálisis facial, una inflamación inquietante pero benigna de los nervios faciales, que puede dejarte medio rostro atrofiado durante meses o semanas. Al coger el móvil de Arno, mi escepticismo era mayor que mi preocupación.

—¿Sarah?

—Hola, Nadine. —Mi cuñada hablaba en un tono inquietantemente mesurado—. Estoy en las urgencias de la UCSF. Los médicos quieren aplicar una técnica experimental. Dicen que podría salvarle la vida a Evan, pero que yo tendría que firmar un consentimiento para participar en un ensayo clínico. No sé qué hacer. ¿Puedes hablar con la médica y decirme lo que opinas?

Se me aceleró el pulso. *¿Urgencias? ¿La UCSF? ¿Qué está pasando?*

—Claro, claro, que se ponga —contesté, escurriéndome para sentarme junto a Arno al borde de la cama.

Segundos después, oí una voz muy autoritaria y algo apresurada al otro lado del hilo. Fue el tono, más que ninguna otra cosa, lo que me disparó las alarmas. Lo reconocí de inmediato. Era escueto, directo y conciso, un tono que yo había empleado muchas veces junto al lecho de un paciente, casi viendo a la Parca plantada al otro lado de la cama. No había un segundo que perder.

La doctora se presentó sucintamente y empezó a explicarme cuál era el problema y qué querían hacer. Yo iba asimilándolo todo, asintiendo y soltando algún «mmm», hasta que oí las palabras «bloqueo de dos tercios de la distribución de la arteria cerebral media».

Me tembló todo el cuerpo.

—¿Cómooooo? —grité al teléfono.

Sabía lo que eso significaba clínicamente; lo que no me entraba en la cabeza era que estuviera ocurriéndole a mi hermano. Significaba que la sangre no estaba llegando a gran parte de su cerebro. Significaba la muerte, muy probablemente. O, con suerte, una grave discapacidad. Me imaginé a Evan en silla de ruedas, con un brazo pegado al pecho, como un pájaro con un ala inútil, rota. Me imaginé pañales para adultos y servicios de atención domiciliaria, para ayudarle a girarse en la cama. Me imaginé compota de manzana chorreándole por las comisuras de los labios, caídas.

Empecé a sollozar.

Notaba la mano de Arno acariciándome con suavidad la zona lumbar. Respiré hondo y seguí escuchando.

La doctora se quedó un momento en silencio y luego retomó el discurso, algo más lentamente al principio, para luego ir acelerando. Expuso las tasas de supervivencia del tratamiento estándar y explicó por qué creía que el caso de Evan era especialmente adecuado para aquella nueva técnica experimental. Me obligué a asimilarlo todo. Detalló los riesgos y los posibles beneficios y, cuando al fin acabó, y me dijo que le volvía a pasar el móvil a mi hermana, tuve que recomponerme. De ninguna manera iba a dejar que Sarah notara la inquietud en mi voz.

—Sarah, al parecer, lo más indicado es esa técnica —me esforcé al máximo por hablar en un tono sosegado y tranquilizador.

—¿De verdad? ¿Estás segura?

—Del todo —contesté—. Es la mejor opción.

Noventa minutos después, entrábamos por la puerta corredera de vidrio de la unidad de cuidados intensivos neuroquirúrgicos de la UCSF. Arno llevaba en brazos a Kingston, que entonces tenía tres años. Nos acompañaron a la sala de espera, donde mis padres y el resto de mis hermanos montaban guardia. Durante las horas que aguardamos a que completaran la intervención, iba oyendo de vez en cuando a los médicos y enfermeros de la UCI dando información sobre el caso: «Varón de cuarenta y tres años con ictus en fase aguda, no fumador, sin factores de riesgo». Lo último me resonó en la mente y sacudió mis pensamientos. *Sin factores de riesgo.*

No era verdad.

Cuando mis hermanos y yo éramos pequeños mi madre padecía esquizofrenia paranoide, una enfermedad mental grave que, por desgracia, durante muchos años no le trataron. Como sucede con casi todas las familias que tienen ese legado, el tema era complicado. En casa, los ratos de profunda ansiedad y estrés se alternaban con momentos de amor y alegría. Mi madre me enseñó a dar un sensacional revés a dos manos en tenis y fue la más firme defensora de la educación que una pueda imaginarse. Siempre me decía «Tú estudia, chica, ¡que cuando tengas tus estudios nadie podrá quitártelos!». Pero cuando las cosas iban mal…, pues iban muy mal. El problema era que nunca sabíamos qué madre nos iba a tocar. Cada día, al salir de la escuela, era una incógnita: ¿en casa nos encontraremos con la mamá contenta o con la mamá que da miedo? Ni que decir tiene, aquello generaba un entorno de estrés reiterado e impredecible que nos marcó en varios sentidos, para bien y para mal.

Ese día, sentada en la sala de espera de la UCI de neurocirugía, muerta de preocupación, no podía evitar pensar en lo distintas que podían haber sido las cosas si la puntuación ACE de Evan hubiese sido parte de su historia clínica. Quienes han sufrido ACE significativos tienen más del doble de probabilidades de padecer un ictus. ¿En qué medida hubiese cambiado su atención sanitaria, hasta llegar a este momento, si su puntuación ACE se hubiese tomado como un indicador biológico, al igual que la tensión arterial o el colesterol? Si llegamos a saber la relación de los ACE con este tipo de ictus en concreto, ¿podríamos haber alterado el riesgo? ¿Podía ese conocimiento ayudar a evitar que la siguiente persona como Evan tuviera jamás un ictus? Todas estas preguntas me llevaban a la misma conclusión: en lo que a los ACE se refiere, necesitamos que se investigue más, urgentemente.

Por suerte para mi familia, la investigación destinada a mejorar el tratamiento del ictus valió la pena. Siendo médica, no lo digo por decirlo: la técnica experimental que salvó la vida de mi hermano fue verdaderamente milagrosa. El equipo de la UCSF eliminó por completo el coágulo y restauró el flujo sanguíneo en el cerebro de Evan. Cuando se despertó en la UCI, aún tenía muy débil el lado derecho del cuerpo, pero en cuestión de meses, con una fisioterapia intensiva, ya volvía a pedalear por Marin Headlands y a jugar al baloncesto con sus chicos.

* * *

Cuando éramos críos, Evan se adaptaba al estrés que había en casa siendo un verdadero encanto. Hasta la fecha, tiene un magnetismo natural que le sale automáticamente y hace que todo el mundo se sienta a gusto. A veces aún me río al recordar los chistes ingeniosos que contó como maestro de ceremonias de nuestra boda. Todo el mundo acabó alborotado, de pura alegría y risa. Nuestro hermano Louis no tuvo tanta suerte. Louis y yo nos llevábamos un año y, de pequeños, nos parecíamos tanto que a menudo preguntaban si éramos gemelos. Él era más listo que yo y, a diferencia de mí, era un chico popular en el instituto. Sin embargo, también era sensible. Su singular mezcla de lo innato y lo adquirido le llevó a sufrir esquizofrenia; se la diagnosticaron en 1992, cuando sólo tenía diecisiete años. Dos años más tarde, salió del coche de mi madre en un semáforo y se fue. Nunca volvimos a verle. Lleva desde entonces en el registro nacional de personas desaparecidas. Louis es lo que me llevó a Bayview Hunters Point. Veo su rostro, su potencial, su valor fundamental en los rostros de mis pacientes.

Al mirar atrás, ahora me doy cuenta de cómo me adapté a la enfermedad de nuestra madre, compenetrándome más con quienes me rodeaban. Para mí, saber enseguida qué mamá me esperaba en casa era la clave para apañármelas en nuestro hogar. Ahora me cuesta poco saber cuándo a alguien le pasa algo, al interpretar un montón de pistas no verbales. Es como una especie de sexto sentido. No quisiera nunca volver a pasar por los momentos angustiantes o impredecibles de mi infancia, pero tampoco quisiera suprimirlos. Tienen mucho que ver con la persona en la que me he convertido. A veces me gusta pensar que esta capacidad de sintonizar con la gente es mi pequeño superpoder. En el trabajo, me ayuda a formular amablemente a los pacientes las preguntas adecuadas de seguimiento, y a llegar enseguida al quid de la cuestión. Me ha supuesto un inmenso don para el ejercicio de la profesión.

Adaptarme a la enfermedad de mi madre también me favoreció como estudiante y residente. Era en las situaciones más adrenalínicas donde yo me lucía. No me extrañaría que muchos de mis colegas encontraran su lugar en la medicina por un motivo similar. Allí donde otros se veían superados o se ponían de los nervios, mi cerebro y mi cuerpo estaban acostumbrados a trabajar en condiciones trepidantes. Nunca olvidaré aquel día en la UCI pediátrica de Stanford, cuando, en mi segundo año de residencia, me encargaron que le retirara la cánula endotraqueal a un paciente que había recibido un trasplante de hígado y de intestino delgado. Pensábamos que se estaba recuperando lo bastante bien como para poder respirar sólo. Durante los primeros minutos, respiró bien y parecía estable. Sin embargo, cuando la especialista salió de la habitación, el niño empezó de pronto e inesperadamente a entrar en muerte cerebral. Mi mente y mi cuerpo empezaron a ir a toda máquina. Con agilidad y precisión, puse en práctica cuanto había aprendido. Al volver corriendo la especialista en respuesta a la parada cardíaca, me encontró encaramada a la cama contando masajes cardíacos y pidiendo dosis de epinefrina al enfermero. Cuando todo hubo acabado, el paciente recobró el pulso y se estabilizó, nos tomamos un momento para recapitular lo que acababa de ocurrir. La especialista sacudió la cabeza.

—¿Qué demonios ha sido eso? —preguntó.

—¿A qué se refiere? Estaba en asistolia. Según el protocolo, cuando el paciente está en asistolia, se empiezan a aplicar masajes.

Se echó a reír.

—Ya lo sé. Es que nunca había visto a un residente reaccionar tan rápido y resolutivamente.

Me encogí de hombros. «Bueno, es lo que dice el protocolo», repetí para mis adentros. Esa claridad sobrenatural, ese nivel extra de concentración y rendimiento, es lo que mis hermanos, aficionados al fútbol, llaman el Modo (de la) Bestia. Para eso está destinada la respuesta de lucha o huida. Aquel día, de pie junto a la puerta de la habitación de mi paciente en el pasillo de la UCI, sonreí. En mi fuero interno, me sentía tan poderosa y ágil como un corredor de fútbol americano que acaba de esquivar a una línea de defensas y llega a la zona de anotación. Nadine, 1; La Parca, 0. Los médicos no nos marcamos un bailoteo como Ickey Woods, de los Cincinnati Bengals, cuando hacemos algo de lo que estamos especialmente satisfechos, pero aquel día bien podía haber ido a los lavabos de señoras y sacar el puño ante el espejo.

\* \* \*

Mi experiencia lidiando con las dos caras de la moneda de los ACE es lo que impulsa en parte mi trabajo. Sé que los efectos a largo plazo de la adversidad en la niñez no son sólo sufrimiento. En algunas personas, la adversidad puede fomentar la perseverancia, aumentar la empatía, acrecentar la voluntad de proteger y desatar minisuperpoderes. El caso es que a todos se nos mete en la piel y en el ADN, y se convierte en una parte importante de nuestra identidad.

Yo no creo que quienes hayan crecido con ACE deban «superar» sus infancias. No creo que sirva de nada olvidar la adversidad o culparla. El primer paso es cuantificarla y observar sus repercusiones y riesgos, ni como una tragedia ni como un cuento de hadas, sino como una realidad tangible a medio camino entre ambos. Una vez que comprendemos la predisposición de cuerpo y mente a reaccionar en determinadas situaciones, podemos empezar a anticiparnos al modo en el que enfocamos las cosas. Podemos identificar los detonantes y aprender a apoyarnos a nosotros y a nuestros seres queridos.

La cuestión es comprender en qué medida la adversidad altera los delicados ecosistemas de la familia y nos supera. Reconocer que, cuando inevitablemente sucede, podemos aplicar lo que hemos aprendido de la ciencia para ayudarnos mejor a nosotros y a los demás, y así proteger mejor a nuestros pequeños. Para padres y cuidadores, puede ser duro admitir que nos cuesta. Es facilísimo caer en la trampa de sentir culpa y vergüenza por todo aquello, real e imaginario, en lo que les hemos fallado a los hijos. Sin embargo, una de las cosas con las que espero que se quede de estas páginas es que comprender cómo nos afecta la adversidad no es un referéndum sobre nuestra virtud. No necesitamos denunciar a nadie. Eso no nos ayuda.

No digo que nada de esto sea fácil.

Si tenemos una puntuación ACE, aprender a reconocer cuándo se descontrola la respuesta al estrés puede costarnos. Y aún puede costarnos más tomarnos el tiempo de encontrar los recursos para cuidarnos y emprender el camino de la sanación. Si somos un padre o madre con ACE, o incluso sin ACE, tal vez nos enfrentemos a un doble reto, al tener que cuidar de nosotros mismos y proteger a nuestro hijo. O, como hemos visto, hacer lo primero para poder hacer lo segundo.

Como médica deseosa de curar a los pacientes, descubrí la gran capacidad del trauma y la adversidad para modelar la identidad y el modo de funcionar del organismo. Ahora bien, en un giro triste e inesperado, lo descubrí desde un punto de vista completamente distinto: el de madre.

Sé lo que es ser una madre con las competencias parentales deterioradas. Cuando viajo impartiendo charlas, a menudo hablo de nuestra disparatada familia interracial y de nuestros cuatro hijos guapísimos. No obstante, es una mentira que cuento para que los demás se sientan a gusto. La verdad es que tenemos cinco hijos. Un año antes del ictus de Evan, yo tuve mi propia crisis médica. Ziggy Harris nació el 31 de enero de 2014, a las 5:51 de la mañana. Vivió catorce minutos y treinta y cuatro segundos. El momento en que el enfermero lo tomó de mis brazos —amoratado y sin vida— y se lo llevó ha sido el peor momento de mi vida.

Ziggy había sido mi amigo secreto durante los seis maravillosos meses previos. Como cualquier embarazada comprenderá, ya éramos inseparables mucho antes de que Ziggy exhalara su primer o último aliento. Le gustaba la piña, no soportaba el olor de la carne asada y su postura favorita era acurrucado cabeza abajo, en la parte derecha de mi vientre. A juzgar por las patadas que me propinaba en la izquierda de la caja torácica, yo tenía claro que sería cinturón negro en *jiu-jitsu*. Cuando le perdimos, decir que me quedé hecha polvo sería quedarse muy muy corta.

Arno y yo pasamos el duelo de formas muy distintas. Él se centró en cuidar de todos, sobre todo de los chicos. Se ocupaba de que fueran puntuales a la escuela, de que hubiera provisiones en la nevera y comida en la mesa. Yo, en cambio, no estaba operativa. No podía cuidar de mí misma, y mucho menos de otra persona.

Una mañana, unos tres días después de perder a Ziggy, me desperté a las cuatro y media. No podía dormir. En una cruel ironía biológica, me estaba subiendo leche. De pronto, era incapaz de seguir en esa casa. Todo me recordaba al bebé. La almohada de cuerpo entero que había usado para apoyar mi barriga creciente yacía ahora en el suelo, inservible. No podía ni mirarla. Le supliqué a Arno que me llevase a otro sitio. Necesitaba salir de la casa.

En el rostro de Arno se dibujó la más profunda inquietud entremezclada con el miedo. Sin duda, le preocupaba que su mujer pudiese estar perdiendo la cabeza.

—Cariño, ¿pero qué dices? —preguntó con delicadeza—. Los niños tienen que ir hoy a la escuela.

Clavé la mirada en mi marido. ¿A qué coño venía lo de que los críos tenían que ir a la escuela? Yo necesitaba largarme. No aguantaba estar en esa casa ni-un-minuto-más.

—¡Pues si tú no me llevas, ya me voy sola, joder! —grité, agarré las llaves del coche y salí disparada, dejando a mi marido en casa con nuestros tres hijos dormidos. Quería abandonar mi cuerpo. Conducir hasta encontrar un lugar donde no doliera tanto. Aquello fue un error. Lo único peor que estar en casa era estar sola.

Al cabo de una hora, estaba en el coche, delante del Starbucks de la esquina de Irving y la Novena Avenida, llorando histérica sobre el volante. Tenía que descubrir qué diantres iba a hacer entonces.

Levanté la vista y vi mi reflejo en el retrovisor. Por un momento, apenas me reconocí. El espejo me devolvía la imagen de mi madre, con los ojos desorbitados.

De repente, oí un *toc, toc, toc* en la ventanilla.

En lo que sólo puedo concebir como un acto de intervención divina, Evan había salido a correr de buena mañana y, de todos los lugares de la ciudad, resultó que bajaba por Irving Street y reconoció mi coche.

Bajé la ventanilla.

—¿Estás bien? —preguntó Evan.

Y en ese momento me di cuenta de que no. No estaba *para nada* bien. Necesitaba ayuda.

En cuanto me di cuenta de que no me valía por mí misma, lo primero que pensé fue «¿Cómo hago para que esto no perjudique a mis hijos?». Por lo que había visto en el trabajo, sabía que el que yo me viniera abajo no sólo me afectaba a mí. También sabía que, para que nuestra familia superara aquello, se requerían dos cosas esenciales. Primero, que los chavales contaran con la atención y el cariño amortiguadores que precisaban. Segundo, que yo recibiera el apoyo y la atención que necesitaba. Ser consciente de eso lo cambió todo.

Ese mismo día, Sarah vino a quedarse con nosotros. Ella aportó el entorno seguro, estable y nutricio que yo no podía dar a nuestros hijos. Ella cuidó de los niños para que Arno pudiese dedicarse a cuidar de mí. Hasta esa mañana desquiciante, no caímos en la cuenta de que Arno no podía hacer ambas cosas: necesitábamos a nuestra gente. Nunca podré agradecer lo suficiente a Evan and Sarah que estuvieran por nosotros y los chicos en nuestros momentos más difíciles.

No pasa un sólo día en que no piense en el hijo que perdimos. Y, pese a mi tendencia al optimismo, me ha costado encontrar sentido a su muerte. No obstante, reconozco que tuvimos suerte: cuando estaba por los suelos, tuve a persona en quien apoyarme para que me ayudaran a volverme a levantar. Eso lo agradezco inmensamente. Sentada en el coche, llorando delante de Starbucks, vi fugazmente lo que puede ocurrir si perdemos la capacidad de ser la madre o el padre que todos queremos ser. Mi madre no contaba con la red de apoyo de la que Arno y yo disfrutamos. Tampoco tenía a su favor dos décadas de investigación sobre el estrés tóxico que le dijeran cómo podía repercutir en sus hijos y cómo podía ayudarlos a ellos y a sí misma. Hizo cuanto pudo con lo que tenía.

Sin embargo, ahora tenemos más; sabemos más. Creo que podemos reescribir la historia de la adversidad y romper el ciclo intergeneracional del estrés tóxico. Escribí este libro para todas las madres, padres, madrastras, padrastros, madres y padres adoptivos, abuelas, abuelos y cuidadores de toda índole que quieren saber cómo dar a las personitas que cuidan las mejores oportunidades, pese a las dificultades que la vida ponga a su paso y, frecuentemente, pese a sus propias historias de adversidad. Lo escribí para todos los niños y jóvenes del mundo que se enfrentan a retos desmedidos, y para los adultos cuya salud está condicionada por la herencia de su niñez. Confío en dar pie a conversaciones: a la hora de la cena; en las consultas de los médicos; en asociaciones de padres, madres y docentes; en salas de los juzgados, y en ayuntamientos. Ahora bien, mi mayor deseo es motivar a la acción: a gran escala y a pequeña escala.

Ya sea simplemente reconocer cuándo se nos activa la respuesta al estrés y encontrar un modo de reaccionar saludable que no perjudique a quienes amamos, o convertirnos en mentor de un niño necesitado, o hablar con el médico..., todos podemos hacer algo para cambiar el modo en que nosotros, como sociedad, respondemos a los ACE.

Estoy convencida de que, cuando todos encontremos el *valor* de mirar de frente este problema, tendremos el poder de transformar no sólo la salud, sino también el mundo.

# Epílogo

Es 2040 y las cosas han cambiado un poco. Ahora soy abuela (pero, mira por dónde, me conservo bien). Estoy jubilada y, cuando no ando entretenida por el jardín, me dedico a perseguir a los nietos. Tienen cuatro, cinco y siete años y, naturalmente, los malcrío a más no poder, el placer culpable de toda abuela desde los albores de la humanidad.

Nuestros hijos mayores (los gemelos) tienen treinta y siete años y adoro a mis nueras, que me llamaron inmediatamente después de sus primeras visitas al médico prenatales para contarme que les habían hecho un cribado ACE, como parte de la atención prenatal establecida. Aunque hoy sea una práctica corriente, saben lo mucho que sigue gustándome saber que los médicos siguen las pautas que el CYW ayudó a establecer. Nuestros hijos ponen los ojos en blanco cuando sus mujeres me dejan soltar el rollo interminable de historias de «esa época», pero sé que, en el fondo, se sienten orgullosos siempre que rellenan los formularios escolares de sus críos y ven marcada la casilla que certifica que cada uno de ellos recibió un cribado ACE, junto con las vacunas y pruebas de la tuberculina.

Grayboo, que ahora quiere que le llamen por su verdadero nombre, es maestro de tercero de una escuela pública de primaria. Él me da la exclusiva ACE desde el otro lado del pupitre, y me cuenta cómo la escuela incorpora la sensibilización sobre los ACE en la formación del profesorado. Una de las primeras cosas que persigue la escuela es que los educadores sepan identificar síntomas de estrés tóxico en el alumnado. Todas las mañanas, Gray dirige a su clase en un ejercicio de meditación, un Momento de Tranquilidad[7] para ayudar al alumnado a pulsar el botón de reiniciar al arrancar la jornada, consolidando las capacidades de autorregulación que llevan todo el curso trabajando.

Aunque estoy jubilada, aún saco tiempo para impartir al menos una asignatura sobre los ACE y el estrés tóxico a estudiantes de primero de Medicina de Stanford, y Kingston es miembro de la clase. Empezamos el semestre con los mecanismos biológicos y acabamos el curso hablando de los últimos tratamientos para sanar sistemas neuro-endocrino-inmunitarios alterados.

En cuanto a la sanidad pública, el movimiento ha despegado. Hace dos décadas, el CYW se encargó de reunir un grupo de instituciones promotoras y educadoras, encabezadas por la American Heart Association, la American Cancer Society y la American Lung Association, que diseñaron juntas una potente campaña de concienciación de la ciudadanía. El primer paso fue un vídeo viral, y desde allí fue creciendo: vallas publicitarias, carteles en las consultas médicas, un anuncio de la Super Bowl y más. Los famosos se ofrecen voluntarios para participar en la campaña «Los rostros de los ACE», y dan a conocer sus historias, junto con la llamada a la acción: *Mira tu puntuación y descubre cómo curarte*. La generación de mis hijos es la primera que ha llegado a la edad adulta sin el estigma que rodea la adversidad. En la actualidad, tener una puntuación ACE no es motivo de mayor vergüenza que ser alérgico a los cacahuetes. Pero la campaña hizo mucho más que transformar actitudes; veintipico años después, hemos observado un descenso del 40 % en el número de estadounidenses que refieren uno o más ACE, y del 60 % en los que refieren cuatro o más ACE. Los acontecimientos adversos siguen

---

7. David Lynch Foundation, «The Quiet Time Program: Restoring a Positive Culture of Academics and Well-Being in High-Need School Communities». Extraído de https://www.davidlynchfoundation.org/pdf/Quiet-Time-Brochure.pdf.

pasándoles a personas de todo tipo, pero ya no se transmiten de generación en generación en generación.

La Ley de Inversión en Resiliencia de 2020, que destinó fondos federales al cribado, el tratamiento y la investigación, instauró un consorcio nacional, inspirado en el Grupo de Oncología Infantil, que ha sido un exitazo. La disminución de dos dígitos en el gasto sanitario nos permite reasignar dólares a prioridades de ámbito nacional, de modos a veces predecibles y a veces sorprendentes. Destinar más fondos a la atención a la primera infancia y a programas educativos era de cajón. La gran sorpresa llegó cuando me llamaron del Departamento de Estado pidiéndome que prestara asesoramiento sobre un nuevo programa que trabajaría codo con codo con los Gobiernos de otros países, para implantar el cribado ACE generalizado y la intervención temprana en zonas muy conflictivas. De este modo, podemos inocular a los más jóvenes, para que no sean susceptibles de acabar formando parte de bandas o grupos paramilitares e insurgentes. La ciencia del estrés tóxico se ha convertido en una herramienta eficaz para preservar la seguridad global. Y el ejército también recurre a los últimos tratamientos para ayudar a las tropas que vuelven del frente.

Básicamente, ayudo en lo que puedo, pero, por lo general, no hay mucho que yo pueda hacer. Lo que empezó siendo un movimiento es ahora simplemente el modo de hacer las cosas: las infraestructuras básicas, el ejercicio normal de la medicina, el sentido común. Así que Arno y yo pasamos la mayor parte del tiempo limitándonos a ser abuelos. Llevamos a los nietos al parque, les compramos cosas que sabemos que no deberíamos comprarles y, cuando me los encuentro tirándose aviones de papel, cojo la cinta métrica, el cronómetro y me echo a reír al verlos poner los ojos en blanco y salir todos pitando antes de que empiece la clase de ciencia… todos menos uno.

# ANEXO 1

## ¿Cuál es mi puntuación ACE?

Antes de cumplir los dieciocho:

1. ¿Tu padre, madre u otro adulto de la casa **a menudo**...
   te decía groserías, te insultaba, te menospreciaba o te humillaba?
   o
   actuaba de un modo que te hacía temer por tu integridad física?
   Sí     No          En caso afirmativo, escribe 1

2. ¿Tu padre, madre u otro adulto de la casa **a menudo**...
   te empujaba, te agarraba, te daba bofetadas o te lanzaba cosas?
   o
   te pegó alguna vez tan fuerte que te dejó señalado o te causó heridas?
   Sí     No          En caso afirmativo, escribe 1

3. ¿**Alguna vez** un adulto o alguien al menos cinco años mayor...
   te tocó o te acarició o te hizo tocarle el cuerpo de un modo sexual?
   o
   quiso practicar o practicó sexo oral, anal o vaginal contigo?
   Sí     No          En caso afirmativo, escribe 1

4. ¿Sentías **a menudo** que...
   nadie de tu familia te quería ni te consideraba importante o especial?
   o
   que tus familiares no cuidaban unos de otros, no se sentían unidos o no se apoyaban unos a otros?
   Sí     No          En caso afirmativo, escribe 1

5. ¿Sentías **a menudo** que...
   no comías lo suficiente, tenías que llevar ropa sucia y no había nadie que te protegiera?
   o
   que tus padres estaban demasiado bebidos para cuidarte o para llevarte al médico si lo necesitabas?
   Sí     No          En caso afirmativo, escribe 1

6. ¿Se separaron o divorciaron **alguna vez** tus padres?

     Sí          No                    En caso afirmativo, escribe 1

7. ¿Tu madre o madrastra...

     recibía empujones, la agarraban, recibía bofetadas o le lanzaban cosas **a menudo**?

                    o

     recibía **a veces** o **a menudo** patadas, mordiscos, puñetazos o golpes con un objeto contundente?

                    o

     recibía **alguna vez** golpes repetidamente, al menos durante minutos, o la amenazaban con un arma blanca o de fuego?

     Sí          No                    En caso afirmativo, escribe 1

8. ¿Viviste con alguien que tuviera problemas con la bebida, que fuera alcohólico o que consumiera drogas?

     Sí          No                    En caso afirmativo, escribe 1

9. ¿Alguien que viviera en tu casa sufría depresión u otra enfermedad mental, o intentó suicidarse?

     Sí          No                    En caso afirmativo, escribe 1

10. ¿Alguien que viviera en tu casa estuvo en la cárcel?

     Sí          No                    En caso afirmativo, escribe 1

Suma tus respuestas afirmativas: _____
Ésta es tu puntuación ACE.

# ANEXO 2

# Cuestionario del CYW de experiencias adversas en la niñez

## (ACE-Q) CHILD

A cumplimentar por el padre/la madre/el cuidador/la cuidadora

Fecha: _____

Nombre del niño:_____  Fecha de nacimiento: _____

Tu nombre:_____  Relación con el niño:_____

**Muchos niños pasan por sucesos vitales que pueden repercutir en su salud y bienestar. Los resultados de este cuestionario ayudarán al pediatra del niño a evaluar su salud y decidir qué pasos tomar.** Lee las afirmaciones de más abajo. Cuenta las que correspondan al niño y escribe el número total en el cuadro.

**NO señales ni indiques qué afirmaciones en concreto corresponden al niño.**

1) **¿CUÁNTAS de las afirmaciones del apartado 1 corresponden al niño? Escribe el número total en el cuadro.**

Apartado 1. En algún momento desde que nació el niño...
- Los padres o tutores del niño se separaron o divorciaron.
- El niño convivió en el hogar con alguien que estuviese detenido o preso.
- El niño convivió en el hogar con alguien que sufriese depresión u otra enfermedad mental o intentara suicidarse.
- El niño vio u oyó a personas con las que convivía herirse entre ellas o amenazarse con hacerlo.
- Alguien con quien el niño convivía le habló mal al niño, le insultó, le humilló o le menospreció hasta el punto de asustarle, o alguien con quien el niño convivía mostró una actitud que hizo temer al niño que podía sufrir daño físico.
- Alguien tocó las partes íntimas del niño o le pidió al niño que le tocara las partes íntimas con intenciones sexuales.
- En más de una ocasión, el niño estuvo privado de comida, ropa o un lugar donde vivir, o no tenía a nadie que le protegiera.
- Alguien empujó, agarró, abofeteó o lanzó cosas al niño, o le pegó tan fuerte que le dejó señalado o le causó heridas.
- El niño convivió con alguien que tenía problemas con la bebida o consumía drogas.
- El niño se sintió a menudo falto de apoyo, amor o protección.

2) ¿CUÁNTAS de las afirmaciones del apartado 2 corresponden al niño? Escribe el número total en el cuadro.

Apartado 2. En algún momento desde que nació el niño...

- El niño estuvo en acogida.
- El niño sufrió intimidación o acoso en la escuela.
- El niño vivió con un padre, madre, tutor o tutora que falleció.
- El niño se vio separado de su principal cuidador al ser éste deportado o detenido por las autoridades de inmigración.
- El niño se sometió a una intervención médica delicada o sufrió una enfermedad potencialmente mortal.
- El niño presenció u oyó actos violentos en el barrio o en las cercanías de la escuela.
- El niño sufrió a menudo malos tratos por motivos de raza, orientación sexual, origen, discapacidad o religión.

# Agradecimientos

Debo empezar por dar las gracias a mis pacientes y a las familias que me han contado su vida y me han confiado el cuidado de sus mayores tesoros: sus hijos. También siento una profunda gratitud por el vecindario de Bayview Hunters Point, que me acogió, me apoyó y se embarcó conmigo en este viaje de aprendizaje. Gracias en especial a Dwayne Jones por orientarme, por apostar por mí y por llevar a la alcaldía a apoyar el consultorio de Bayview.

Aunque llevaba mucho tiempo soñando con ello, nunca creía que acabaría de verdad escribiendo un libro. Dicen que la palabra convence, pero el ejemplo arrastra. Agradezco a mis queridas amigas Kathleen Kelly Janus y Anja Manuel que hicieran llegar sin temor sus voces al mundo y luego me animaran a hacer lo mismo. También tengo que dar las gracias a Faye Morrison, mi maestra de quinto y sexto de la Ohlone Elementary School de Palo Alto, por fomentar mi amor por la lectura y la escritura.

Gracias a Rachel y Zara por cuidar con cariño a mis hijos, para que yo pueda cuidar a los hijos de otras.

Paul y Daisy Soros me ayudaron a hacer la carrera de Medicina y me dieron la libertad de ejercer donde el corazón (y no los préstamos universitarios) me llevaran. Stan Heginbotham y Warren Ilchman, de las Becas para Nuevos Estadounidenses Paul and Daisy Soros, me alentaron a «labrarme una vida» y a salir al mundo a aprender con la práctica.

Los Institutos Nacionales de Salud se merecen todo mi reconocimiento por asumir mi formación en salud pública e investigación.

Gracias a Martin Brotman, Steve Lockheart y Terry Giovannini, del CPMC, por creer en mi sueño descabellado de abrir un consultorio en Bayview Hunters Point nada más acabar la residencia.

También he contado con los sabios consejos de Cheryl Polk, Ann O'Leary, Jennifer Siebel Newsom, Esta Soler, Suzy Loftus, Lenore Anderson, Jennifer Pitts, George Halvorson, Geoff Canada, Bryan Stevenson y Kamala Harris.

El primer paso para curarse del estrés tóxico es, de entrada, saber de su existencia. Gracias a Jamie Redford, Ashley Judd y Anna Deavere Smith por proclamarlo a los cuatro vientos.

Conocí a Paul Tough en una conferencia en Nueva York, en 2009. Cuando me enteré de que trabajaba (en esa época) para el *New York Times Magazine*, le solté un monólogo de tres cuartos de hora sobre los ACE y el estrés tóxico. Le agradezco muchísimo que, en vez de salir corriendo, me escuchara y fuera más allá.

Toda la investigación y el saber que contiene el libro es producto del esfuerzo incansable de investigadores y facultativos que me antecedieron y que siguen haciendo importantes progresos en los conocimientos del estrés tóxico y su tratamiento. Son demasiados para citarlos a todos, pero quiero expresar lo mucho que me motivan y hasta qué punto siento gratitud hacia quienes han sentado las bases científicas de este campo. Estoy particularmente en deuda con Monica Singer, Sarah Hemmer, Whitney Clarke, Todd Renschler, Lisa Gutierrez Wang, Susan Briner, Denise Dowd, Andy Garner, Eva Ihle, Sheila Walker, Pamela Cantor, Jack Shonkoff, Tom Boyce, Nancy Adler, Roy Wade, Mark Raines, Alicia Lieberman, Rob Anda, Vince Felitti y Victor Carrion. Todos ellos han influido muchísimo en mis ideas y han forjado mi método de identificación y tratamiento de los ACE y el estrés tóxico.

Es mucho lo que le debo a Justin Sherman, mi maestro en liderazgo, cuya paciente orientación me mantuvo a flote cuando iba a tirar la toalla.

Debby Oh es quien ha recopilado meticulosamente todos los datos de esta obra, con la ayuda de Sukhdip Purewal y otros miembros de nuestro sensacional equipo investigador del Center for Youth Wellness, incluidas Monica Bucci y Kadiatou Koita. El compromiso de estas mujeres con el rigor y la precisión es incomparable. También quiero dar las gracias a nuestros excepcionales equipos del Center for Youth Wellness y del Bayview Child Health Center, así como a la extraordinaria junta directiva (la de hoy y la del pasado), al consejo de liderazgo y al consejo consultivo vecinal. Para mí es un enorme placer trabajar codo a codo con estas personas reflexivas y entregadas capaces de demostrar el poder sanador de las relaciones individuales a diario, y de compartir sus ideas para mejorar la salud y la vida de miles de personas.

Me siento muy afortunada de contar con el apoyo del excelente equipo de Houghton Mifflin Harcourt. Valoro muchísimo los esfuerzos de Tracy Roe, mi ingeniosa y divertidísima correctora de originales, y Deanne Urmy, cuyas preguntas comprometidas y hábiles correcciones han hecho de este libro algo mejor de lo que me esperaba.

El mérito de animarme a escribir este libro lo tiene Doug Abrams, mi agente literario, cuyo espíritu audaz despierta la audacia en los demás. Es mucho lo que les debo a él y al maravilloso equipo de Idea Architects, incluyendo a Lara Love Hardin y, muy especialmente, a mi increíble colaboradora Lauren Hamlin. Gracias, Lauren, por tu creatividad, tu diligencia, tu colaboración y tu sentido del humor lleno de picardía.

Todo lo que he conseguido en la vida ha sido porque alguien creyó e invirtió en mí. No estaría donde estoy si no fuese por la generosidad de unas cuantas personas que apostaron desde el principio por mí y por mi equipo y fueron apoyándome por el camino. Entre ellos, se encuentran George Sarlo, Elaine Gold, Tom y JaMel Perkins, John y Lisa Pritzker, Bob Ross y los chicos del California Endowment, Russ y Beth Siegelman, Warren Browner del CPMC, Barbara Picower, Jaquelline Fuller y el equipo de Google.org, Daniel Lurie y el equipo de Tipping Point, y Ruth Shaber y el equipo de la fundación Tara

Health Foundation. Un agradecimiento especial para la doctora Shaber, por haber leído borradores y aportarme opiniones y sugerencias decididas para que este libro fuera el mejor posible.

Por otro lado, quiero dar las gracias a los pacientes, colegas, amistades y familiares que generosamente me contaron sus historias para llevarlas a este libro. Mi mayor esperanza es que sus historias sean el terreno abonado donde puedan crecer las semillas de la curación.

Mi mayor gratitud es para mi familia: mi madre, padre, hermanos, cuñada, primos, primas, tíos, tías y el clan completo de jamaicanos, en los Estados Unidos y en casa. Ellos han sido mi gente, y son un ejemplo de la palabra *resiliencia*.

Nuestros cuatro chicos —Petros, Paulos, Kingston y Gray— me aportan la alegría y la motivación para dar cada día lo mejor de mí, en pro de la siguiente generación.

Por último, no hay palabras para hacer justicia como es debido a mi estupendo marido. La mayor suerte de mi vida fue conocer a Arno Harris. Es una fuente de amor, compenetración, bondad, alegría, paciencia y risa en mi vida. Por si eso fuera poco, es tremendamente agudo y está como un queso. Le debo una profunda gratitud, no sólo por leer innumerables borradores y hacer valiosísimas sugerencias y correcciones, sino también por cambiar pañales, llevar a los niños de aquí para allá, cocinar, llenar bañaras y leer libros antes de apagar la luz con mucha más frecuencia de la que sería equitativa, para que yo pudiera acostarme tarde y levantarme temprano y así alumbrar este libro.

# Índice alfabético